FINANCE
DE MARCHÉ

Éditions d'Organisation
1, rue Thénard
75240 Paris Cedex 05
www.editions-organisation.com

DU MÊME AUTEUR
AUX ÉDITIONS D'ORGANISATION

Analyse et diagnostic financier

© Éditions d'Organisation, 2002

ISBN : 2-7081-2712-8

PIERRE RAMAGE

Agrégé d'Économie-gestion
Professeur de finances en classes préparatoires
et à l'université Paris XIII

FINANCE
DE MARCHÉ

Éditions
d'Organisation

SOMMAIRE

Chapitre 2

LA GESTION D'UN PORTEFEUILLE-TITRES

Chapitre 3

LES MARCHÉS DÉRIVÉS

Chapitre 4

INTRODUCTION

L'environnement financier des entreprises s'est profondément modifié depuis le début des années 80. En effet, plusieurs mutations sont intervenues au cours de ces décennies :

- le mouvement de **déréglementation** a conduit à **l'expansion des marchés financiers** (création des marchés dérivés, du nouveau marché…) et à la création de nouveaux produits financiers (billets de trésorerie, bons négociables…) possédant un fort levier financier (les options par exemple). La déréglementation a donc permis la libre circulation internationale des capitaux, mais aussi une plus grande mobilité de ces capitaux ;
- parallèlement, **de nouveaux risques sont apparus** nécessitant la mise en œuvre d'opérations financières de plus en plus complexes ;
- enfin, le processus de **désintermédiation** a permis d'accélérer les mouvements de capitaux grâce à l'abolition des intermédiaires financiers traditionnels et à la création de nouveaux partenaires pour l'entreprise.

Aujourd'hui, le recours aux marchés financiers est sans nul doute une nécessité pour toute entreprise. En effet, les marchés financiers permettent :

- de **lever des capitaux** pour développer de nouvelles activités, lancer de nouveaux produits, conquérir de nouveaux marchés en dehors des moyens traditionnels de financement qu'offrent les établissements de crédit ;

- de trouver des **moyens de placement attractifs** pour optimiser la gestion des ressources financières ;
- de **se couvrir contre les** différents **risques** qui émergent de la gestion de portefeuille.

Ainsi deux notions sous-tendent la finance d'entreprise d'aujourd'hui : **la rentabilité et le risque**. Tout gestionnaire doit donc bien maîtriser ces deux paramètres pour espérer optimiser la gestion de ses activités financières.

Cet ouvrage a donc pour objectif de répondre aux interrogations des dirigeants, gestionnaires de portefeuilles, trésoriers, cadres financiers... qui cherchent à mieux maîtriser les outils offerts par les marchés financiers pour juguler le risque et optimiser leur rentabilité.

1

LES MARCHÉS
DE CAPITAUX

Les marchés de capitaux sont formés de deux marchés distincts :

- le marché monétaire ;
- le marché financier.

I. Le marché monétaire

Depuis le 1er janvier 1999, avec la naissance de l'euro, le marché monétaire est régi par la Banque centrale européenne qui s'occupe de la zone euro[1].

Le marché des capitaux est formé de deux marchés :

- le marché monétaire, lui-même composé de deux compartiments ;
- le marché financier, lui-même composé de plusieurs compartiments.

Le marché monétaire est le marché des *capitaux à court terme*. Il concerne donc tous les agents qui ont des besoins ou des excès de capi-

---

1. La zone euro est représentée par les pays membres de l'Union européenne et ayant adopté comme monnaie unique l'euro.

taux à court terme et qui veulent s'endetter (pour les emprunteurs) ou placer (pour les prêteurs) leurs liquidités à court terme.

C'est donc sur ce marché que sont fixés les taux d'intérêt à court terme. La Banque centrale européenne (BCE) joue alors un rôle important dans la gestion des liquidités. C'est elle qui doit assurer la liquidité du marché et contrôler l'évolution des taux d'intérêt.

Le marché monétaire comprend deux compartiments :

- le marché interbancaire ;
- le marché des titres de créances négociables (TCN).

I.I. Le marché interbancaire

I.I.I. Les acteurs

Le marché interbancaire est réservé exclusivement aux établissements de crédit, à la Banque centrale européenne par l'intermédiaire des banques centrales nationales, et à des intermédiaires financiers spécialisés. Il s'agit principalement :

- des banques commerciales privées (BNP par exemple) ou publiques (Crédit Lyonnais par exemple) ;
- des banques mutualistes (le Crédit mutuel) ou des banques coopératives (les banques populaires) ; des caisses d'épargne ;
- des sociétés financières (CETELEM, SOFINCO...) ;
- des institutions financières spécialisées (Crédit foncier).

Ce marché permet la rencontre de l'offre et de la demande de liquidités bancaires entre ces organismes financiers. Il permet donc aux banques de s'approvisionner en liquidités.

C'est la Banque centrale européenne (BCE) qui, par ses interventions sous forme de billets de trésorerie ou de bons du Trésor, fournit à l'économie des liquidités au marché.

Ce type d'opérations s'appelle : « *la mise en pension* ». Elles s'effectuent à *des taux d'intérêt fixés par la Banque centrale européenne* (BCE).

Les offres et les demandes de capitaux ne sont pas traitées dans un lieu physique, mais s'opèrent par l'intermédiaire de la télétransmission. Le marché n'est donc pas localisé.

1.1.2. La formation des taux d'intérêt sur le marché interbancaire

Comme tout marché où se rencontrent une offre et une demande, le taux d'intérêt sur ce marché correspond au loyer de l'argent (c'est-à-dire le *prix* du loyer).

Comme il s'agit d'opérations à court terme (inférieures à un an), les taux d'intérêt fixés sur ce marché sont *des taux d'intérêt à court terme.*

C'est la Banque centrale européenne qui assure la liquidité de l'économie en injectant ou en retirant de la monnaie. Elle s'adresse à des opérateurs particuliers du marché (OPM): certains établissements de crédit choisis parmi les plus importants.

Cette alimentation du marché se fait de trois manières différentes:

- les opérations d'open-market;
- les facilités de paiement;
- les réserves obligatoires.

1.1.2.1. Les opérations d'open-market

Il s'agit d'offrir aux marchés des liquidités sous forme d'appels d'offre ou de prise en pension ou d'achat de titres, ou au contraire de réduire la masse monétaire par des reprises de pension ou vente de titre afin d'encadrer l'évolution de la masse monétaire et donc des taux d'intérêt.

1.1.2.2. Les facilités de paiement

Elles ont les mêmes objectifs que les opérations d'open-market, mais elles permettent de mieux contrôler les taux d'intérêt à très court terme. Elles s'effectuent de deux manières:

1.1.2.2.1. Les prêts marginaux

Régulièrement, la Banque centrale européenne (BCE) informe le marché de la mise en circulation d'une certaine quantité de monnaies. Les acquisitions de monnaies se font par l'achat de *bons du Trésor.*

La Banque centrale européenne *fixe* le taux d'appel d'offres (ou taux plafond, ou taux de rémunération du loyer de l'argent des opérations d'appel d'offres) et la quantité de monnaie.

Les opérateurs (les établissements financiers) font donc part de leurs besoins en liquidités et la Banque centrale européenne distribue au taux d'appel d'offres les sommes souhaitées par les banques.

Ces concours en liquidités sont offerts par la Banque centrale européenne pour une durée *très courte*.

Ce *taux minimum* est aussi le taux pratiqué entre les établissements financiers qui s'échangent des liquidités.

Cette opération est la procédure normale de refinancement des banques.

Exemple chiffré n° I

Pour la première semaine du mois de septembre N, la Banque centrale européenne (BCE) annonce aux opérateurs principaux du marché qu'elle lance un appel d'offres ; chaque opérateur recense les demandes des établissements financiers pour connaître la quantité de monnaie qu'ils souhaitent emprunter et les taux qu'ils sont disposés à payer.

Les opérateurs A, B et C ont recensé les demandes suivantes (en millions de €) :

Taux d'intérêt	3,25%	3,40%	3,45%	3,50%	3,75%
A	250	800	800	900	550
B	200	1 000	900	1 200	600
C	450	900	1 000	1 500	875
Total	900	2 700	2 700	3 600	2 025

1. *Sachant que la Banque centrale européenne (BCE) a choisi de distribuer 4 770 millions d'euros à 3,50 % (taux d'appel d'offres), déterminer le montant de monnaie alloué à chacun des opérateurs principaux.*

1. *Quantité de monnaies distribuée par la Banque centrale européenne (BCE) à chaque opérateur.*

La demande totale de monnaie est de : 11 925 millions d'euros.

La Banque centrale européenne (BCE) choisit de distribuer : 4 770 millions d'euros à 3,50 %, soit 40 % des demandes exprimées. Elle n'accepte de distribuer qu'au taux d'intérêt *égal ou supérieur à 3,50 %* (taux d'appel d'offre).

Les demandes suivantes seront donc retenues :

Taux d'intérêt	3,50%	3,75%	Total
A	900	550	1 450
B	1 200	600	1 800
C	1 500	875	2 375
Total	3 600	2 025	5 625

En fait, les 4 770 millions d'euros seront ensuite distribués dans la proportion de $\frac{4\,770}{5\,625} = 84,8\,\%$, soit :

Opérateur A : 1 450 ‹ › 84,8 % = 1 229,60 M€
Opérateur B : 1 800 ‹ › 84,8 % = 1 526,40 M€
Opérateur C : 2 375 ‹ › 84,8 % = 2 014,00 M€
   Total :   4 770,00 M€

Généralement, l'offre en liquidités est inférieure à la demande de liquidités des opérateurs financiers. Aussi, pour éviter une augmentation des taux d'intérêt due à l'effet de rareté, la Banque centrale européenne (BCE) offre aussi des liquidités au marché à des taux plus élevés et directement aux établissements de crédit : c'est la procédure de dépôt.

1.1.2.2.2. Les dépôts

Les établissements de crédit peuvent aussi obtenir des liquidités directement auprès de la Banque centrale européenne pour une durée très courte (*jour le jour*).

La Banque centrale européenne accorde ces **avances** qui sont gagées sur des effets publics (bons du Trésor, billets de trésorerie...) ou des effets privés (effets détenus en portefeuille) à un taux d'intérêt appelé : *taux de dépôt* (ou taux plancher).

On appelle *taux directeurs* les taux de prêt marginal et le taux de dépôt offerts par la Banque centrale européenne sur le marché monétaire.

En France, ces taux varient de la manière suivante :

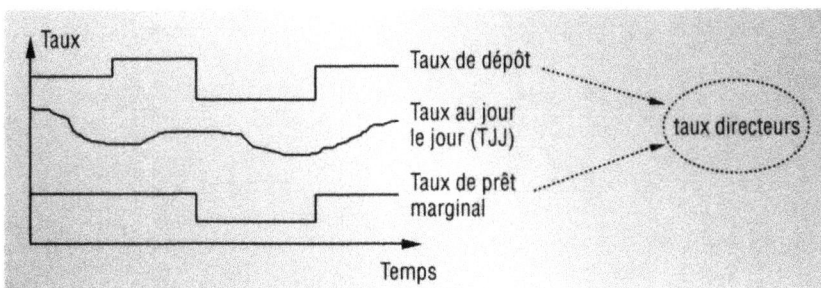

- **Le taux au jour le jour** (*ou taux moyen pondéré*) se situe donc entre les deux taux directeurs. C'est le taux moyen pondéré par l'ensemble des transactions et prêts à vingt-quatre heures. Il sert de base de calcul pour les crédits à très court terme (découvert bancaire par exemple).

Depuis 1999, le TJJ est exprimé en euros. Ce taux est dénommé TEMPÉ (EONIA en anglais). Il correspond au taux moyen pondéré en euros (moyenne des taux des principales banques de la zone euro, pondérée par les transactions, des prêts à vingt-quatre heures des principaux opérateurs du marché). Ce taux est calculé par la FBE (Fédération des banques européennes).

	OPERATIONS	TRANSACTIONS — Apport liquidité	TRANSACTIONS — Absorption de liquidités	DURÉE	FRÉQUENCE	PROCÉDURE
PROCÉDURE D'OPEN MARKET	Principales	Prises de pension		2 semaines	Hebdomadaire	Appel d'offre
	À long terme	Prises de pension		3 mois	Mensuelle	Appel d'offre
	De réglage	• Prises de pension • Swaps de taux	• Mise en pension • Swaps de change • Reprises de liquidités	Non normalisé	Non régulière	Appel d'offre
		Achat ferme de titres	Vente ferme de titres			Procédure bilatérale
	Structurelle	Prises de pension	Émissions de certificat de dette	Normalisé / Non normalisé	Régulière	Appel d'offre
		Achat ferme de titres	Vente ferme de titres	Non normalisé	Non régulière	Procédure bilatérale
FACILITÉS PERMANENTES	Prêt marginal	Prise en pension et prêts garantis		Jour le jour	Aucune contrainte : à la discrétion des opérateurs	
	Dépôt		Dépôts	Jour le jour	Aucune contrainte : à la discrétion des opérateurs	

Opérations d'intervention de la Banque centrale européenne (BCE)

1.1.2.3. Les réserves obligatoires

Les banques qui veulent avoir accès au marché doivent obligatoirement disposer auprès de la Banque centrale européenne d'un niveau moyen de liquidités.

Par ce mécanisme, la Banque centrale européenne régule mieux le niveau de liquidités sur le marché monétaire et permet de réduire les variations des taux d'intérêt.

Il existe aussi d'autres taux sur le marché monétaire qui résulte de la fixation du taux moyen au jour le jour (TEMPÉ). Ces taux permettent l'exécution d'opérations monétaires à court terme.

- **Le taux mensuel pondéré du marché monétaire** *(TMM ou T4M)* du marché monétaire est la moyenne arithmétique simple des taux TEMPÉS moyens pondérés.
- **Le taux EURIBOR**[1] *(taux interbancaire en euros)* est la moyenne arithmétique simple des taux offerts par les banques de la zone euro.
- Ces deux taux servent de base de calcul pour les crédits à court terme (découvert bancaire, escompte, crédit entre filiales... par exemple).
- **Le taux annuel monétaire** *(TAM)* est la moyenne pondérée des taux mensuels des *douze* derniers mois avec capitalisation mensuelle. C'est donc *le taux de rendement actuariel brut* d'un placement renouvelé chaque mois au taux TMM pendant *douze* mois. Il sert de base de calcul pour certains crédits à court terme ou les contrats (Swap, Floor Cap... par exemple).
- **Le taux de base bancaire** *(TBB)* est le taux d'intérêt *minimum* exigé par les banques pour toute opération réalisée avec elles. Il sert de base pour les crédits à court terme offerts par la banque.

Exemple chiffré n° 2

Chaque jour ouvrable, la Banque centrale européenne recense les opérations de prêts proposés par les établissements financiers de référence sur le marché interbancaire et calcule le TMP (taux moyen pondéré).

Au 2 octobre N, le taux d'appel d'offre est de 3,05 % et le taux de pension est de 4,85 %.
Les prêts recensés à vingt-quatre heures ont été à ce jour :

- 500 000 € à 3,85 % ;
- 600 000 € à 3,77 % ;
- 200 000 € à 3,83 % ;
- 950 000 € à 3,80 % ;
- 450 000 € à 3,69 % ;
- 1 100 000 € à 3,89 %.

---

1. En français : TIBEUR : taux interbancaire en euros. Il est publié par la FBE.

Il s'agit du taux moyen pondéré par le montant des prêts.

500 000 € × 3,85 % + 200 000 € × 3,83 % + 450 000 € × 3,69 %
+ 600 000 € × 3,77 % + 950 000 € × 3,80 % + 1 100 000 € × 3,89 % =
145 025 K€.

$$\frac{145\,025\,000}{500\,000 + 200\,000 + 450\,000 + 600\,000 + 950\,000 + 1\,100\,000} = 0,03816 \rightarrow \textbf{3,81 \%}$$

Exemple chiffré n° 3

Pour le mois d'octobre N, les TMP ont été les suivants :

Mercredi 1er	3,8000 %	Samedi 11	3,7850 %	Mercredi 22	3,7825 %
Jeudi 2	3,8025 %	dimanche 12	3,8025 %	Jeudi 23	3,7825 %
Vendredi 3	3,7950 %	Lundi 13	3,8050 %	Vendredi 24	3,7800 %
Samedi 4	3,7950 %	Mardi 14	3,7975 %	Samedi 25	3,7725 %
Dimanche 5	3,7875 %	Mercredi 15	3,7925 %	Dimanche 26	3,7715 %
Lundi 6	3,7925 %	Jeudi 16	3,7875 %	Lundi 27	3,7725 %
Mardi 7	3,7925 %	Vendredi 17	3,7875 %	Mardi 28	3,7675 %
Mercredi 8	3,7875 %	Samedi 18	3,7800 %	Mercredi 29	3,7625 %
Jeudi 9	3,7875 %	Dimanche 19	3,7750 %	Jeudi 30	3,7650 %
Vendredi 10	3,7825 %	Lundi 20	3,7750 %	Vendredi 31	3,7650 %
		Mardi 21	3,7775 %		

Il s'agit d'additionner les taux de chaque jour et de diviser le total par le nombre de jours.

Soit : $\dfrac{117,30}{31} = 3,7838\%$

Exemple chiffré n° 4

Pour l'exercice N-1/N, les T4M ont été les suivants :

Mois	Nbre de jours	Taux	Mois	Nbre de jours	Taux
Novembre	30	3,2305%	Mai	31	3,2187%
Décembre	31	3,2412%	Juin	30	3,2152%
Janvier	31	3,2295%	Juillet	31	3,2012%
Février	29	3,2275%	Août	31	3,1978%
Mars	31	3,2187%	Septembre	30	3,1968%
Avril	30	3,2205%	Octobre	31	3,1897%

Il s'agit *d'actualiser* les taux de chaque mois en fonction du nombre de jours.

Mois	Nbre de jours	Taux	Résultats cumulés	Mois	Nbre de jours	Taux	Résultats cumulés
Novembre	30	3,2305%	1,002692	Mai	31	3,2187%	1,019091
Décembre	31	3,2412%	1,005483	Juin	30	3,2152%	1,02177
Janvier	31	3,2295%	1,008264	Juillet	31	3,2012%	1,024527
Février	29	3,2275%	1,000864	Août	31	3,1978%	1,027281
Mars	31	3,2187%	1,013636	Septembre	30	3,1968%	1,029945
Avril	30	3,2205%	1,016319	Octobre	31	3,1897%	1,032691

Novembre : 1 + 30 × 3,2305 %

Décembre : 1,002692 + 31 × 3,2412 %, etc.

Le TAM est de 1,032691 − 1 = **3,2691 %.**

1.2 Le marché des titres des créances négociables (TCN)

1.2.1. Définition

Il s'agit de titres émis *au gré de l'émetteur (agents économiques ou financiers)*, c'est-à-dire selon leurs besoins, ce qui les différencie des obligations, pour leur permettre de financer un besoin à court terme (*de dix jours à un an*). Ces titres sont négociables sur un marché réglementé différent du marché boursier. Ces titres ne sont donc pas cotés. Ils représentent un droit négociable pendant une certaine durée.

Leur valeur unitaire est de un million de francs (soit 152 449 euros) et porte des noms différents selon la nature de l'émetteur et la durée.

Un certificat de dépôt négociable peut être défini comme un dépôt à terme négociable. Ces titres sont émis par les établissements de crédit habilités à recevoir du public des fonds à vue ou au moins pour deux ans. Ils sont tenus de constituer un minimum de réserves sur leurs exigibilités à moins de deux ans. Même si ces titres ne sont pas notés, la majorité des émetteurs produisent une notation afin de garantir leur négociation. Ces titres *ne sont pas* cotés sur le marché boursier.

Ils représentent l'engagement de l'émetteur de rembourser au porteur, à une échéance donnée, un montant versé augmenté des intérêts dus. Leur négociation s'effectue sur un marché de gré à gré.

Les titres courts :

- bons du Trésor[1] : l'État ;
- billets de trésorerie[2] : les entreprises ;
- certificats de dépôts[3] : les banques ;
- bons des institutions et sociétés financières (BISF) : les compagnies d'affacturage ; Crédit Foncier, CEPME...

Les titres longs (depuis 1992) :

- bons à moyens termes négociables (BMTN)[4] ;
- bons du Trésor[5].

En règle générale, ces titres constituent un moyen sûr de placement pour une rémunération satisfaisante. Cette rémunération est proportionnelle au risque : plus le risque est faible, plus le taux est faible et inversement.

D'autre part, les intérêts de ces TCN sont calculés de deux manières différentes :

→ soit ils sont *postcomptés* : ils sont calculés alors à *taux fixe* à l'échéance. Ils sont rajoutés au capital initial à cette date (capitalisation à intérêts simples) ;

→ soit ils sont *précomptés* : les intérêts sont actualisés et soustraits du capital initial pour déterminer le nominal du capital.

Nous aurons donc : $K_0 + K_0 td = K_n$ (capital acquis)

$$K_0 = K_n - i \text{ (somme prêtée)}$$

avec K_0 = capital déposé

     t   = taux d'intérêt

     d   = durée de placement

     i   = intérêts

---

1. Durée de treize, vingt-six, ou cinquante-deux semaines.
2. Durée ≤ un an.
3. Durée ≤ deux ans.
4. Durée supérieure à un an sans limite maximum.
5. Durée de deux ou cinq ans.

	Certificat de dépôt CD	Billets de trésorerie BT	Bons du Trésor négociables BTR	Bons des institutions et sociétés financières BISF			Bons à moyen terme négociables BMTM
				Bons émis par les sociétés financières spécialisées	Bons émis par les sociétés financières	Bons émis par les sociétés article 99	
Date de création	Mars 1985	Décembre 1985	Décembre 1985	Décembre 1985	Mai 1986	Mars 1987	Février 1992
Emetteurs	Etablissements de crédit habilité à recevoir des dépôt à vue du public et assujettis à la constitution de réserves obligatoires	• Entreprises, hors établissements de crédit, ayant plus de 2 ans d'existence sous forme de sociétés par actions pouvant faire appel à l'épargne publique • Entreprises du secteur public, sociétés agricoles, GIE...	Trésor public	Institutions financières spécialisées (CEPME, CFF, Crédit national) constituant des réserves obligatoires	• Sociétés financières soumises aux réserves obligatoires • Capital minimum : 15 millions • Sociétés de caution mutuelles exclues	• Établissement visés par l'article 99 de la loi du 24/01/84 (maisons de titres) • Capital minimum : 15 millions	Organismes pouvant émettre des certificats de dépôts, des BISF ou des billets de trésorerie
Durées	de 10 jours à 2 ans	de 10 jours à 1 an	Pas de réglementation, mais actuellement : 13, 26, 52 semaines ou 2 ou 5 ans	10 jours à 2 ans	10 jours à 2 ans	10 jours à 2 ans	Supérieure à 1 an (pas de maximum) Habituellement de 1 à 2 ans
Montants unitaire minimum	1 MF (152 449 euros)	1 MF (152 449 euros)	Non réglementé : en pratique : 1 MF (152 449 euros)	1 MF (152 449 euros)	1 MF (152 449 euros)	1 MF (152 449 euros)	1 MF (152 449 euros) peuvent comporter une prime de remboursement
Notation (rating)	Facultative	Facultative	–	Facultative	Facultative	Facultative	Obligatoire
Taux	Fixe ou révisable si durée supérieure à 1 an	Fixe	Fixe	Fixe ou révisable si durée supérieure à 1 an			Fixe ou révisable
Matérialisation	Initialement matérialisés, mais depuis la loi du 26/07/1991 ils sont dématérialisés						Dématérialisés
Marché secondaire	Les titres étant négociables, il existe un marché secondaire sur lequel les échanges s'effectuent pour les titres antérieurement émis. Ce marché est réglementé par le Comité de la réglementation bancaire (CRB) et contrôle par la Banque centrale européenne (BCE). Plus le marché est étroit, plus la liquidité des titres est faible.						

Ces titres constituent un outil efficace pour obtenir des liquidités ou pour réaliser des placements.

I.2.2. Applications

Exemple chiffré n° 5

Une entreprise émet un billet de trésorerie d'une valeur nominale de 5 000 000 €, échéant dans cent cinq jours. Le taux d'intérêt est de 6,35 % (intérêts *postcomptés*).

1. Quelle sera la somme que devra payer l'opérateur à l'échéance ?
2. L'acquéreur du titre le revend au bout de soixante-cinq jours et la revente est réalisée sur la base d'un taux de 6 %. Calculer le montant de la transaction.
3. Déterminer le taux de placement réalisé par le premier acquéreur.

1. *Somme payée par l'opérateur :*

$$S = 5\,000\,000 + 5\,000\,000 \times \frac{6,35\,\% \times 105}{360} = 5\,092\,604,10$$

À l'échéance, l'acquéreur recevra : **5 092 604,10**

2. *Montant de la transaction :*

$$X + X = \frac{6\,\% \times (105 - 65)}{360} = 5\,092\,604,10$$

$$\boxed{X = 5\,058\,878,5}$$

3. *Taux de placement réalisé :*

$$5\,000\,000 + 5\,000\,000 \times \frac{X\,\% \times 65}{360} = 5\,058\,878,50$$

$$\boxed{X\,\% = \mathbf{6,52\,\%}}$$

Exemple chiffré n° 6

Une banque émet un certificat de dépôt d'une valeur nominale de 15 000 000 €, échéant dans deux cents jours. Le taux d'intérêt est de 7,5 % (intérêts *précomptés*).

1. Quelle sera la somme que devra payer l'opérateur lors de l'acquisition du titre ?
2. L'acquéreur du titre le revend au bout de cent vingt jours et la revente est réalisée sur la base d'un taux de 7 % (intérêts payables d'avance). Calculer le montant de la transaction.
3. Déterminer le taux de placement réalisé par le premier acquéreur.

1. *Somme payée par l'opérateur :*

$$S = 15\,000\,000 \times \frac{7,5\,\% \times 200}{360} = 625\,000$$

$$X = 15\,000\,000 - 625\,000 = 14\,375\,000$$

À la négociation, l'acquéreur (la banque) recevra : **14 375 000**.

2. *Montant de la transaction :*

$$S = 15\,000\,000 \times \frac{7\,\% \times (200 - 120)}{360} = 233\,333$$

$$X = 15\,000\,000 - 233\,333$$

$$\boxed{X = 14\,766\,667}$$

3. *Taux de placement réalisé :*

$$14\,375\,000 + 14\,375\,000 \times \frac{X\,\% \times 180}{360} = 14\,766\,667$$

$$\boxed{X\,\% = \textbf{5,50 \%}}$$

Exemple chiffré n° 7

Une entreprise prévoit un solde de trésorerie voisin de 8 000 000 € pendant quinze jours. Le trésorier hésite entre plusieurs placements :
– l'achat d'un billet de trésorerie *(intérêts postcomptés)* sur quinze jours au taux de 5 % ;
– l'achat d'un certificat de dépôt *(intérêts postcomptés)* sur vingt jours au taux de 5,30 %.

☞ *Remarque* : on prévoit que dans quinze jours, le taux de négociation du certificat de dépôt sera de 5,50 %.

1. Quel placement le trésorier doit-il faire ?

1. *Billet de trésorerie :*

$$\text{Rendement} = 8\,000\,000 \times \frac{5\,\% \times 15}{360} = \mathbf{16\,666{,}40}.$$

Risque : le risque principal est la défaillance de l'émetteur (entreprise).

2. *Certificat de dépôt :*

L'entreprise achète un certificat de dépôt à **vingt jours**, elle devra donc revendre son certificat au bout de **quinze jours**.

• *Calcul du prix de revente au bout de quinze jours sachant que le taux de négociation est de 5,50 %.*

À l'échéance, le certificat de dépôt doit rapporter :

$$8\,000\,000 + 8\,000\,000 \times \frac{5{,}30\,\% \times 20}{360} = 8\,023\,555{,}20$$

si X est le prix de revente au bout de quinze jours, nous aurons :

$$X + X \times \frac{5{,}50\,\% \times (20 - 15)}{360} = 8\,023\,555{,}20$$

$$\boxed{X = 8\,017\,431{,}4}$$

Rendement = 8 017 431 – 8 000 000 = *17 431 €*.
Risque : est pratiquement nul puisque se sont des établissements financiers qui les émettent.
L'acquisition d'un certificat de dépôt semble le meilleur placement.

2. Le marché financier

Une entreprise en croissance se trouve tôt ou tard confrontée au problème du financement de son développement (investissements et augmentation du besoin en fonds de roulement).

Les propriétaires dirigeants peuvent alors :

- rechercher une alliance auprès de partenaires extérieurs, avec pour conséquence une perte d'indépendance au niveau de la gestion et de la direction de l'entreprise ;
- ouvrir le capital à l'épargne publique par l'introduction de la société en Bourse.

Les avantages et les inconvénients du choix de l'introduction en Bourse sont résumés dans le tableau ci-après :

AVANTAGES	– Accroissement des sources de financement par renforcement des fonds propres. – Développement de la notoriété de la société tant sur le plan commercial que vis-à-vis des banques (motivation essentielle lors d'une introduction en Bourse) ; – La cotation permet une évaluation permanente de l'entreprise ; – Accroissement de la liquidité des titres permettant aux minoritaires de se désengager. – Les coûts liés à l'introduction, puis aux obligations annuelles inhérentes aux sociÈtés cotées ; – Les obligations d'information peuvent nuire à un certain désir de confidentialité.
INCONVÉNIENTS	– Dilution du bénéfice suite à l'augmentation de capital : le bénéfice par action diminue en raison d'un plus grand nombre d'actions ; – Dilution du pouvoir de contrôle du fait de l'ouverture et de l'élargissement du capital ; – Risque plus élevé de rachat dans le cadre d'une OPA (offre publique d'achat) ou d'une OPE (offre publique d'échange).

Le marché financier est le marché qui permet aux agents économiques (principalement les entreprises) d'acquérir des ressources à **long terme**. Il est aussi appelé : *marché des capitaux à long terme*. C'est sur ce marché que s'échangent les valeurs mobilières : actions, obligations et titres dérivés (certificats d'investissement, titres participatifs…).

Les valeurs mobilières réunissent 3 caractéristiques :

➔ elles sont *négociables ;*
➔ elles possèdent des *droits* ;
➔ elles sont *cotées* ou susceptibles de l'être.

Il existe plusieurs grandes catégories de valeurs mobilières.

- Les **actions** sont des titres permettant de participer à la gestion de l'entreprise (titres de participation), ou représentant un placement temporaire à titre spéculatif (valeurs mobilières de placement).
  Les actions sont émises lors d'une constitution d'entreprise ou lors d'une augmentation de capital. En contrepartie d'apports en numéraires ou par nature, chaque associé reçoit des titres (*actions*) représentant une part du capital.
  Il existe plusieurs types d'actions, certaines disposant d'avantages supplémentaires par rapport aux actions ordinaires. (*Exemples :* les certificats d'investissement qui correspondent à des actions sans droit de vote, les actions à dividende prioritaire qui octroient à leur détenteur un dividende plus élevé.)
  Les titulaires d'une action perçoivent comme rémunération un *dividende*.

- Les **obligations** sont des titres représentant une créance à long terme.
  Les obligations sont émises lors d'une création d'un emprunt obligataire. En contrepartie de son apport en numéraire chaque souscripteur reçoit des titres (*obligations*) représentant une part de l'emprunt.
  Pour répondre au développement de la sphère financière, il existe plusieurs types d'obligations, certaines disposant d'avantages supplémentaires par rapport aux obligations ordinaires. (*Exemples :* les obligations à taux variable, le taux de rémunération de ces obligations variant selon un indice de référence, les obligations à fenêtre, les obligations renouvelables du Trésor…)
  Les titulaires d'une obligation perçoivent comme rémunération un *coupon*.

- ***Les valeurs mobilières composées*** qui donnent droit à la souscription ou l'attribution d'autres valeurs.
  Citons :
  ➔ les OBSA (obligations à bons de souscription d'actions) qui

permettent un endettement plus long. Le détenteur d'OBSA peut vendre les bons indépendamment de l'obligation.

→ les ORA (obligations remboursables en actions) qui permettent un renforcement des fonds propres. Le détenteur d'ORA obtient à l'échéance une action.

→ les OCA (obligations convertibles en actions) qui permettent une augmentation de capital différé. Le détenteur d'OCA obtient le droit d'obtenir une action selon des modalités définies préalablement.

→ les OBSO (obligations à bons de souscription d'obligations). Il s'agit d'une obligation assortie d'un bon (*le warrant*) qui permet d'obtenir plus tard une autre obligation à un prix déterminé à l'avance. Le détenteur d'OBSO peut bénéficier de plus-values en cas de baisse des taux d'intérêt.

→ les BSA (bons de souscription d'actions autonomes) et BSO (bons de souscription d'obligations autonomes). Le détenteur souscrit un contrat d'option lui permettant d'acquérir une action (BSA) ou une obligation (BSO). Les bons étant cotés indépendamment sur le marché financier, le souscripteur peut donc les vendre.

■ Obligations à bons de souscription en actions (OBSA)

OBSA	ÉMETTEUR	SOUSCRIPTEUR
AVANTAGES	– Obtenir des fonds à un coût inférieur au coût normal du marché obligataire en raison de l'attrait spéculatif des bons ; – Double opération de financement emprunt obligataire immédiat, programmation d'une augmentation future (mais conditionnelle de capital ;) – Réduire les frais relatifs à ces opérations (procédures simpli-fiées). – Impossibilité de prévoir la date et le montant des fonds propres apportés par l'exercice des bons ;	– Titre qui combine les avantages de l'action et de l'obligation rému-nération fixe et rembour-sement à l'échéance du titre de créance, acquisition d'un titre de propriété en cas de bonne santé financière de l'émetteur (exercice du bon) ; – En cas de hausse du cours de l'action, le bon de souscription permet de réaliser une plus-value substantielle (fort effet de levier) ; – Souplesse d'utilisation du bon de souscription (détachable et négo-ciable séparément) : l'exercice ou la revente du bon ne fait pas perdre la qualité d'obligataire. – Taux de rendement de l'obligation inférieur à celui d'une obligation classique ;
INCONVÉNIENTS	– Risque de modification de la répartition du capital : bons détenus en nombre important par des personnes qui n'appartiennent pas à l'actionnariat exerçant le contrôle.	– Incertitude sur la « rentabilité » du bon de souscription.

■ Obligations convertibles en actions (OCA)

Elles permettent à un obligataire, s'il le souhaite, de devenir actionnaire de la société emprunteuse

- soit à une époque déterminée à l'avance ;
- soit à tout moment au gré de l'obligataire, tant que l'obligation n'a pas été remboursée. Dès l'émission, on indique la parité de conversion des obligations en actions.

Exemple : l'obligation donne droit à trois actions. Généralement, les entreprises prévoient un différé de conversion (maximum cinq ans).

• **La théorie des options** permet de démontrer qu'un portefeuille composé d'une obligation et d'une option d'achat est identique à un portefeuille composé de l'option de vente et de l'action correspondante.

Par suite, on peut dire qu'une obligation convertible est la somme (pour un rapport de conversion de 1) :

1. d'une obligation ordinaire et d'une option d'achat sur l'action de la société ;
2. de l'action de la société et d'une option de vente sur l'action.

La valeur nue de l'obligation est une valeur plancher correspondant à l'évaluation des flux de liquidités attendus en cas de non conversion, actualisés au taux du marché.

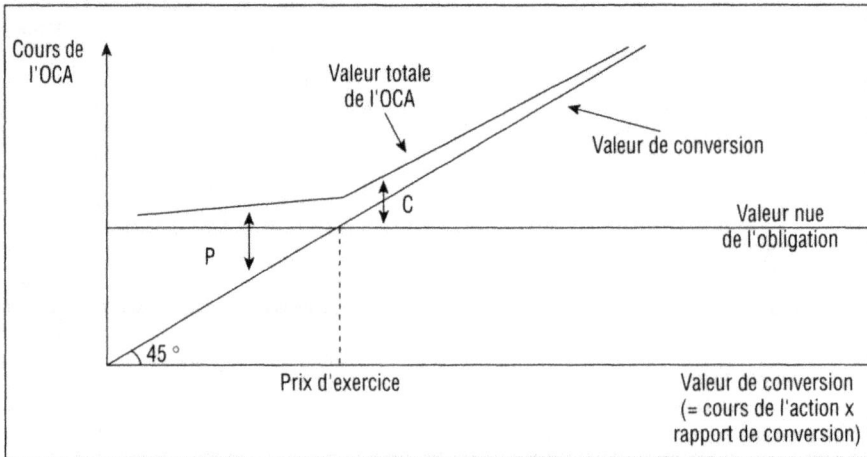

– C (droit de conversion = valeur totale de l'OCA – valeur nue de l'obligation) correspond à une option d'achat dont le prix d'exercice serait égal à la valeur nue de l'obligation ;

– P (prime de conversion = valeur totale de l'OCA – valeur de conversion) correspond à une option de vente dont le prix d'exercice serait égal à la valeur nue de l'obligation.

Les principaux avantages et inconvénients des OCA pour l'émetteur et le souscripteur sont résumés dans le tableau suivant :

OCA	ÉMETTEUR	SOUSCRIPTEUR
AVANTAGES	– Endettement à un taux d'intérêt inférieur au taux normalement pratiqué sur le marché du fait de l'attrait spéculatif des OCA ;	– Titre qui combine les avantages de l'action et de l'obligation rémunération fixe et remboursement à l'échéance du titre de créance, en cas de mauvaise santé financière de l'émetteur, conversion en titre de propriété en cas de bonne santé financière de l'émetteur ;
	– Programmation d'augmentations de capital différées permettant d'atténuer les effets de dilution sur les bénéfices par action (conversion à un cours supérieur à celui de l'action au moment de l'émission des OCA, ce qui limite le nombre d'actions émises) ; – En cas de conversion, la dette ne sera pas remboursée.	– Permet de spéculer sur la hausse des actions tout en profitant du « parachute » du titre obligataire en cas d'évolution défavorable.
INCONVÉNIENTS	– L'augmentation de capital n'étant que potentielle, l'**émetteur** doit prévoir l'éventualité de non conversion afin de faire face au remboursement des obligations	– Dans l'éventualité d'une non conversion, le taux de rémunération servi sur L'OCA aura été inférieur à celui obtenu avec une obligation classique ; – La conversion de l'OCA fait perdre la qualité d'obligataire.

■ Obligations remboursables en actions (ORA)

Ces titres sont obligatoirement remboursés à leur échéance en actions de la société émettrice : le souscripteur ne dispose d'aucune faculté d'option.

Pour la société émettrice, les ORA sont classées en quasi-fonds propres.

Les principaux avantages et inconvénients des ORA pour l'émetteur et le souscripteur sont résumés dans le tableau suivant :

ORA	ÉMETTEUR	SOUSCRIPTEUR
AVANTAGES	– Certitude (contrairement aux OBSA et aux OCA) de réaliser une augmentation de capital à l'échéance de l'emprunt ;	– Taux d'intérêt plus élevé que celui servi pour les OBSA ou les OCA en raison d'un risque plus important ;
	– Charges d'intérêt fiscalement déductibles contrairement aux dividendes.	– Permet de parier sur une évolution favorable du cours de l'action.
INCONVÉNIENTS	– L'émetteur est tenu de rémunérer les ORA, y compris en l'absence de bénéfice.	– Risque à l'échéance en cas de baisse de l'action (perte sur le capital investi).

[* En cas d'appréciation très rapide des titres émis en remboursement des ORA, l'émetteur peut se réserver la possibilité de procéder à un amortissement anticipé de l'emprunt.]

■ Titres participatifs

Les titres participatifs sont des titres qui se situent à mi-chemin entre l'action et l'obligation : n'étant généralement pas amortissables **(durée illimitée),** ils viennent s'ajouter aux fonds propres de l'entreprise émettrice **(quasi-fonds propres),** bien qu'ils fassent juridiquement partie de sa dette **(obligations perpétuelles).**

Il s'agit de **créances de dernier rang** : en cas de liquidation de l'entreprise émettrice, le remboursement de ces titres n'intervient qu'après désintéressement de tous les autres créanciers (d'où leur assimilation à des fonds propres). Les titres participatifs ne bénéficient d'aucun droit de vote.

Ces valeurs mobilières peuvent être émises depuis 1983 par les entreprises du secteur public et les coopératives, et depuis 1985 par les banques et les assurances mutualistes.

Les titres participatifs représentent d'une certaine façon une nouvelle forme **d'emprunts indexés*,** le coupon versé se décomposant en :

- une partie fixe, sous la forme d'un taux garanti (taux fixe ou taux variable) ;
- et une partie variable indexée sur le niveau d'activité ou de résultat de la société (chiffre d'affaires, MBA, résultat net…).

La partie fixe de la rémunération doit porter sur au moins 60 % du nominal du titre (sécurité pour le souscripteur).

[* du type «Emprunt 3 % CNE (Caisse Nationale de l'énergie)» qui était indexé sur le chiffre d'affaires d'EDF-GDF ou les emprunts d'État «4,5 % 1973» dit emprunt PINAY et «7 % 1973» dit emprunt GISCARD qui étaient indexés sur l'or (respectivement, la pièce en or Napoléon et le lingot d'or)].

Les principaux avantages et inconvénients des titres participatifs pour l'émetteur et le souscripteur sont résumés dans le tableau suivant :

TITRES PARTICIPATIFS	ÉMETTEUR	SOUSCRIPTEUR
AVANTAGES	– Obtenir des ressources à la fois non remboursables et sans risque de perte de contrôle (absence de droit de vote) ;	– Rémunération certaine pour la partie fixe, y compris en l'absence de bénéfice ;
	– Intégralité de la rémunération versée fiscalement déductible, contrairement aux dividendes.	– Rémunération globale attractive si la situation économique de l'entreprise émettrice s'avère bonne (partie variable déterminante)
INCONVÉNIENTS	– L'indexation de la rémunération peut générer un coût global plus élevé que celui constaté sur les actions ou les	– Rendement plus faible qu'une obligation classique si la situation de l'émetteur se dégrade ;
		– Risque similaire à l'action en cas de liquidation (créance de dernier rang/.

■ Titres subordonnés

Il existe des **titres subordonnés à durée indéterminée** (TSDI) qui s'apparentent à des titres de rente (aucun remboursement prévu) et des **titres subordonnés remboursables** (TSR) qui se rapprochent plus des obligations classiques.

Ces titres, de création récente (1985), comportent une **clause de subordination** concernant le règlement de l'intérêt annuel, d'une part, et le remboursement du capital en cas de liquidation, d'autre part :

- la rémunération des TSDI et des TSR est subordonnée au versement d'un dividende aux actionnaires (possibilité de report ou de suppression du coupon annuel en cas d'absence de dividende versé aux actionnaires) ;
- TSDI et TSR sont assimilables à des fonds propres **(quasi-fonds propres)** car il s'agit de **créances d'avant-dernier rang** : en cas de liquidation de la société émettrice, leur remboursement n'intervient qu'après désintéressement des créanciers autres que ceux sur prêts ou titres participatifs.

Les principaux avantages et inconvénients des TSDI et des TSR pour l'émetteur et le souscripteur sont résumés dans le tableau suivant :

TSDI & TSR	ÉMETTEUR	SOUSCRIPTEUR
AVANTAGES	– Obtenir des ressources assimilables à des fonds propres sans risque de perte de contrôle (absence de droit de vote) ;	
	– Charges d'intérêt fiscalement déductibles (contrairement aux dividendes) et dont le versement est conditionné par la bonne santé financière de l'entreprise (subordination au paiement d'un dividende aux actionnaires.	– Rémunération servie plus élevée que pour des obligations classiques (prime de risque liée à la clause de subordination.
INCONVÉNIENTS	– Placement des titres pouvant s'avérer difficile du fait de la clause de subordination ;	– Risque de report ou de suppression du paiement des intérêts en l'absence de dividende ;
	– Intérêts versés plus importants que pour des obligations classiques.	– Risque de non remboursement en cas de liquidation (créances d'avant-dernier rang)

- *Les produits collectifs* : les SICAV et les fonds communs de placement.

  Pour animer le marché financier, les pays industriels ont développé des placements collectifs en valeurs mobilières (OPCVM[1]). Chaque agent économique participe au marché financier par l'intermédiaire de ces établissements leur évitant ainsi tout souci de gestion.

  Il existe deux catégories d'OPCVM :

  - *Les SICAV* (sociétés d'investissement à capital variable) qui ont pour objet la gestion d'un portefeuille de valeurs mobilières. Les actions émises sont rachetées à tout moment sur la base d'une valeur liquidative déterminée quotidiennement en fonction des cours en Bourse des titres composant le portefeuille.

    ☞ *Remarque :* ces sociétés d'investissement doivent respecter un certain quota, elles doivent notamment réserver au moins 30 % de leurs actifs en obligations françaises, bons du Trésor.

---

1. OPCVM : organismes de placement collectif en valeurs mobilières.

■ *Les FCP* (fonds commun de placement) qui représentent une copropriété de titres. Leur fonctionnement est pratiquement identique à la SICAV, toutefois le détenteur d'un FCP a moins de pouvoir.

La valorisation d'un FCP est quotidienne ou hebdomadaire suivant l'importance du capital de la société.

Les FCP sont généralement de petites tailles et plus spécialisés que les SICAV. Leur volatilité est donc plus importante.

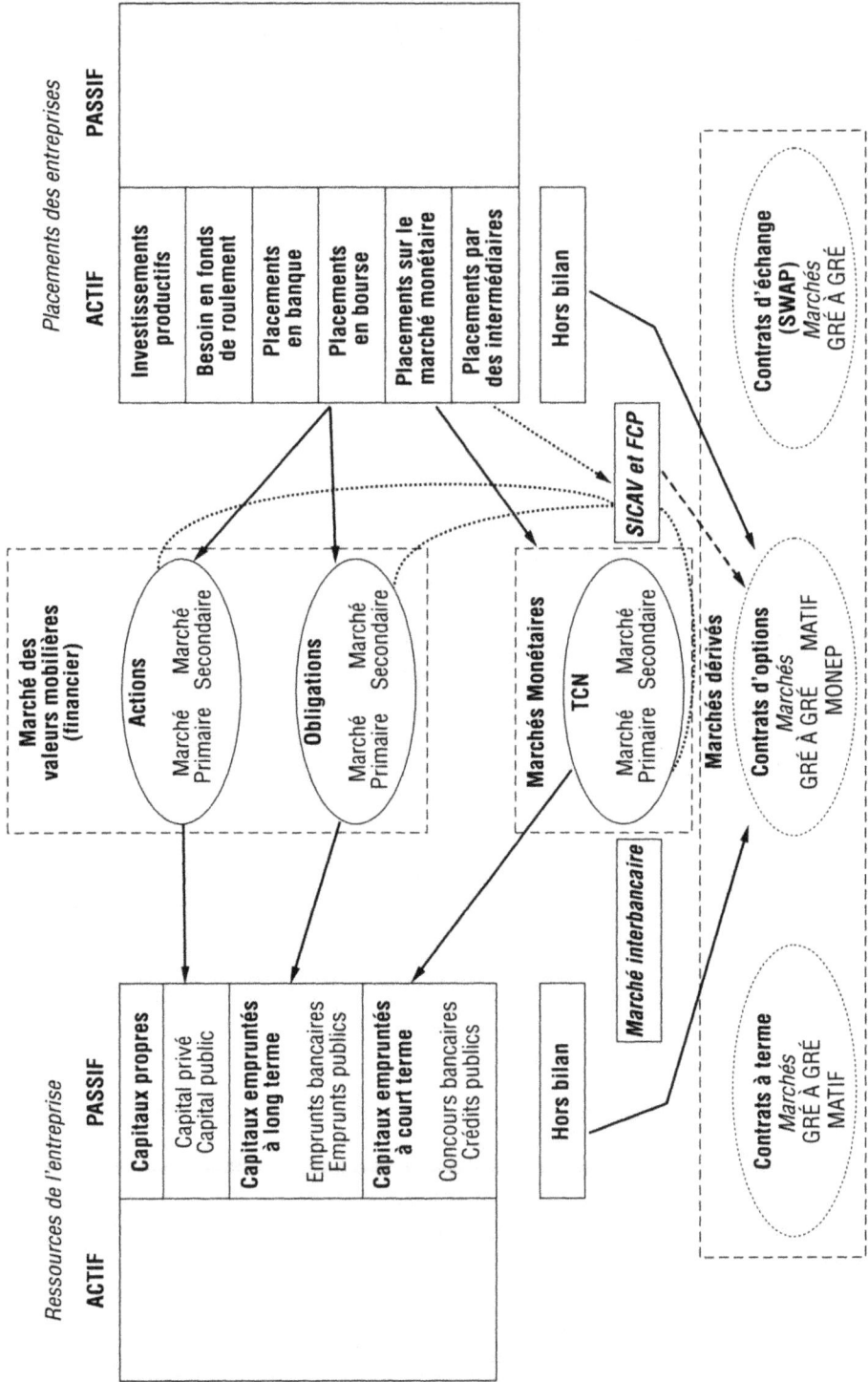

Placements des entreprises

PASSIF

ACTIF

Investissements productifs

Besoin en fonds de roulement

Placements en banque

Placements en bourse

Placements sur le marché monétaire

Placements par des intermédiaires

Hors bilan

Contrats d'échange (SWAP)
Marchés
GRÉ À GRÉ

SICAV et FCP

Marché des valeurs mobilières (financier)

Actions

Marché Marché
Primaire Secondaire

Obligations

Marché Marché
Primaire Secondaire

Marchés Monétaires

TCN

Marché Marché
Primaire Secondaire

Marché interbancaire

Marchés dérivés

Contrats d'options
Marchés
GRÉ À GRÉ   MATIF
MONEP

Ressources de l'entreprise

ACTIF   PASSIF

Capitaux propres

Capital privé
Capital public

Capitaux empruntés à long terme

Emprunts bancaires
Emprunts publics

Capitaux empruntés à court terme

Concours bancaires
Crédits publics

Hors bilan

Contrats à terme
Marchés
GRÉ À GRÉ
MATIF

Le marché financier est lui-même composé de plusieurs marchés complémentaires.

- Le marché *primaire* sur lequel les agents économiques se procurent des capitaux en échange de valeurs mobilières. En d'autres termes, c'est le marché qui crée des valeurs mobilières lors d'une constitution, d'une émission d'un emprunt obligataire ou lors d'une augmentation de capital. Il permet d'assurer le financement à long terme de l'économie.
- Le marché *secondaire* sur lequel les agents économiques s'échangent les valeurs mobilières qu'ils possèdent en portefeuille. En d'autres termes, c'est le marché de *l'occasion* des valeurs mobilières.
- Le marché *dérivé* qui a pour objet de permettre aux opérateurs de gérer leurs risques. (voir Chapitre 3)

Sur ces marchés, les transactions portent soit sur des valeurs mobilières, soit sur des nouveaux instruments financiers.

A chacun de ces *marchés au comptant* est généralement associé un *marché de produits dérivés* (marché organisé et marché de gré à gré) où sont négociés et cotés des produits à terme, c'est-à-dire à échéance plus ou moins lointaine.

Le marché dérivé est composé de 2 marchés distincts :

1. Marché réglementé ou marché organisé.

Ce sont des marchés organisés par des entreprises de marché qui définissent des produits standards en assurant les transactions et en assumant, *via* une chambre de compensation, le risque de défaillance (ou de contrepartie) des acteurs du marché. *Exemples :* Le MATIF (Marché à terme International de France) ; Le MONEP (Marché des options négociables sur la place de Paris) ;

2. Marché de gré à gré.

Ce sont des marchés qui mettent en relation *directement* deux acteurs privés. Ces marchés offrent une très grande souplesse dans le montage de produits non standardisés. Mais ils n'offrent pas de chambre de compensation (sans organisme centralisateur) ; chacun des intervenants supporte le risque de défaillance de sa contrepartie. *Exemple :* Une banque va mettre en relation deux entreprises ayant des besoins opposés : une entreprise va échanger une dette présentant certaines caractéristiques (emprunt à taux variable) contre une autre dette présentant d'autres caractéristiques (emprunt à taux fixe), avec une autre entreprise. La 1re entreprise craint une augmentation des taux d'intérêt (échange taux variable contre taux fixe), l'autre entreprise pense au contraire que les taux d'intérêt vont baisser (taux fixe contre taux variable).

2.1. Le marché primaire

C'est le marché d'émission des titres nouveaux (actions, obligations…). Il permet aux agents économiques de se procurer les fonds nécessaires pour financer leurs investissements. Le marché est donc un intermédiaire entre un investisseur et un emprunteur. Il remplit un rôle d'intermédiation.

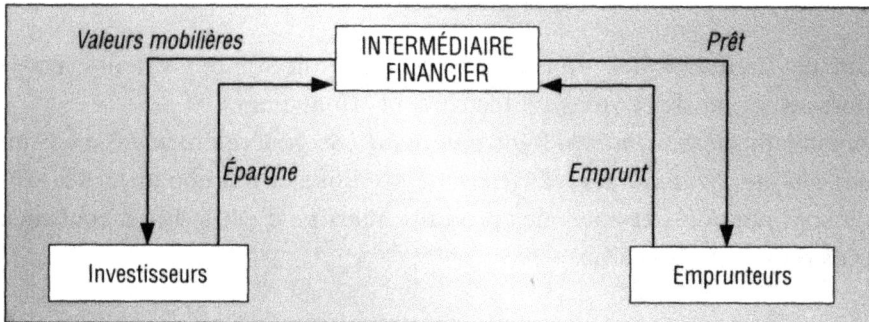

Ce marché *n'est pas localisé* dans un lieu particulier.

2.2. Le marché secondaire

2.2.1. Définition

C'est le marché sur lequel se négocient les titres déjà émis. Il assure ainsi la *liquidité* du marché primaire.

2.2.2. Organisation générale

Contrairement au marché primaire, le marché secondaire est *localisé* à la Bourse de Paris. Jusqu'en 1996, seuls des opérateurs officiels pouvaient intervenir sur ce marché : *les sociétés de Bourse*. Ces sociétés étaient donc seules habilitées à acheter ou vendre des titres en fonction des ordres reçus des agents économiques (entreprises ou particuliers[1]). Depuis 1996, ce marché est ouvert à l'ensemble des intermédiaires financiers français et étrangers. Il s'agit principalement :

→ des établissements de crédits (banques, caisses d'épargne…) et des entreprises d'investissement habilités à passer des ordres (*ce sont les négociateurs*) ;

→ des établissements de crédits et des entreprises d'investissement capables d'assurer les opérations boursières (règlement/livraison) (*ce sont les compensateurs*).

2.2.3. Fonctionnement

Ce marché est organisé et contrôlé par trois organismes :

- *le conseil des marchés financiers :* qui réglemente et contrôle les activités du marché ;
- *la société des Bourses : Euronext-SA[2] :* qui est responsable du fonctionnement du marché ;
- *la commission des opérations de Bourse (COB) :* qui surveille les marchés, veille à la bonne information et à la régularité du marché ; elle dispose d'un pouvoir de sanction.

2.2.4. Objectifs

Les objectifs du marché secondaire sont de permettre la confrontation la plus large possible des acheteurs et des vendeurs de valeurs mobilières. Pour assurer le fonctionnement, ils s'appuient sur :

- *Les ordres de Bourse :* qui doivent comporter les indications suivantes :
  - le sens de l'opération : achat ou vente d'un titre ;
  - le nombre, la nature des titres, le nom de la société ;
  - les conditions d'exécution (la nature de l'ordre) ;
  - la durée d'exécution (limite de validité) ;
  - le marché concerné.

---

1. Notons que les particuliers qui ne disposent pas d'un compte dans ces sociétés doivent passer par un organisme financier (banque ou CCP) pour procéder à un achat ou une vente de titres.
2. Avant le 22 septembre 2000 la société de Bourse s'intitulait : PARIS-BOURSE [SBF] SA

Exemple chiffré n° 8

> Vente de 100 actions Accor sur le premier marché valable au 15 mai N.

- *La nature de l'ordre* : cette opération est *facultative*, mais un opérateur dispose d'outils pour préciser la nature de l'ordre.

Zoom N° 1

) **Les ordres sont :**

→ *Au mieux* : si aucun cours n'a été fixé par l'opérateur. L'ordre sera exécuté dès réception de l'ordre au prix du marché.

→ *A cours limité* : l'opération ne sera exécutée qu'au-delà d'un certain seuil : il est inférieur ou égal pour un acheteur, il est supérieur ou égal pour un vendeur.

exemple : achat de 50 actions MICHELIN sur le premier marché à cours limité 92 €. Cela signifie que l'ordre ne sera exécuté que si le cours du titre MICHELIN est égal ou inférieur à 92 €.

→ Ordre *stop* : l'ordre n'est exécuté que lorsque le cours d'un titre dépasse une certaine limite.

→ Ordre «*tout ou rien*» : l'ordre n'est exécuté que s'il correspond exactement à la volonté de l'opérateur.

exemple : achat de 200 actions PEUGEOT à 38 €. Cela signifie que l'ordre ne sera exécuté que si le nombre et le cours du titre PEUGEOT sont de 200 et égal à 38 €.

→ Ordre «*à plage de déclenchement*» : l'ordre n'est exécuté que s'il correspond à une fourchette de prix fixé par l'opérateur.

exemple : achat de 25 actions BOUYGUES à plage de déclenchement 76/106 €. Cela signifie que l'ordre ne sera exécuté que si le cours du titre BOUYGUES est compris entre 76 € et 106 €.   ( )

- *La durée d'exécution de l'ordre* : cette opération consiste à fixer la durée de validité de l'ordre. A défaut, l'ordre est dit «à révocation» et reste valable jusqu'à la liquidation (premier marché) ou la fin du mois (pour les autres marchés).

- *La cotation* : il existe trois systèmes de cotation.
  - *La cotation assistée en continu (CAC) :* c'est un ordinateur (*le super CAC*) qui centralise l'ensemble des ordres et qui détermine le cours des transactions.

Il existe trois périodes :

– Une première période avant 9 heures où l'ensemble des ordres reçus depuis la veille sont enregistrés pour déterminer **le cours d'ouverture**. Seules les ordres à cours limité sont enregistrés. Les ordres d'achat à cours supérieur et les ordres de vente à cours inférieur au cours d'ouverture sont exécutés *en totalité*.

– Une seconde période de 9 heures à 17 h 30 où les ordres reçus sont exécutés dès lors qu'il existe une contrepartie. Dans le cas contraire, l'ordre est stocké en attendant une contrepartie.

– La dernière période : 17 h 30 – 17 h 35, les ordres s'accumulent sans transaction, **le cours de clôture** est déterminé à 17 h 35.

☞ *Remarque :* il existe deux types de cotation en continu :

le continu A pour les transactions importantes ;

le continu B pour les transactions plus modestes.

■ *La cotation par confrontation (le fixing) :* elle est réservée aux valeurs plus modestes. Les ordres ne sont confrontés que deux fois par jour (11 h 30 et 16 heures).

Zoom N° 2

)   **Les deux types de cotation par confrontation :**

→ le fixing A pour les transactions importantes ; deux transactions par jour ;

→ le fixing B pour les titres négociés hors cote ; il n'y a qu'une seule cotation par jour (15 heures).   )

■ *La cotation à la criée :* les ordres sont confrontés oralement et publiquement. Ce système n'existe plus **depuis 1998**.

2.2.5. Modalités de cotation par confrontation

Il s'agit de confronter *l'offre et la demande* d'un même titre afin de déterminer le cours d'échange.

Ce cours doit assurer *le plus grand nombre d'échanges*. L'exécution de l'ordre respecte deux modalités :

1. *le prix :*

→ priorité au *prix le plus haut* pour les acheteurs (classement par ordre décroissant de prix) ;

→ priorité au prix le plus bas pour les vendeurs (classement par ordre croissant de prix).

2. *le temps :*

Les ordres sont exécutés dès qu'ils arrivent (système du premier entré, premier sorti : PEPS).

Certaines règles doivent être aussi respectées :

– les *ordres au mieux* sont exécutés en priorité ;

– les *ordres à cours limité* sont exécutés en priorité dès lors que la limite est inférieure au cours pour les vendeurs, supérieure au cours pour les acheteurs.

Exemple chiffré n° 9

À partir des informations suivantes, remplir le tableau confrontant les ordres d'achat et de vente, puis fixer le cours d'ouverture et le nombre de titres échangés.

ACHATS		VENTES	
Au mieux	850	Au mieux	200
329,50 €	75	328 €	400
329 €	100	328,5 €	300
327,50 €	120	329 €	75
327 €	200	329,5 €	50

ACHATS		COURS	VENTES	
QUANTITÉS	CUMULÉ		QUANTITÉS	CUMULÉ
		au mieux 329,50 €		
		327 au mieux		

Il s'agit, à l'aide du tableau, de confronter les ordres en cumulant :

→ selon l'ordre *décroissant du cours* pour les acheteurs ;

→ selon l'ordre *croissant du cours* pour les vendeurs.

ACHATS		COURS	VENTES	
QUANTITÉS	CUMULÉ		CUMULÉ	QUANTITÉS
850	850	au mieux	–	–
75	875	329,50	1 025	50
100	**975**	**329**	**975**	75
0	975	328,50	900	300
0	975	328	600	400
120	1 095	327,50	0	200
200	1 295	327	0	200
–	–	au mieux	200	200

Un opérateur qui passe *un ordre d'achat* **achète** tant que le cours est inférieur au cours limité. Les 75 acheteurs à 329,50 € exécuteront leur ordre si le cours *diminue*.

Un opérateur qui passe *un ordre de vente* **vend** tant que le cours est supérieur au cours limité. Les 400 vendeurs à 328 € exécuteront leur ordre si le cours *augmente*.

Le cours *d'équilibre* est fixé à **329 €** pour un nombre d'échanges maximum de **975** titres.

À ce cours seront exécutés :

– tous les ordres au mieux ;

– les ordres de vente à cours limités de 328 €, 328,5 € et 329 € ;

– les ordres d'achat à cours limités de 329,5 € et 329 €.

Sur une place financière, il existe pratiquement autant de marchés spécialisés que de produits à négocier. Un même marché peut rassembler plusieurs marchés.

Les plus importants sont les marchés de change sur les différentes devises internationales. Ils sont suivis par le marché obligataire rassemblant les emprunts d'État et les emprunts des sociétés privées. Ensuite viennent les marchés d'actions et les marchés de matières premières (*métaux* : cuivre, aluminium, argent, platine… ; *graines* : blé, maïs, soja… ; *softs* : cacao, café, sucre blanc… ; *pétrole* ; *or*).

Dans le présent livre nous étudierons principalement deux types de marchés : *le marché des actions et le marché des obligations*. Chaque marché est ensuite subdivisé en plusieurs autres marchés (voir thèmes suivants).

Organisation d'une place financière
(Marché secondaire)[1]

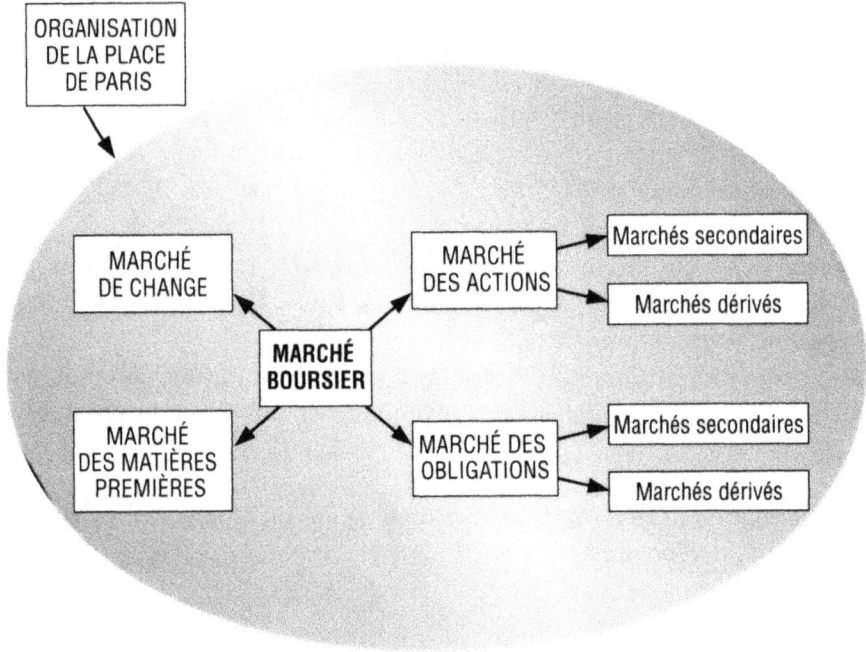

---
1. Rappelons que le marché primaire n'est pas localisé.

3. Le marché des actions

3.1. L'organisation du marché des actions

Le marché des actions est placé sous la surveillance et le contrôle de plusieurs sociétés.

→ La Commission des opérations boursières (COB). Son rôle est de protéger les épargnants.

→ Le Conseil des bourses de valeurs (CBV). Son rôle est d'assurer le fonctionnement de la Bourse : séance, admission des titres.

→ Euronext [SBF] SA (SBF) est chargée de la gestion technique de la Bourse.

Les entreprises qui souhaitent accéder aux marchés boursiers disposent de trois procédures d'introduction.

• *La procédure ordinaire :* l'opérateur confie à un intermédiaire financier les titres à placer. Ces intermédiaires se chargent de toutes les opérations de cotation : les ordres d'achat ne sont acceptés qu'à condition d'être au moins égal au prix de l'offre.

• *La mise en vente :* l'opérateur fixe un prix minimal. Cette procédure est utilisée généralement lors d'une première introduction en bourse.

• *L'offre publique de vente :* le prix de vente est fixé avant l'introduction en Bourse. Les titres sont répartis au prorata du nombre de titres demandés.

3.2. Les conditions d'accès au marché des actions

Le marché des actions est subdivisé en plusieurs sous-marchés. Les conditions d'accès au marché des actions varient selon le compartiment sur lequel s'effectue l'introduction.

Organisation actuelle du marché des actions à la Bourse de Paris

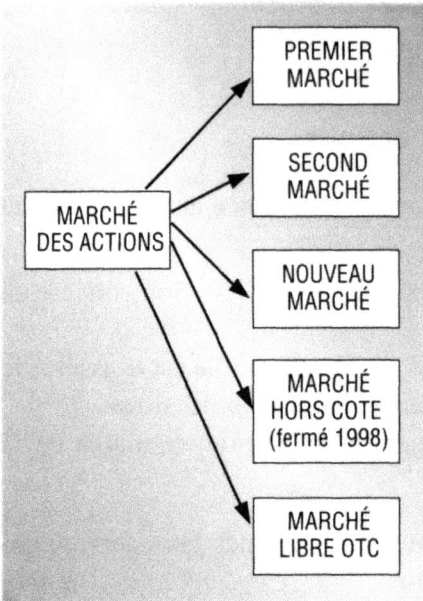

```
                          ┌──────────────┐
                      ┌──→│   PREMIER    │
                      │   │   MARCHÉ     │
                      │   └──────────────┘
                      │   ┌──────────────┐
                      ├──→│   SECOND     │
┌──────────────┐      │   │   MARCHÉ     │
│   MARCHÉ     │──────┤   └──────────────┘
│ DES ACTIONS  │      │   ┌──────────────┐
└──────────────┘      ├──→│   NOUVEAU    │
                      │   │   MARCHÉ     │
                      │   └──────────────┘
                      │   ┌──────────────┐
                      ├──→│   MARCHÉ     │
                      │   │  HORS COTE   │
                      │   │ (fermé 1998) │
                      │   └──────────────┘
                      │   ┌──────────────┐
                      └──→│   MARCHÉ     │
                          │  LIBRE OTC   │
                          └──────────────┘
```

Organisation future du marché des actions

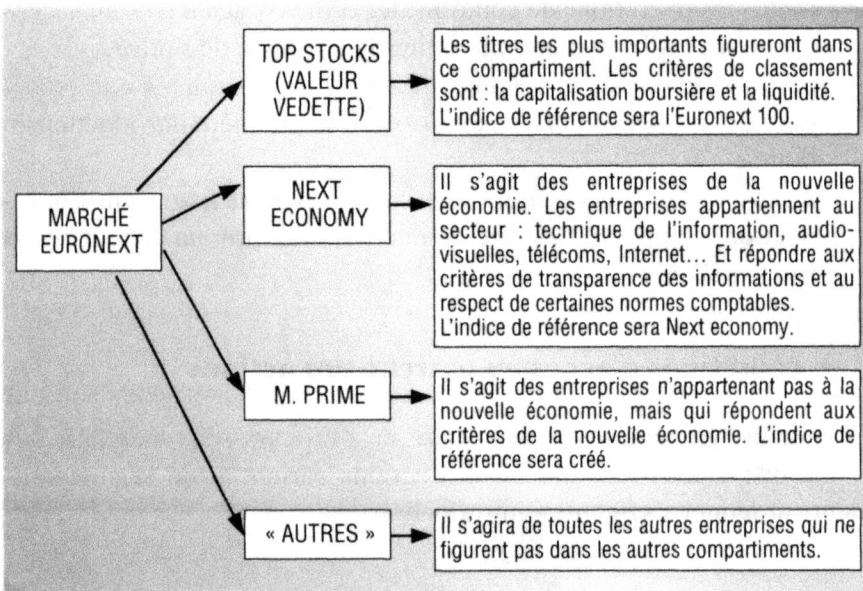

TOP STOCKS (VALEUR VEDETTE)	Les titres les plus importants figureront dans ce compartiment. Les critères de classement sont : la capitalisation boursière et la liquidité. L'indice de référence sera l'Euronext 100.
NEXT ECONOMY	Il s'agit des entreprises de la nouvelle économie. Les entreprises appartiennent au secteur : technique de l'information, audio-visuelles, télécoms, Internet… Et répondre aux critères de transparence des informations et au respect de certaines normes comptables. L'indice de référence sera Next economy.
M. PRIME	Il s'agit des entreprises n'appartenant pas à la nouvelle économie, mais qui répondent aux critères de la nouvelle économie. L'indice de référence sera créé.
« AUTRES »	Il s'agira de toutes les autres entreprises qui ne figurent pas dans les autres compartiments.

(MARCHÉ EURONEXT)

Chaque marché est référencé par un indice.

ex. : le premier marché = CAC 40 ou SB 120

le nouveau marché = IT (indices technologiques)

↙ CAC

le 2nd marché = second marché

3.1.1. Le premier marché

Le premier marché est réservé aux principales entreprises.
Pour être admis sur le marché officiel, il faut :

➜ mettre à disposition 25 % de son capital qui doit être au moins de 15 millions de francs (2 286 735 €) ;
➜ avoir dégagé des bénéfices et versé un dividende au cours des trois derniers exercices ;
➜ avoir un chiffre d'affaires supérieur à 500 millions de francs (76 224 509 €) ;
➜ fournir des informations.

3.1.1.1. Généralités sur le premier marché

C'est sur ce marché que sont cotées les principales entreprises.
Le premier marché est un marché *au comptant* avec possibilité de *report,* c'est-à-dire de reporter son opération en cas de mauvaise anticipation[1].

Zoom N° 3

Lecture d'une cotation

Vous lisez dans la *Tribune Desfossés* un paragraphe concernant la cotation sur le premier marché de l'action suivante :

+ Haut An. + Bas An. Compens. Report	Nbre de titres Nominal C. moyen	**Valeurs** [code] date dét. Secteur Global net Avoir fiscal (Ac./S)			Premier + Haut + bas **Dernier** (ou DCC)	Précédent *Variation année* Volume du jour *Variation veille*
655 521 635 pair	24 965 281 100 640,32	**ACCOR** (CA) ■ Ex - d. au dividende **[12040]** 21 06 N 27 18 9		93 (T)	627 637 627 **634**	631 + 9,31 % 100 850 + 0,48 %

---

1. Cette possibilité est offerte par le biais du SRD (système de règlement différé). Elle n'est pas gratuite pour l'opérateur.

Comment lire la cotation	
Colonne	Commentaire
première :	le cours le plus haut, exprimé en euros (655) au cours des cinquante-deux dernières semaines ; le cours le plus bas, exprimé en euros (521) au cours des cinquante-deux dernières semaines ; le cours de compensation, exprimé en euros (625) ; le montant du report, ou du déport ou Pair si les déports sont égaux aux reports.
deuxième :	le nombre de titres en circulation (24 965 281) ; le nominal du titre (100 €) ; le cours moyen, exprimé en euros (640,32).
troisième :	le nom de la valeur du titre : Accor ; suivi de CA : valeur à forte ou moyenne liquidité coté en continu ou suivi de CB : valeur à faible liquidité dont les confrontations se font au fixing. le mot « *ex-droit au dividende* » signifie que le dividende a été détaché ; le signe n signifie que le titre fait partie du CAC 40 ; (un s signifie que les actions ne sont pas admises aux négociations) ; [12040] ⇨ code de négociation ; 21 06 N ⇨ date du détachement du coupon ; 93 ⇨ secteur d'activité. 27 ⇨ montant du dividende ; 18 ⇨ dividende net ; 9 ⇨ avoir fiscal ; (T) ⇨ le coupon a été payé en totalité, la lettre A signifie acompte, et la lettre S ⇨ solde.
quatrième :	le cours d'ouverture (632) ; le cours le plus haut (637) ; le cours le plus bas (627) ; le dernier cours (634) ; le terme LIQ ⇨ pour liquidation
cinquième :	le cours précédent (631) ; la variation par rapport à la première cotation de l'année (+9,31%) ; le volume de transactions journalières (100 850) ; les variations sur le cours de la veille (+0,48%).

Réalisation de l'opération

Vous adressez vos ordres auprès d'un établissement financier qui transmettra aux sociétés de Bourse afin de réaliser l'opération.

Rédaction de l'ordre

Les éléments qui figurent sur l'ordre de Bourse sont les suivants :

Nature des informations	application	application	application
Sens de l'ordre	Vente	Achat	Achat
Marché	au comptant	au comptant	au comptant
Quantités	200	30	50
Nature du titre	action	action	action
Nom de la société	CHAMPEX	FINAXA	ROUSSEL-UCLAF
Code valeur	6412	3720	3519
Cours	495	500	510
Validité	jour[1]	jour	à révocation[1]

Signification de certains termes

- A.D.P. ⇨ action à dividende prioritaire, elle permet de percevoir un dividende prioritaire.
- *Date dét.* ⇨ date de détention du dividende, c'est-à-dire la date de versement du dividende.

3.2.2. Le second marché

Le second marché (ouvert en janvier 1983) est réservé aux petites et moyennes entreprises (PME) dont les perspectives d'avenir sont attractives, afin qu'elles puissent trouver des fonds nécessaires à leur développement.

Pour être admis au second marché, il faut :

- → mettre à disposition au moins **10 % du capital** ;
- → des informations périodiques doivent être publiées ;
- → aucun seuil de chiffre d'affaires ni de capital n'est exigé ;
- → les entreprises s'engagent à organiser la liquidité de leurs titres ;
- → présenter deux exercices certifiés.

---

1. Jour : ordre exécuté dans la journée ; à révocation : ordre valable jusqu'à la fin du mois boursier, sauf annulation.

Après trois ans, la CVB décide, selon les résultats, le maintien ou la radiation.

3.2.3. Le nouveau marché

Le nouveau marché (ouvert en février 1996) est réservé aux jeunes entreprises à hautes technologies et dont les perspectives de croissance sont importantes. Ces forts potentiels de croissance les obligent à trouver des capitaux conséquents.

Destiné à être intégré au réseau européen de marché de même type, le nouveau marché est un *marché autonome*.

Les entreprises bénéficient de procédures peu contraignantes pour accéder à ce marché. En contrepartie, elles s'engagent à publier des informations financières strictes (notamment sur les stratégies qu'elles souhaitent développer).

3.2.4. Le marché hors cote

Le marché hors cote est réservé aux entreprises qui ont été radiées du marché officiel. Le volume des transactions est faible (*marché étroit*). Les conditions d'admission sont très simples et beaucoup d'entreprises y sont cotées. Toutefois, en raison de la modernisation des activités financières, ce marché a été fermé en juillet 1998.

3.2.5. Le marché libre OTC (over the counter : de gré à gré)

Le marché libre (ouvert en septembre 1996) est un marché non réglementé (marché de gré à gré). Les conditions d'accès sont très simples.

3.2.6. Les indices boursiers

Afin de mesurer les performances de chaque place financière, les sociétés de Bourse informent les opérateurs de l'évolution des marchés boursiers à l'aide d'indices boursiers.

Les principaux indices des principales places financières internationales.

Indices	Commentaires
CAC 40 (base 1 000 au 31/12/1987)	Il est calculé à partir des *40 valeurs françaises* cotées sur le premier marché et sélectionné parmi les 100 premières capitalisations boursières pour être représentatif du marché officiel. Le choix des entreprises est revu tous les six mois. L'indice est publié chaque jour et calculé en temps réel toutes les trente secondes.
SB 120 (base 1 000 au 31/12/1990)	Il est constitué par les sociétés les plus importantes du marché (y compris celles qui appartiennent au CAC 40) et choisies parmi les plus liquides, c'est-à-dire celles qui ont un volume d'échanges important.
SB 250 (base 1 000 au 31/12/1990)	Il est constitué par les sociétés cotées au marché officiel et au second marché. Il donne une bonne représentation de l'évolution du marché.
SB 80 (base 1 000 au 31/12/1997)	Il est composé des valeurs de l'indice SB 120 qui n'appartient pas à l'indice CAC 40. Cet indice permet de donner une appréciation sur les valeurs qui ne sont pas soumises au contexte international.
MIDCAC (base 1 000 au 31/12/1990)	C'est une moyenne des 100 valeurs moyennes françaises sur le marché officiel et le second marché, en privilégiant les valeurs les plus liquidatives.
Indices européens	• Dow Jones STOXX > couvre l'Europe ; • Dow Jones EURO STOXX > couvre la zone euro ; • Dow Jones STOXX 50 >50 valeurs les plus représentatives de l'Europe ; • Dow Jones EURO STOXX 50 >50 valeurs les plus représentatives de la zone euro.
Indices étrangers	• Dow Jones : New York > 30 valeurs ; • Nikkei : Tokyo > 225 valeurs ; • Footsie : Londres > FTSE (100 valeurs) ; • Dax : Francfort > 30 valeurs.

3.2.7. Le service de règlement différé

Depuis le 25 septembre 2000, le mode de négociation et de règlement est identique sur tous les marchés, avec une généralisation du comptant. Cependant, pour les actionnaires qui souhaitent différer le règlement de leurs opérations, les intermédiaires financiers proposeront le service de règlement différé (SRD).

Trois raisons ont motivé la réforme du marché à règlement mensuel.

Le passage à un régime unifié de marché au comptant pour l'ensemble des valeurs cotées sur les marchés gérés par EURONEXT SA constitue une simplification et s'inscrit dans les standards du modèle de marché adopté par les huit Bourses partenaires européen pour la création d'une Bourse pan-européenne. En effet, la Bourse de Paris est aujourd'hui la seule à avoir, pour un nombre limité de valeurs, un mécanisme de règlement/livraison différé dans le temps.

1. *La convergence* des autres marchés boursiers mondiaux (objectif de créer une bourse européenne).
2. *La simplicité*. Avec le passage au «tout comptant» et le maintien d'une possibilité de règlement différé, l'accès au marché est simplifié, plus transparent et plus fluide.
3. *La fluidité* : le passage au comptant permet d'unifier les modes de règlements/livraison pour tous les marchés réglementés. Il permet de disposer de ses titres ou de ses liquidités plus vite.

Chaque opérateur doit ainsi optimiser la gestion de son portefeuille ; car le SRD est accessible sur tous les marchés, y compris le second et le nouveau marché.

Ainsi, sur le SRD, le mode de négociation et de règlement est le même pour tous les marchés au comptant.

Vos espèces ou vos titres sont inscrits à votre compte au jour de la négociation.

Vous avez le choix de passer un ordre avec service de règlement différé sur les valeurs les plus liquides des marchés français (premier, second et nouveau marchés).

3.2.7.1. Le fonctionnement du service à règlement différé (SRD)

Le transfert de propriété aura lieu au jour de la négociation J et le règlement/livraison en J + 3.

Quand l'investisseur voudra différer le règlement/livraison de sa transaction à la fin du mois, il passera un ordre avec service de règlement différé (ordre avec SRD) pour les valeurs qui y sont éligibles.

Le SRD n'est pas limité à des valeurs inscrites sur un marché mais peut être utilisé sur une population de valeurs dès lors que celles-ci remplissent des critères de taille et de liquidité.

Pour être éligible au SRD, une valeur doit répondre, en principe, à l'un des deux critères suivants :
- appartenance à l'indice SBF 120 ;
- 1 milliard d'euros de capitalisation boursière et 1 million d'euros traités quotidiennement.

Des valeurs françaises et étrangères cotées en continu au premier, au second ou au nouveau marché, sont actuellement éligibles au SRD.

À tout moment, une valeur peut devenir éligible au SRD dès lors qu'elle remplit les critères requis (avec un délai de quatre semaines).
En revanche le retrait de valeurs ne se fera *qu'une seule fois par an*, avec une annonce suffisamment loin du retrait pour permettre aux investisseurs de prendre, le cas échéant, les dispositions nécessaires pour déboucler leurs positions sur les valeurs retirées.

3.2.7.2. Utilisation du SRD

D'une façon générale, il s'agit de libeller l'ordre en précisant « avec service de règlement différé ».

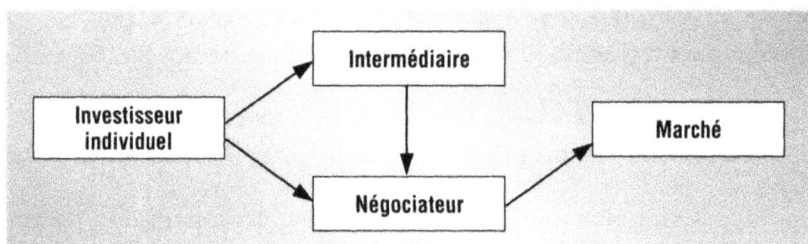

- **Investisseur individuel** : émetteur d'un ordre d'achat ou de vente.
- **Intermédiaire** : collecteur d'ordres, éventuellement teneur de compte de l'investisseur individuel, il n'accède pas directement au marché.
  Il passe pour cela par un négociateur. Il s'agit notamment des réseaux bancaires.
- **Négociateur** : prestataire de services d'investissement, membre de EURONEXT PARIS SA. Il est habilité à intervenir sur le marché. Il peut être en contact direct avec l'investisseur individuel.

À l'achat

L'investisseur individuel passe un ordre d'achat de titres avec SRD à son intermédiaire en **J**. L'intermédiaire transmet l'ordre d'achat au négociateur qui **achète** les titres au comptant : à **J + 3,** *le négociateur paie le vendeur* et les titres lui sont livrés simultanément.

Comme aujourd'hui, l'investisseur individuel (l'acheteur) ne paie pas immédiatement, il n'est livré que le dernier jour de Bourse du mois.

Le négociateur « porte » donc la position de l'investisseur individuel de J (date du transfert de propriété) au *dernier jour de bourse du mois.*

Ce service donne lieu à une commission que l'acheteur doit verser au négociateur. Aujourd'hui, pour l'ensemble des commissions perçues par les intermédiaires, la tarification est libre.

À la vente

L'investisseur individuel passe un ordre de vente de titres avec SRD à son intermédiaire en **J**. L'intermédiaire transmet l'ordre de vente au négociateur qui **vend** les titres sur le marché au comptant : **à J + 3,** le négociateur doit trouver les titres pour les livrer à l'acheteur. Il est simultanément payé par ce dernier.

Comme aujourd'hui, l'investisseur individuel ne livre pas les titres immédiatement, il n'est payé que le dernier jour de bourse du mois.

Le négociateur « porte » donc la position de l'investisseur individuel de J (date du transfert de propriété) au *dernier jour de bourse du mois.*

Ce service donne lieu à une commission que le vendeur doit verser au négociateur. Aujourd'hui, pour l'ensemble des commissions perçues par les intermédiaires, la tarification est libre.

➜ Ainsi, un investisseur peut faire, pendant le même mois, plusieurs opérations d'achat et de vente sur un même titre avec le SRD. Seul le solde de ces opérations sera clos (règlement des titres s'il a un achat net, livraison des titres s'il a une vente nette) à la fin du mois boursier.

➜ Le transfert de propriété pour l'investisseur individuel a lieu au jour du règlement/livraison, c'est-à-dire le dernier jour de bourse du mois.

➔ Lorsqu'un détachement de dividende intervient entre le jour de négociation et le jour de règlement/livraison, l'acheteur ne peut pas bénéficier de l'avoir fiscal dans la mesure où il n'est propriétaire des titres qu'à la fin du mois.

➔ L'investisseur individuel peut demander *la prorogation de sa position d'un mois sur l'autre*, sous réserve de l'accord de son intermédiaire, sur la base d'un cours de référence publié chaque mois par EURONEXT S.A.

➔ En cas d'OPA/OPE, il n'y aura pas la possibilité de passer un ordre avec SRD pendant la durée de l'opération.

L'intermédiaire peut refuser un ordre avec SRD, à l'achat et à la vente. Ainsi, le SRD s'apparente à l'ancien marché à règlement mensuel. En effet, il s'agit :

• *D'une opération à terme*, ce qui signifie que l'exécution du contrat (livraison des titres pour le vendeur et paiement des titres pour l'acheteur) n'intervient pas au même moment que la conclusion du contrat (ordre d'achat ou de vente).
Cette exécution intervient le 5ᵉ jour de bourse *(appelé : jour de liquidation)* qui précède la fin du mois[1].

• *D'une opération de couverture :* ce qui signifie que :
  ➔ l'acheteur n'est pas obligé de posséder les fonds pour passer un ordre d'achat ;
  ➔ le vendeur n'est pas obligé de posséder les titres pour passer un ordre de vente (le règlement et la livraison peuvent être reportés ; voir le dénouement).

• *Le dénouement :* le dénouement intervient de trois manières différentes.
  Attendre le jour de la liquidation pour régler l'opération : paiement des titres (acheteurs) et remise des titres (vendeurs).
  L'acheteur achète *aujourd'hui les titres* au cours du jour qui ne lui seront livrés et payés que le *jour de la liquidation*. Il verse une commission au négociateur.

---

1. Pour le mois de janvier, par exemple, le jour de liquidation interviendra le 25 janvier (cinq jours avant le 31 janvier). Toutefois, entre ce 5ᵉ jour et la fin du mois, plusieurs étapes interviennent :
   a) le 1ᵉʳ jour de liquidation, c'est la liquidation et la fin du mois boursier : ce sont les livraisons et les règlements ;
   b) le 2ᵉ jour de liquidation, ce sont les opérations de report ;
   c) entre le 3ᵉ et le 4ᵉ jour, ouverture des comptes pour le mois boursier suivant.

Le vendeur vend *aujourd'hui les titres* au cours du jour qu'il ne livrera et ne lui seront payés que le *jour de la liquidation.* Il peut le jour de la liquidation être en possession des titres (*vente couverte*), ou être obligé d'acheter les titres (au cours du jour de la liquidation) avant de les revendre (au cours de la passation du contrat) (*vente nue*).

– Effectuer *avant la date de liquidation* une opération de sens inverse. Cette stratégie est dite *spéculative* car elle consiste à attendre une meilleure situation pour obtenir un gain financier important.

Un spéculateur **à la hausse achète** puis **vend** quand la situation lui est favorable.

Exemple chiffré n° 10

> M. DUCHEMIN achète 50 actions MICHELIN sur le premier marché au prix de 500 € l'action. Le jour de la liquidation les titres MICHELIN cotent 600 €. M. DUCHEMIN doit-il vendre ?

M. DUCHEMIN doit vendre *ses actions car il réalisera une plus-value de :*
$$50 \times (600 - 500) = 5\,000\ \text{€}$$

Un spéculateur **à la baisse vend** puis **achète** quand la situation lui est favorable.

Exemple chiffré n° 11

> M. DURAND est vendeur de 75 actions PEUGEOT sur le premier marché au prix de 800 € l'action (actions qu'il ne possède pas). Le jour de la liquidation les titres PEUGEOT cotent 650 €. M. DURAND doit-il acheter ?

M. DURAND doit vendre *ses actions car il achète des actions* PEUGEOT *au* comptant *au cours de 650 € qu'il va revendre 800 €. Il réalisera une plus-value de :*
$$75\,(800 - 650) = 11\,250\ \text{€}$$

« Se faire reporter » c'est-à-dire attendre la liquidation suivante pour régler (acheteurs) ou livrer les titres (vendeurs). Cette solution n'est utilisée que si l'opérateur espère réaliser un gain futur lors de la prochaine liquidation. Cette stratégie entraîne des frais importants pour l'opérateur.

4. Le marché des obligations

Toute entreprise peut émettre un emprunt obligataire à partir du moment où certaines dispositions sont respectées :

→ avoir deux ans d'existence ;
→ avoir établi deux bilans approuvés par les actionnaires ;
→ avoir intégralement libéré le capital.

En cas d'appel à l'épargne publique, elles devront :

→ avoir un capital minimum de 1,5 million de francs (228 673,52 €) ;
→ avoir publié une notice d'information visée par la COB.

Pour émettre un emprunt obligataire, les entreprises s'adressent aux banques, lesquelles leur permettent de mieux diffuser les titres émis. Une fois émises, les obligations sont négociables sur le *marché des obligations*.

Le marché des obligations est principalement composé d'emprunts d'État ; les OAT (obligations assimilables du Trésor)[1]. Il est surveillé par la COB et le Trésor.

4.1. Principales caractéristiques d'un emprunt obligataire

Les principales caractéristiques d'un emprunt obligataire, qui figurent dans la note d'information remise aux souscripteurs, sont les suivantes :

→ *nombre d'obligations émises* ;
→ *date de souscription* : c'est-à-dire la date de paiement des obligations pour le souscripteur ;
→ *date de jouissance* : c'est-à-dire la date à partir de laquelle les intérêts sont calculés. Cette date peut être antérieure à la date de souscription ;
→ *valeur nominale des obligations* : elle sert de base pour le calcul des intérêts ;
→ *durée de l'emprunt* : elle peut aller de trois à vingt ans ;

---

1. Il s'agit d'obligations émises par le Trésor à des dates différentes, mais qui ont les mêmes caractéristiques.

➔ *prix d'émission :* c'est le prix par obligation que l'entreprise émettrice va effectivement recevoir. Lorsque ce prix est égal à la valeur nominale, on dit que l'emprunt est *émis « au pair ».* Ce prix peut être inférieur à la valeur nominale de l'obligation ;

➔ *prix de remboursement :* c'est le prix par obligation que l'entreprise émettrice va rembourser aux souscripteurs. Lorsque ce prix est égal à la valeur nominale, on dit que l'emprunt est *remboursé « au pair ».* Ce prix peut être supérieur à la valeur nominale de l'obligation. La différence entre le prix de remboursement et le prix d'émission est appelée : *prime de remboursement ;*

➔ *le taux d'intérêt (appelé aussi taux nominal ou taux facial) :* il permet le calcul des intérêts. Il peut être fixe, variable ou révisable ;

➔ *les coupons :* c'est le paiement des intérêts ;

➔ *les modalités de remboursement :* les entreprises disposent de trois modalités :

- en fin d'échéance (*« in fine »*) ; seuls les intérêts sont versés chaque année ; le capital est remboursé entièrement en une seule fois à la fin du contrat ;
- par conversion en actions (obligations convertibles) ;
- par remboursement annuel : une partie du capital et les intérêts sont versés chaque année à la date de souscription. Les remboursements peuvent se faire par amortissements constants ou par annuités constantes.

4.2. Étude du marché obligataire

4.2.1. Lecture de la cotation du marché des obligations

Zoom N° 4

)

Lecture de la cotation du marché des obligations

Les obligations sont cotées en **pourcentage de la valeur nominale**, montant du coupon **exclu**.

Ces rubriques sont étudiées ci-après.

CODE SICO-VAM	COURS VEILLE	DÉSIGNATION DES VALEURS	COURS DU JOUR	TAUX ACTUARIEL BRUT	VIE MOYENNE EN ANNÉE	SENSI-BILITÉ	AMORTIS-SEMENT	COUPON COURU	DATE DU PROCHAIN COUPON
4266	110,04	OAT 10% 2000 - 1T ......CA	110,16	3,69	1,7	1,553	fin	3,041	27 Mai N
19537	107,98	OAT 5,50% 2004 ....CA	109	3,69	5,6	4,741	fin	2,155	24 Avr N
19519	113,35	EDF 6,25% 93 - 2008 ....CA	114,5	4,44	10,1	7,259	fin	5,651	20 Oct N
11857	118,75	SNCF 10,40% 12/90 ......CB	119,23	3,94	3,2	2,657	fin	7,95	10 Déc N

SICOVAM = Société interprofessionnelle pour la compensation des valeurs mobilières. C'est l'organisme de gestion.

La Bourse est divisée en quatre groupes de cotation :
• CA : cotation en continu ; marché large ;
• CB : cotation en continu ; marché étroit ;
• FA : deux cotations/jour ; marché large ;
• FB : une cotation/jour ; marché étroit.

Le coupon couru : il est calculé en pourcentage de la valeur nominale.
Pour déterminer le prix de l'obligation : [le cours du jour + coupon couru] valeur nominale
Exemple : EDF 6,25% (nominal : 1 000 €)
Prix de l'obligation :
$$\frac{155,14 + 5,651}{100} \times 1\,000 = 1\,201,51$$

4.2.2. Étude du marché des obligations

4.2.2.1. Calcul de la valeur théorique d'une obligation

La valeur théorique d'une obligation est égale à la *valeur actuelle des annuités restant à percevoir calculée au **taux du marché** et divisée par le nombre d'obligations encore en vie.*

$$C = \sum a_k (1+r)^{-k}$$

avec : C = cours de l'obligation ;

a = montant de l'annuité ;

r = taux du marché ;

k = durée restante.

Cette fonction est une fonction décroissante du *taux du marché*.

En effet, lorsque :

– r (taux du marché) augmente, C (valeur de l'obligation) diminue ;

– r (taux du marché) diminue, C (valeur de l'obligation) augmente.

Exemple chiffré n° 12

Considérons un emprunt obligataire dont les caractéristiques sont les suivantes :

– *date d'émission*: 15 septembre N ;

– *prix d'émission*: 995 € ;

– *valeur nominale*: 1 000 € ;

– *prix de remboursement*: 1020 € ;

– *modalité de remboursement*: « in fine » ;

– *taux d'intérêt*: 10 % ;

– *durée de l'emprunt*: cinq ans.

Deux ans plus tard, le taux d'intérêt sur le marché financier est :

   1. 12 % ;

   2. 9 %.

Calculer la valeur d'une obligation en envisageant les deux hypothèses de taux.

1. *Le taux du marché est de 12 %*

$C = 1\,000 \times 10\% \times (1,12)^{-1} + 1\,000 \times 10\% \times (1,12)^{-2} + 1\,000 \times 10\% \times (1,12)^{-3} + 1\,020 \times (1,12)^{-3} = \mathbf{966,20}$

Le souscripteur, à cette date, doit encore percevoir : le montant des trois derniers coupons + la valeur de remboursement. Le tout actualisé au taux du marché.

2. *Le taux du marché est de 9%*

$C = 1\,000 \times 10\% \times (1,09)^{-1} + 1\,000 \times 10\% \times (1,09)^{-2} + 1\,000 \times 10\% \times (1,09)^{-3} + 1\,020 \times (1,09)^{-3} = \mathbf{1\,040,76}$

L'exemple nous montre bien la relation inverse entre la valeur de l'obligation et le taux d'intérêt.

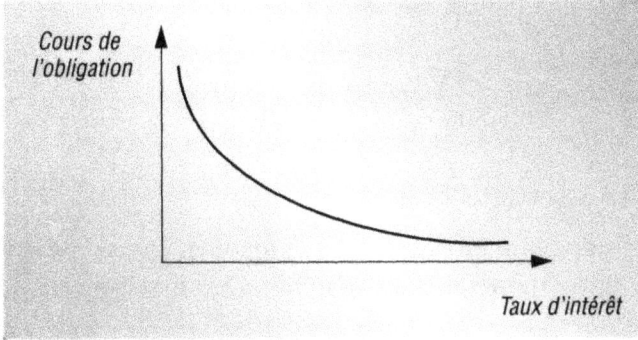

4.2.3. Les intérêts courus

Il représente la fraction du coupon couru depuis le dernier versement du coupon, jusqu'à la date de négociation de l'obligation.
Il est exprimé en **% de la valeur nominale.**
De ce fait, l'obligation est exprimé **au pied du coupon**, c'est-à-dire hors coupon couru.

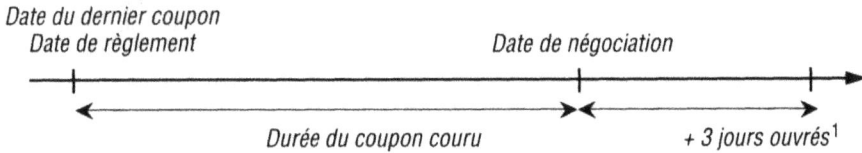

☞ *Exemple*: Un emprunt obligataire a été émis le 1er septembre N au taux de 5,50%. Valeur nominale : 500 €.
Un opérateur souhaite acheter une obligation le 15 novembre N + 4, quel sera le montant du coupon couru à cette date?

---

1. Depuis 1995, le coupon couru est calculé de la date du dernier coupon jusqu'à la date de négociation + 3 jours ouvrés.

Nombre de jours séparant la date du dernier versement du coupon jusqu'à la date de négociation :
- septembre N + 4 : 30 jours
- octobre N + 4 : 31 jours
- novembre N + 4 : 15 jours
- TOTAL : 76 jours auxquels il faut rajouter 3 jours : 79 jours

coupon couru en valeurs : $500 \times \dfrac{79}{365} \times 5{,}50\% = 5{,}95 €$

coupon couru en % : $\dfrac{5{,}95}{500} = 0{,}0119 \rightarrow 1{,}19\%$

4.2.2.2. Le taux actuariel brut

La valeur d'une obligation cotée sur le marché, à une date donnée, correspond à un certain taux du marché. Ce taux correspond au *taux actuariel brut*.

Le taux actuariel brut d'un emprunt obligataire est le taux pour lequel il y a équivalence entre *la valeur cotée de l'obligation à cette date et la somme des annuités restant à recevoir*[1].

Ce taux est appelé : *taux de rendement* si l'obligation est conservée jusqu'à son remboursement.

Exemple chiffré n° 13

> Considérons un emprunt obligataire dont les caractéristiques sont les suivantes :
> Le 1/1/N : Cotation d'une obligation X sur le marché secondaire au cours de 110 %. Cet emprunt obligataire avait été émis le 1/1/N-2 au taux facial de 9 % à la valeur nominale de 4 000. Cet emprunt est remboursable « *in fine* » sur cinq ans. La valeur de remboursement est fixée à 4 200.

Recherchons le taux actuariel brut de l'obligation X.

$4\,000 \times 110\% = 4\,000 \times 9\% \times (1 + t)^{-1} + 4\,000 \times 9\% \times (1 + t)^{-2} + [4\,200 \times (1 + t)^{-3} + 4\,000 \times 9\% \times (1 + t)^{-3}]$

---

1. Lorsque le remboursement est réalisé par annuités constantes, il faut actualiser chaque annuité encore à verser. Lorsque le remboursement est réalisé « *in fine* », les sommes versées chaque année sont égales au montant des intérêts uniquement, sauf pour la dernière année où aux intérêts il faut ajouter le montant du capital calculé à la valeur de remboursement.

$$t = \mathbf{6{,}764}\%$$

Le détenteur d'une obligation supporte donc un risque (risque de taux). Ce risque correspond au risque de percevoir un prix inférieur au prix de remboursement.

Ce risque est mesuré par deux éléments :
- la sensibilité ;
- la duration.

4.2.2.3. La sensibilité.

La sensibilité est le taux de variation du cours d'une obligation pour une variation de 1 point du taux d'intérêt (*par exemple : les taux d'intérêt passent de 7% à 8%*).

La sensibilité d'une obligation est exprimée par le rapport :

$$S = \frac{\frac{\Delta C}{C}}{\Delta t}$$

avec :

ΔC = variation du cours de l'obligation ;

C = cours de l'obligation ;

Δt = variation du taux d'intérêt.

Exemple chiffré n° 14

Soit une obligation arrivant à échéance en N + 3, dont le cours s'élève à 966,20 correspondant à un taux d'intérêt de 12% et dont la valeur de remboursement est égale à 1 020 (valeur nominale : 1 000, taux d'intérêt : 10%).

Si le taux d'intérêt passe à 13%, recherchons le montant du cours de l'obligation puis calculons la sensibilité de cette obligation.

1. *Calcul du cours de l'obligation*

On applique la formule rencontrée dans le point 4.2.2.1., soit :

$C = 1\,000 \times 10\% \times (1{,}13)^{-1} + 1\,000 \times 10\% \times (1{,}13)^{-2} + 1\,000 \times 10\% \times (1{,}13)^{-3} + 1\,020 \times (1{,}13)^{-3} = \mathbf{943{,}02}$

Comme nous le voyons, le cours de l'obligation baisse lorsque le taux d'intérêt augmente (il passe de 12% à 13%). Cependant, il est intéressant de connaître le degré de variation de l'obligation lorsque les taux d'intérêt varient ; *c'est la sensibilité.*

2. *Calcul de la sensibilité*

$$S = \frac{\dfrac{943{,}02 - 966{,}20}{966{,}20}}{13\ \% - 12\ \%} \approx -\mathbf{2{,}4\ \%}$$

Interprétation : le cours de l'obligation diminue de 2,4 % lorsque les taux d'intérêt augmentent de 1 %.

La connaissance de la sensibilité d'une obligation est un élément important pour la gestion d'un portefeuille d'obligations. Si l'opérateur anticipe une baisse des taux d'intérêt, il choisira des obligations *à forte sensibilité* de manière à profiter d'une forte augmentation du cours de l'obligation (réalisation d'une plus-value potentielle) et inversement.
– une sensibilité élevée = forte volatilité = durée plus longue ;
– une sensibilité faible = faible volatilité = durée plus courte.

Cette sensibilité dépend de deux éléments :

- de l'importance du taux d'intérêt : **plus le taux d'intérêt est élevé, plus la sensibilité est faible** (et inversement) **;**
- du temps qui reste entre la date de cotation de l'obligation et sa date de remboursement. C'est-à-dire, le nombre de périodes au bout duquel le souscripteur récupère son capital ; *c'est la duration.*

4.2.2.4. La duration

La duration est la moyenne pondérée des durées entre l'époque actuelle (date de cotation) et les échéances futures. Les durées sont pondérées par les flux monétaires (coupons ou valeurs de remboursement) versés aux dates d'échéance actualisées au *taux du marché.*

$$D = \frac{\sum a_k (1 + r)^{-k}}{\sum a_{\text{cumulé}} (1 + r)^{-k}}$$

avec :

a_k = flux monétaire à la période k ;

r = taux d'intérêt du marché obligataire.

Exemple chiffré n° 15

Soit deux emprunts obligataires dont les caractéristiques sont les suivantes :
* emprunt A : taux nominal : 10 % ;

        valeur nominale de l'obligation : 1 000 ;

        durée : cinq ans ;

        remboursement : *« in fine »* ;

        taux du marché : 7 %.
* emprunt B : taux nominal : 6 % ;

        valeur nominale de l'obligation : 1 000 ;

        durée : cinq ans ;

        remboursement : *« in fine »* ;

        taux du marché : 7 %.

Recherchons la duration de ces deux emprunts obligataires, puis concluons quant à l'opportunité de chacun des deux emprunts.

1. Calcul de la duration de chaque emprunt obligataire

Emprunt A

Durée	Flux monétaire	Flux monétaire actualisé	Durée pondérée
1	100 (a)	93,45 (c)	93,45 (d)
2	100	87,34	174,67 (e)
3	100	81,63	244,89
4	100	76,29	305,16
5	1 100 (b)	784,28	3 921,40
		1 029,54	4 471,45

Emprunt B

Durée	Flux monétaire	Flux monétaire actualisé	Durée pondérée
1	60	56,07	56,07
2	60	52,40	104,80
3	60	48,98	146,94
4	60	45,77	183,08
5	1 060	755,76	3 778,80
		958,98	4 269,69

(a) 1 000 × 10 % ❑ valeur du coupon versé aux souscripteurs

(b) 1 000 + 1 000 × 10 % ❑ valeur du dernier coupon versé aux souscripteurs + valeur de remboursement

(c) 100 × (1,07)$^{-1}$ ❑ valeur du coupon actualisée au taux du marché

(d) 93,45 × 1 ❑ flux monétaire actualisé durée

(e) 87,342, etc.

Duration : *Emprunt A* $= \dfrac{4\,739{,}58}{1\,122{,}99} = 4{,}22$ ❑ soit quatre ans et deux mois

$$Emprunt\ B = \frac{4\,269,69}{958,98} = 4,45 \circlearrowleft \text{soit quatre ans et six mois}$$

2. *Conclusion*

Le capital de l'emprunt A est récupéré plus rapidement que celui de l'emprunt B. À duration plus courte, le souscripteur récupère plus vite son capital grâce à des coupons plus élevés.

4.2.2.5. *Relation entre la sensibilité et la duration*

Il existe une relation entre la sensibilité (S) et la duration (D). Celle-ci est la suivante :

Exemple chiffré n° 16

La société anonyme MÉTTALUX, au capital de 50 millions d'euros, est inscrite en Bourse sur le second marché. Le dividende mis en paiement le 15 juillet N à été de 21,30 € (hors avoir fiscal). Au 27 novembre N, l'action est cotée 1 450 €.
Elle décide d'émettre un emprunt obligataire convertible au début mars de l'exercice N + 1. Les obligations feront l'objet d'une demande d'admission à la Bourse de Paris, les principales caractéristiques figurent dans la note d'information ci-après :

Nombre d'obligations : 1 000

Prix d'émission : 1 800 €

Date de jouissance : 21 janvier N + 1

Durée totale : douze ans et trent-huit jours à partir du 21 janvier N + 1.

Intérêt annuel : 8 % par titre payable le 1er mars de chaque année et pour la première fois le 1er mars N + 2. (Pour la période 21 janvier N + 1 – 1er mars N + 1, le coupon sera de 15 €)

Taux de rendement actuariel à la souscription :
Les conditions d'émission font ressortir un taux de rendement actuariel de **8,87 %** au 21 janvier N + 1.
Le taux de rendement actuariel est le taux de rendement annuel avant imposition, calculé au jour du règlement sur la durée totale de l'emprunt en actualisant tous les produits versés sous la forme d'intérêt et de remboursement.

Amortissement normal :

Les obligations seront toutes amorties le 1er mars N + 13 par rembour-sement au pair pour chaque obligation.

Caractéristiques et conditions de convertibilité en actions :
– cotation : les actions sont cotées à la cote officielle (EURONEXT SA) ;
– conditions d'exercice : à tout moment à partir du 1er mai N + 3, à rai-son *d'une action* de 100 € nominale pour *une obligation*. En cas d'opération sur le capital de la société, ce rapport sera ajusté pour maintenir de droit des obligations.

Cotation :

L'admission à la cote officielle des obligations visées ci-dessus sera demandée auprès de EURONEXT. Les titres seront négociables en Bourse et inscrits en compte à partir du 5 mars N + 1.

1. **Quels sont les avantages et les inconvénients pour l'émetteur et pour les souscripteurs des emprunts convertibles (OCA) par rapport à un emprunt remboursable en actions (ORA) ?**
2. **Justifier le prix d'émission et le taux d'intérêt proposé, sachant qu'actuellement les taux d'intérêt proposés pour des emprunts obligataires sont de 10 % ?**
3. **Vérifier le taux de rendement actuariel brut.**
4. **Au 1er mai N + 4, l'action MÉTALLUX est cotée 2 150 € et les taux d'intérêt du marché obligataire ont baissé de 5 %. Un souscripteur a-t-il intérêt, à cette date, de convertir ses obli-gations ?** *Expliquez les raisons.*

1. *Avantages et inconvénients des emprunts obligataires convertibles*
Pour l'émetteur, l'obligation convertible permet d'obtenir des capitaux sur le marché financier lorsqu'une augmentation de capital paraît diffi-cile à réussir, par exemple en cas de baisse des cours de la Bourse. Si l'évolution du marché s'améliore ultérieurement, les obligataires auront tout intérêt à convertir leurs obligations en actions : l'emprunt ne sera jamais remboursé dans ce cas, et la société aura réussi une aug-mentation de capital par anticipation. Si l'évolution de l'action est défavorable, les fonds seront remboursés comme pour un emprunt obligataire normal, sauf que les taux d'intérêt auront été plus faibles compte tenu du droit à la conversion attaché à chaque obligation.

Pour le souscripteur, c'est l'instrument privilégié pour investir dans des actions en Bourse en courant le minimum de risques. Si l'action se déprécie, le souscripteur conserve son obligation qui rapporte un taux d'intérêt et dont le risque est identique à celui d'une obligation normale : elle perd de la valeur lorsque les taux d'intérêt montent. En cas de forte hausse du prix de l'action, le souscripteur va en profiter en exerçant son droit à la conversion. Cependant, si la conversion n'a pas lieu, son gain en termes de taux d'intérêt sera inférieur à celui dont il aurait pu bénéficier s'il avait souscrit à un emprunt classique.

Comparaison avec les ORA

Les obligations remboursables en actions (ORA) sont des augmentations de capital par anticipation. Toutefois, le souscripteur est certain d'avoir un revenu : le taux d'intérêt offert jusqu'à la date de remboursement. Dès lors, il court le même risque qu'un actionnaire, bien qu'en cas de liquidation de l'émetteur avant le remboursement il soit assimilé à un créancier.

Pour l'émetteur, les fonds obtenus ne seront pas remboursés ; quant aux intérêts versés, ils sont déductibles alors que le versement de dividendes ne l'est pas.

2. *Justification du prix d'émission et du taux d'intérêt proposé*

Le prix d'émission de l'obligation doit être supérieur à celui de l'action, ce qui est le cas car l'action vaut *1 450 €* et l'obligation *1 800 €,* soit une prime d'émission de *350 € (24,13 %).* Si le prix d'émission de l'obligation était inférieur à *1 450 €* le souscripteur l'échangerait aussitôt contre une action.

Le taux d'intérêt proposé par la société est de *8 %.* Il est inférieur au taux du marché obligataire *(10 %),* ce qui est normal là aussi dans la mesure où il possède l'avantage lié à l'option de conversion, que ne possèdent pas les souscripteurs d'obligations normales.

Le coupon sera égal à : 1 *800 × 8 % = 144 € ; sauf* pour la première période (du *21/01/N + 1* au *1/03/N + 1),* où il sera égal à *1 800 × 8 % × 38/365 = 15 €.*

3. *Taux actuariel brut*

C'est le taux *t* qui égalise, à la date de souscription, les versements des obligataires et les coupons + valeur de remboursement acquis tout au long de la durée de l'emprunt :

On sait que le coupon est égal à 15 € pour une période de trente-huit jours, soit la valeur nominale =

Au 21 janvier N + 1 $\rightarrow$ 1 800 + 15 = [144 + 144 × $\dfrac{1-(1+t)-12}{t}$ + (1 800

× $(1 + t) - 12] \times (1 + t) - \dfrac{38}{365}$

$$\boxed{t = 8,87\%}$$

4. *Choix de conversion*

En règle générale, le souscripteur a intérêt à convertir ses obligations dans les deux situations suivantes :

– lors du remboursement, si le cours de l'action est supérieur, compte tenu de la parité de conversion, au prix de remboursement de l'obli-gation, **ce qui est le cas ici** (valeur de l'action 2 150 €, valeur de l'obligation : 1 800 × 1,05 = 1 890, puisque si les taux ont baissé de 5 %, les obligations ont augmenté de 5 %) ;

– à n'importe quel moment, si les intérêts nets d'impôt du revenu des obligations deviennent inférieurs aux dividendes nets d'impôt des actions, compte tenu de l'avoir fiscal.

2

LA GESTION
D'UN PORTEFEUILLE-TITRES

I. Les caractéristiques d'un portefeuille

I.I Notion de marché efficient

Un marché financier est dit « *efficient* » s'il traduit directement et immédiatement la valeur économique des entreprises et des titres qu'il représente.

Les marchés financiers ne peuvent être qualifiés d'efficients car :

- le marché anticipe et réagit en fonction d'événements futurs qui lui paraissent probables ;
- le marché est irrationnel car il est composé d'individus ayant des logiques financières contradictoires ;
- le marché financier est versatile car il ne réagit pas de façon identique face à une situation économique identique ;
- le marché financier a une mémoire.

Ainsi, le détenteur d'un portefeuille titres se réfère à un certain nombre de critères pour gérer au mieux son portefeuille.

1.2. Les critères de choix pour la gestion d'un portefeuille

Un opérateur qui souhaite constituer un portefeuille titres (en règle général un portefeuille d'actions) dispose de plusieurs critères pour effectuer son choix.

Ces critères sont au nombre de quatre.

1.2.1. Le secteur d'activité

Le secteur d'activités auquel appartiennent les valeurs mobilières de l'entreprise donne le *degré de sensibilité* du secteur par rapport aux aléas de la conjoncture. Un domaine d'activités fortement lié aux variations de l'environnement est source de risque pour l'investisseur. Il souhaitera donc une plus forte rémunération, puisqu'il prend un plus grand risque.

1.2.2. Le Price Earning Ratio (P.E.R.)

C'est le rapport entre le bénéfice par action de l'entreprise et le cours de l'action.

$$PER = \frac{\text{Cours de l'action}}{\text{Bénéfice net par action attendu}}$$

Le PER d'une entreprise précise donc la valeur de cette entreprise sur le marché. (Un PER de 10 signifie que le marché estime la valeur de l'entreprise à dix fois son bénéfice.)

Plus le PER est élevé, plus l'action est chère (car il faut davantage dépenser pour acquérir l'action), et donc moins le potentiel de bénéfice (pour le détenteur) est en théorie important.

Il en résulte que le PER permet de définir les actions *surcotées* des actions *sous-cotées*.

Ainsi, un PER faible (< 10) est le reflet d'une entreprise *sous-cotée* qui se trouve donc en **zone d'achat**. Inversement, un PER fort (> 10) est le reflet d'une entreprise *surcotée* qui se trouve donc en **zone de vente**.

Notons aussi que la relation inverse du PER $\left[\dfrac{\text{Bénéfice par action attendu}}{\text{Cours par l'action}}\right]$ [1]

exprime le *rendement de l'action*. (C'est-à-dire la rentabilité attendue du titre par les investisseurs.)

Exemple chiffré n° 17

Soit une action qui cote 500 sur le marché et dont les résultats attendus sont respectivement de 10, 25, 50.

Analyser la situation.

Cours de l'action	500	500	500
Bénéfice net anticipé par action	10	25	50
PER	$\dfrac{500}{10} = 50$	$\dfrac{500}{25} = 20$	$\dfrac{500}{50} = 10$
Rendement attendu	$\dfrac{10}{500} = 2\,\%$	$\dfrac{25}{500} = 5\,\%$	$\dfrac{50}{500} = 10\,\%$
Analyse	**Action surcotée** À ce cours, le rendement est faible, donc le détenteur d'une action est prêt à vendre. Le cours de l'action va donc baisser pour atteindre le niveau accepté par le marché.	**Action « conforme au prix du marché »**	**Action sous-cotée** À ce cours, le rendement est fort, donc, les opérateurs sont prêts à acheter cette action. Le cours de l'action va donc augmenter pour atteindre le niveau accepté du marché.

Comme le PER est fonction des *résultats attendus*, l'analyse peut être erronée en cas de mauvaises prévisions.

---

1. $\dfrac{\text{Dividende avoir fiscal compris}}{\text{Cours par action}}$

1.2.3. La volatilité du titre

Elle correspond au taux de variation du titre au cours d'une période (mois, trimestre…) qu'il faut comparer au taux de variation du marché.

$$Volatilité = \frac{(\text{Cours de l'action le plus haut}) - (\text{Cours de l'action le plus bas})}{\text{Cours de l'action le plus bas}}$$

Il s'agit donc de la fluctuation du titre par rapport à l'évolution du marché. Un titre dont la volatilité est importante associé à une bonne liquidité, c'est-à-dire associé à un nombre important d'échanges en moyenne sur le marché, peut permettre de dégager des plus-values.

1.2.4. La capitalisation boursière

Elle correspond à la valeur d'une entreprise à partir de son cours en Bourse.

$$Capitalisation\ de\ l'entreprise\ A = \text{Cours en Bourse} \times \text{nombre de titres}$$

Cependant 2 paramètres restent primordiaux dans la composition d'un portefeuille, ce sont la rentabilité et le risque attachés à un titre.

1.3 La rentabilité et le risque attachés à un portefeuille

Un opérateur qui détient un portefeuille de titres doit arbitrer entre *sa rentabilité* et *les risques* qu'il occasionne.

1.3.1. La rentabilité

La rentabilité d'un titre peut être calculée soit à partir :

- du résultat net de l'exercice et du dividende que l'entreprise verse à l'actionnaire ⇨ *c'est la rentabilité passée* ;
- des résultats attendus par l'actionnaire ⇨ *c'est la rentabilité future*.

Ces deux rentabilités sont des informations importantes pour le détenteur d'un titre ou le futur possesseur de ce titre.

1.3.1.1. La rentabilité passée

C'est le rapport entre la variation du titre augmentée du dividende par action versé par l'entreprise sur le cours de l'action à la date d'achat du titre.

$$\textit{Rentabilité passée} = \frac{(\text{Cours de l'action le plus haut}) - (\text{Cours de l'action le plus bas}) + \text{Dividende}}{\textit{Cours de l'action le plus bas}}$$

Exemple chiffré n° 18

Un opérateur est détenteur de 5 000 titres Air liquide. Il a perçu à ce titre 90 000 de dividende, le 15 août.

Les cours ont évolué de la façon suivante au cours de l'exercice N :

Date	Action Air liquide
1/1/N	826
31/12/N	952

La rentabilité du titre Air liquide peut être exprimée de la façon suivante, en moyenne sur l'exercice N.

$$R_{\textit{Air liquide}} = \frac{(952 - 826) + 18^{a}}{826} = 17,43\%$$

$$(a)\ \textit{dividende par action} = \frac{90\ 000}{5\ 000} = 18$$

Si, pendant ce temps, le marché n'a augmenté que de 10% par exemple, l'achat de ce titre paraît intéressant.

1.3.1.2. La rentabilité future

C'est le résultat attendu du titre, c'est-à-dire le cours de l'action future et le dividende probable versé par l'entreprise.

Ces deux paramètres sont fonction de la réaction de l'action face aux aléas du marché et aussi du comportement de l'entreprise par rapport à son environnement.

Il convient alors d'associer des probabilités à ces deux paramètres (cours de l'action et dividende) et de calculer *l'espérance mathématique* de la rentabilité future.

$$E(R_x). = \sum R_x \times P(R_x)$$

Exemple chiffré n° 19

Un opérateur est détenteur de 1 000 titres Bouygues coté 1 100 € au début de l'année. Cet opérateur fait les prévisions suivantes concernant le titre Bouygues.

Cours prévu au 31/12	Dividende par action possible	Probabilités
1 000	9	10 %
1 150	21	20 %
1 300	27	50 %
1 500	36	20 %

La rentabilité du titre Bouygues sera de :

Cours prévu de l'action au 31/12	Dividende par action possible	Rentabilités attendues
1 000	9	$\frac{(1\,000 - 1\,100) + 9}{1\,110} = -8,27\,\%$
1 150	21	$\frac{(1\,150 - 1\,100) + 21}{1\,110} = 6,45\,\%$
1 300	27	$\frac{(1\,300 - 1\,100) + 27}{1\,110} = 20,63\,\%$
1 500	36	$\frac{(1\,500 - 1\,100) + 36}{1\,100} = 39,63\,\%$

Espérance mathématique du titre Bouygues :

Rentabilités attendues	Probalilités	Espérance des rentabilités
– 8,27 %	0,1	– 0,827 %
6,45 %	0,2	1,29 %
20,63 %	0,5	10,315 %
39,63 %	0,2	7,92 %
Rentabilité attendue $E(R_x)$		**18,689 %**

I.3.2. Le risque

Le risque attaché à une action est dû à l'incertitude et affecte donc la rentabilité future du titre.

Il y a donc une relation entre le risque et la rentabilité. Plus le risque est important, plus la rentabilité future du titre connaît des fluctuations. Aussi, le risque attaché à un titre correspond à l'écart type de la rentabilité future de ce titre (σR_x).

$$\sigma(R_x). = \sqrt{\left[\sum R_x^2 \times P(R_x)\right] - \left[E(R_x)\right]^2}$$

E(R) est appelé « espérance de la variable R ».

Exemple chiffré n° 20. Calcul de risque.

Nous reprenons l'exemple n° 19 afin de calculer le risque attaché à cette action.

Rentabilités attendues	Probalilités	R_x^2	$R_x^2 \times P(R_x)$
– 8,27 %	0,1	68,39	6,839
6,45 %	0,2	41,60	8,32
20,63 %	0,5	425,59	212,79
39,63 %	0,2	1 570,53	314,10
$\sum (R_x^2) \times P(R_x)$			**542,055**

Variance (R_x). = 542,055 − 18,689^2 = 192,77

$$\sigma(R_x). = \sqrt{192,77} = \mathbf{13,88\ \%}$$

Ce risque peut être décomposé en risque systématique et risque spécifique.

Pour réduire leur risque, les investisseurs cherchent à diversifier leur portefeuille. Il faut savoir que le risque attaché à une action est fonction de deux éléments :

- le risque du fait de la fluctuation du marché ; appelé *risque systématique (ou de marché) ;*
- le risque du fait du comportement particulier du titre ; appelé *risque spécifique (ou risque individuel).*

Le risque de marché est un risque que l'on ne peut éliminer du fait que la variation du marché des actions est fonction de phénomènes généraux : variation des taux d'intérêt, conjoncture économique, santé financière internationale... **Ce risque est donc non diversifiable**.

Par contre, le risque spécifique s'explique par l'attitude de l'entreprise au regard de l'économie, c'est-à-dire sa capacité à investir, la qualité de ses produits, la conduite des dirigeants... Il est possible de réduire ce risque **par diversification**.

Nous aurons donc : le risque total est mesuré par l'écart type de la rentabilité du titre. Il est décomposé en :
- risque systématique ;
- risque spécifique.

$$\text{Soit } \mathbf{Variance_{Ra}} = \beta^2 \times \sigma^2_{Rm} + \sigma^2\varepsilon$$

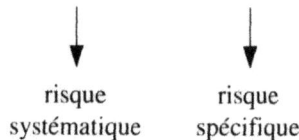

$$\underbrace{\qquad}_{\substack{\text{risque} \\ \text{systématique}}} \qquad \underbrace{\qquad}_{\substack{\text{risque} \\ \text{spécifique}}}$$

avec Ra : rentabilité de l'action
Rm : rentabilité du marché

$$\sigma RA = \sqrt{V_{R_A}}$$

Le risque spécifique est égal à : $\sigma\varepsilon = \sigma_{Ra} - \beta\sigma_{Rm}$

Avec : σ_{Ra} = risque attaché à une action

σ_{Rm} = risque du marché ;

$\beta\sigma_{Rm}$ = risque systématique

Mesurer le risque du marché d'un titre, c'est calculer la sensibilité du titre par rapport au marché. Plus un titre est sensible aux fluctuations du marché, plus sa réaction va être grande.
Il existe donc bien une relation entre la rentabilité d'une action (R_x) et la rentabilité du marché (R_m).

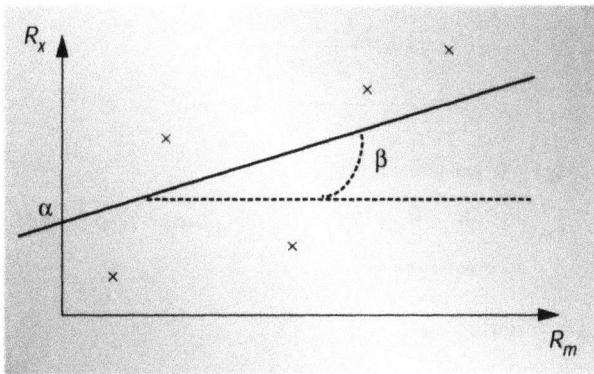

avec : α : le risque spécifique

L'équation de la droite d'ajustement s'écrit : $\boxed{R_x = \beta\, R_m + \alpha}$

Il existe donc bien une relation entre rentabilité et risque. En effet, on sait que :

Avec β représentant la pente de la droite ou coefficient angulaire.

À partir de cette équation, on peut mettre en relation la rentabilité et le risque :

Si $R_x = \beta\, R_m + \alpha$

Alors $V(R_x) = \beta^2\, V(R_m) + V(\alpha)$ ⇨ *avec V = variance*

donc $\sigma(R_x) = \beta\, \sigma(R_m) + \sigma(\alpha)$

risque systématique   risque spécifique

Cette relation entre la rentabilité d'un titre et la rentabilité du marché s'analyse par la méthode de l'ajustement linéaire (droite d'ajustement) et le calcul d'un coefficient appelé **bêta** (ou coefficient directeur de la droite ax + b).

Ce bêta correspond au *degré de sensibilité* de l'action par rapport au mouvement du marché. Ainsi, plus le bêta d'un titre est élevé, plus ce titre comporte un risque systématique important.

Pour calculer ce bêta, on utilise la technique de la régression linéaire. Il correspond à la pente de la droite de régression.

$$\beta = \frac{COV\ (R_x;R_m)}{VAR\ (R_m)}$$

avec : COV $(R_x ; R_m)$ = Covariance de $(R_x ; R_m)$

$\rho\ (R_x ; R_m)\ \sigma\ (R_x)\ \sigma\ (R_m)$ *avec* ⇨ ρ = coefficient de corrélation ⟹ $\boxed{\dfrac{COV(X,Y)}{\sigma(X) \times \sigma(Y)}}$

avec : VAR (R_m) = Variance de (R_m)

Zoom N° 6

Risque de marché et β

Si $\beta > 1$ ⇨ le titre est plus sensible que les mouvements du marché (on dit que le titre est plus volatile).
Le titre est donc plus risqué ; l'investisseur exigera une rentabilité supérieure à celle du marché.
Si $\beta < 1$ ⇨ le titre est moins sensible que les mouvements du marché (on dit que le titre est moins volatile). Le titre est moins risqué.

Nous aurons aussi la formule suivante en utilisant le coefficient de corrélation :

$$\beta = \frac{\rho\ (R_x;R_m) \times \sigma(R_x)}{\sigma\ (R_m)}$$

Il faut rappeler que :

- *la covariance* entre deux variables X et Y indique le sens de la variation. Ainsi, si la covariance est *positive*, cela signifie que X et Y évoluent dans le même sens ; si la covariance est *négative*, cela signifie que X et Y évoluent dans le sens contraire ; si la covariance est *nulle*, cela signifie que X et Y n'ont pas de relation.

- *le coefficient de corrélation* est égal à : $\dfrac{COV(X,Y)}{\sigma(X) \times \sigma(Y)}$.

Ainsi, pour diminuer le risque d'un portefeuille, il faut choisir des actifs dont la covariance est *négative*. Ainsi, l'augmentation d'un titre sera compensée par la diminution d'un autre titre. Le coefficient de corrélation sera lui aussi négatif.

Exemple chiffré n° 21

Un particulier envisage d'investir dans le titre MICHELIN, mais aimerait connaître le risque inhérent à cette action.

Le titre était coté en début d'exercice : 752 € et le CAC 40 cotait 2 750 points.

Au cours des douze derniers mois, le particulier a retenu les informations suivantes :

Mois	Action Michelin	Indice CAC 40
1	791	2 997,00
2	805	3 004,00
3	782	2 960,00
4	825	3 360,00
5	768	3 580,00
6	854	3 795,00
7	899	4 100,00
8	871	4 002,00
9	906	4 256,00
10	934	4 300,00
11	912	4 102,00
12	899	3 852,00

Après étude et pour limiter le risque, vous décidez de composer un portefeuille combiné de 60 % d'actions Michelin et le reste en OAT d'une rentabilité de 6 % sur la période.

1. *Calculer la rentabilité et le β de l'action MICHELIN.*
2. *Évaluer le risque de l'action MICHELIN. Décomposer ce risque en risque systématique et risque spécifique et enfin calculer l'espérance de la rentabilité de ce portefeuille ainsi que son risque.*

1. Calcul de la rentabilité et du β de l'action Michelin

Période	Actions Michelin	CAC 40	Rentabilité Action A (RA)(a)	Rentabilité CAC 40 (RM)(b)	Ra2	Rm2	Ra × Rm
1	752,00	2 750,00					
2	791,00	2 997,00	5,19 %	8,98 %	0,269 %	0,8067 %	0,4658 %
3	805,00	3 004,00	1,77 %	0,23 %	0,031 %	0,0005 %	0,0041 %
4	782,00	2 960,00	-2,86 %	-1,46 %	0,082 %	0,0215 %	0,0418 %
5	825,00	3 360,00	5,50 %	13,51 %	0,302 %	1,8262 %	0,7431 %
6	768,00	3 580,00	-6,91 %	6,55 %	0,477 %	0,4287 %	-0,4524 %
7	854,00	3 795,00	11,20 %	6,01 %	1,254 %	0,3607 %	0,6725 %
8	899,00	4 100,00	5,27 %	8,04 %	0,278 %	0,6459 %	0,4235 %
9	871,00	4 002,00	-3,11 %	-2,39 %	0,097 %	0,0571 %	0,0744 %
10	906,00	4 256,00	4,02 %	6,35 %	0,161 %	0,4028 %	0,2550 %
11	934,00	4 300,00	3,09 %	1,03 %	0,096 %	0,0107 %	0,0320 %
12	912,00	4 102,00	-2,36 %	-4,60 %	0,055 %	0,2120 %	0,1085 %
13	899,00	3 852,00	-1,43 %	-6,09 %	0,020 %	0,3714 %	0,0869 %
		Total	19,37 %	36,15 %	3,1230 %	5,1443 %	2,4552 %
		Moyenne	1,614 %	3,01 %			

Variance du marché : ....0,338 % ©
Variance de l'action MICHELIN :...... 0,234 % (d)
Covariance : .... 0,156 % (e)
Bêta : .... **0,4615** (f)
Risque de l'action : 4,83 % → $\sqrt{0,234\%}$ *(risque total)*

(a) la rentabilité de l'action MICHELIN est calculée : $\dfrac{791-752}{752} = 5,19\%$ etc.

(b) la rentabilité du marché est calculée : $\dfrac{2\,997-2\,750}{2\,750} = 8,98\%$ etc.

(c) Variance du Marché =

$$\left[\frac{1}{N}\sum R_m^2 - \overline{R_m}^2\right] \cdot \cdot = \frac{1}{12} \times 5,1443\,\% - 3,01\,\% = 0,338\,\%.$$

(d) Variance de l'action =

$$\left[\frac{1}{N}\sum R_a^2 - \overline{R_a}^2\right] \cdot \cdot = \frac{1}{12} \times 3,123\,\% - 1,614\,\% = 0,234\,\%.$$

(e) Covariance =

$$\left[\frac{1}{N}\sum(R_a \times R_m)\right] - \overline{R_a} \times \overline{R_m} \cdot \cdot = \frac{1}{12} \times 2,4552\,\% - (1,614\,\% \times 3,01\,\%) = 0,156\,\%.$$

(f) Bêta :....... $\cdot \cdot = \beta = \dfrac{COV\,(R_x;R_m)}{VAR\,(R_m)} \cdot \cdot \dfrac{0,156}{0,338\,\%} = 0,4615$

$\cdot \cdot$ la sensibilité du titre est faible par rapport au marché (et vice versa). Le titre Michelin est donc moins risqué que le marché ; l'investisseur peut demander une rentabilité
inférieure à celle du marché (soit 3 %). Ainsi, quand le marché augmente de 1 %, les
titres Michelin augmentent de 1 % 0,4615 = 0,4615 %.

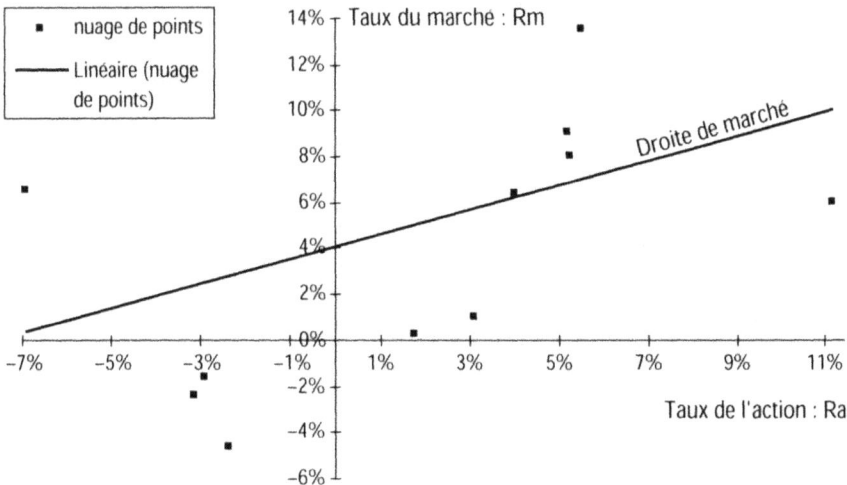

Détermination du β

Le risque de l'action Michelin nous est donné par l'écart type, c'est-à-
dire la racine carrée de la variance.

$\sigma_{Ra} = \sqrt{0,234\,\%} = 0,0483 \cdot \cdot \mathbf{4,83\,\%}$ (risque relativement faible)

Le risque total est mesuré par l'écart type de la rentabilité. Il peut être décomposé en :
- risque systématique ;
- risque spécifique.

$$\text{Soit } \sigma_{Ra} = \beta \times \sigma_{Rm} + \sigma\varepsilon$$

risque systématique	risque spécifique

Le risque spécifique est égal à : $\sigma^2 \varepsilon = V_{Ra} - \beta^2 V_{Rm}$ on prend ensuite la racine carrée

$$\sigma^2 \varepsilon = \left[4,83\% - \sqrt{0,4625 \times 0,338\%} \right] = 2,69\%$$

Le risque systématique est égal à : 4,83 % – 2,69 % = 2,14 %.

2. *L'espérance de la rentabilité de ce portefeuille ainsi que son risque peut être appréhendé comme suit.*

Rentabilité du portefeuille :
Puisque le portefeuille est composé de 60 % d'actions et de 40 % d'OAT, la rentabilité moyenne du portefeuille sera de :

E (p) = E (R_a) % × 60 % + R_F × 40 % = **3,37 %**
E (p) = 1,614 % × 60 % + 6 % × 40 % = **3,37 %**

Le risque attaché au portefeuille sera égal à :
Il s'agit de calculer l'écart type de chaque composante du portefeuille :
σ_p = 4,83 % × 60 % + 0 % × 40 % = **2,89 %** (sur les obligations OAT, le risque est nul).

Conclusion :

Le risque de cette action provient pour moitié du comportement du marché, et pour moitié des décisions stratégiques ou autres de la firme.

I.4. La gestion d'un portefeuille : combinaison de deux actifs

I.4.1. Caractéristiques

Un portefeuille composé de deux actifs possède :
- *une rentabilité moyenne :* $E(p) = [E_{(A)} \times x\%] + [E_{(B)} \times y\%]$;
- *un écart type moyen (donc la mesure du risque du portefeuille).*

Il convient de passer par la variance du portefeuille [Vp] et de prendre la racine carrée $\sqrt{V_p} = \sigma_{(p)}$.

→ $V(p) = V_{(A)} \times (x\%)^2 + V_{(B)} \times (y\%)^2$ ↪ si les deux titres sont **indépendants** ;

→ $V(p) = [V_{(A)} \times (x\%)^2] + [V_{(B)} \times (y\%)^2] + [2 \times x\% \times y\%. \times COV(R_a ; R_b)]$ ↪ si les deux titres sont **dépendants**.

Avec x% et y% : part de chaque actif dans le portefeuille ($x\% + y\% = 1$).

☞ *Remarque : la variance du portefeuille peut être inférieure aux variances des titres composant le portefeuille. En effet, le risque peut diminuer si la combinaison est satisfaisante. Elle mesure la dispersion des rentabilités autour de la moyenne.*

Le risque d'un portefeuille est fonction :
→ *du risque de chaque titre ;*
→ *de la corrélation qui existe entre les titres (relation de rentabilité) ;*
→ *du nombre de titres composant le portefeuille.*

- *un β moyen :* $\beta(p) = [\beta_{(A)} \times x\%] + [\beta_{(B)} \times y\%]$ ↪ moyenne pondérée des β des titres composant le portefeuille.

Exemple chiffé n° 22

Une entreprise souhaite composer un portefeuille composé de 40 % de titres A et de 60 % de titres B et dont les caractéristiques sont les suivantes :
– rentabilité moyenne : 9 % pour le titre A
                       12 % pour le titre B ;
– écart type : 18 % pour le titre A
                 15 % pour le titre B ;
– Covariance (A-B) : 0,25.

La rentabilité de ce portefeuille sera de :

- $E(p) = [9\% \, 40\%] + [12\% \times 60\%] = \mathbf{10,8\%}$

Le risque de ce portefeuille sera de :

- *1re hypothèse : les titres sont indépendants*
  $V(p) = [18\%^2 \times (40\%)^2] + [15\% \times (60\%)^2] = \mathbf{1,33\%}$
  $V(p) = [18\% \times (40\%)]^2 + [15\% \times (60\%)]^2 = \mathbf{1,33\%}$
  $\sigma(p) = \sqrt{1,33}\% = \mathbf{11,53\%}$

- *2e hypothèse : les titres sont dépendants*
  $V(p) = [18\%^2 \times (40\%)^2] + [15\%^2 \times (60\%)^2] + [2 \times 40\% \times 60\%. \times 0,25] = \mathbf{13,33\%}$
  $\sigma(p) = \sqrt{13,33}\% = \mathbf{36,51\%}$

1.4.2. Notion de frontière efficiente

Le risque attaché à une action est dû à l'incertitude et affecte donc sa rentabilité future. Il est alors possible de représenter la courbe des portefeuilles efficients, c'est-à-dire la combinaison de titres d'un portefeuille disposant d'un espérance de rendement [E_{Ri}] pour un niveau de risque σ ($_{Ri}$) pour un portefeuille *I*.

En effet, le marché offre un ensemble de titres qu'il est possible de mettre en portefeuille. On dispose, alors, pour chaque composition d'une rentabilité espérée [E_{Ri}] associé à un niveau de risque σ ($_{Ri}$).

Cette représentation de la multitude de combinaisons possibles sur un axe permet d'obtenir un nuage de points. Parmi les combinaisons présentant un même niveau de risque, l'investisseur ne retiendra que la combinaison proposant la meilleure rentabilité pour le risque le plus faible. (Il pourra choisir un niveau de risque et obtenir la rentabilité correspondante de son portefeuille, ou pour une rentabilité désirée de son portefeuille, il aura le niveau de risque.)

On appelle « *portefeuille efficient* » la combinaison optimale d'un portefeuille pour obtenir la meilleure rentabilité pour un niveau de risque. Il existe donc plusieurs portefeuilles efficients qui se trouvent sur l'axe E-F. La droite qui relie ces deux points s'appelle « *frontière efficiente* » et délimite la combinaison des autres portefeuilles non efficients.

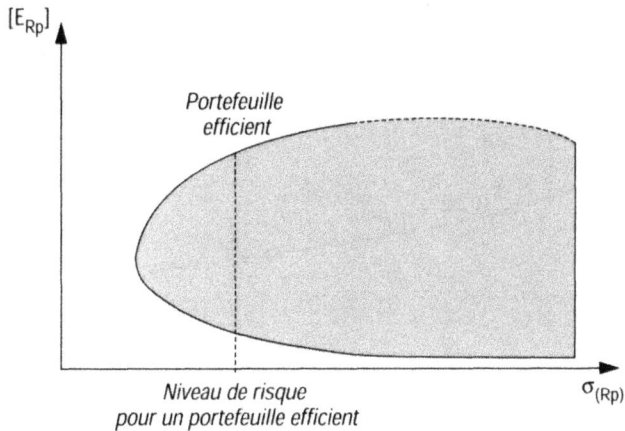

Niveau de risque
pour un portefeuille efficient

*On obtient une multitude de portefeuilles combinés qui pour un risque
σ ($_{Ri}$) donne un niveau de rentabilité différente [E$_{Ri}$].*

L'investisseur retiendra la rentabilité la plus forte pour le même niveau de
risque. Ainsi, parmi tous les portefeuilles figurant sur cet axe, il existe une
combinaison de titres représentant un niveau de risque pour une rentabilité optimale; l'investisseur choisira la combinaison qui paraît corres-
pondre à ces attentes (niveau de risque – niveau de rentabilité souhaité).

Exemple chiffré n° 23

Reprenons l'application précédente; combinaison d'un portefeuille composé de deux
titres A et B et traçons le graphique correspondant.

Série	Actions A	Actions B	R(p)	Ecart type	V(p)
1	1	0	9,00 %	18,00 %	3,24 %
2	0,9	0,1	9,30 %	16,27 %	2,65 %
3	0,8	0,2	9,60 %	14,71 %	2,16 %
4	0,7	0,3	9,90 %	13,38 %	1,79 %
5	0,6	0,4	10,20 %	12,35 %	1,53 %
6	0,5	0,5	10,50 %	11,72 %	1,37 %
7	0,4	0,6	10,80 %	11,53 %	1,33 %
8	0,3	0,7	11,10 %	11,81 %	1,39 %
9	0,2	0,8	11,40 %	12,53 %	1,57 %
10	0,1	0,9	11,70 %	13,62 %	1,85 %
11	0	1	12,00 %	15,00 %	2,25 %

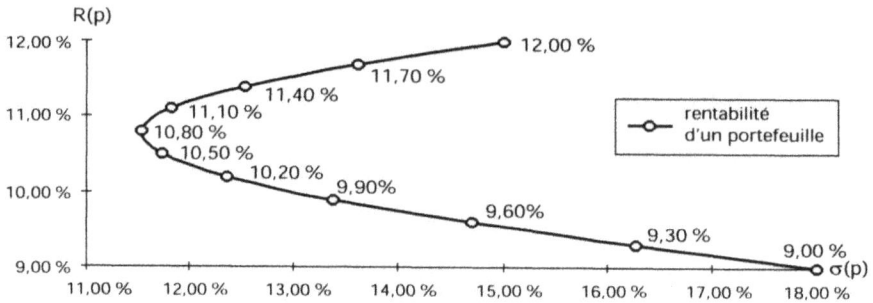

On remarque bien sur ce graphique trois situations :

→ la rentabilité croît et le risque décroît ; les portefeuilles ne sont pas efficients ;

→ la rentabilité atteint un maximum *(10,80 %)* pour un risque minimum *(11,53 %)* ; c'est la combinaison optimum ; soit 40 % de titres A et 60 % de titres B ;

→ la rentabilité croît et le risque croît (*frontière d'efficience* : entre *10,80 % et 12 %*). Tous les portefeuilles procurent une rentabilité supérieure au portefeuille « optima », mais le risque est plus élevé.

Le choix de l'investisseur entre ces deux dernières situations dépendra de son aversion pour le risque.

2. Le MEDAF
(modèle d'évaluation des actifs financiers à l'équilibre)

Ce modèle permet de comparer la rentabilité du marché financier et la rentabilité de l'actif étudié.

En d'autres termes, il a pour objet de déterminer la rentabilité attendue d'un titre en fonction du risque qu'il présente.

Ainsi, chaque titre mis en portefeuille est caractérisé par :

- sa rentabilité espérée (E_R) ;
- son risque (σ_R).

On peut donc faire une représentation graphique de l'ensemble des titres d'un portefeuille pour lesquels on dispose de sa rentabilité (E_{Ri}) et de son risque (σ_{Ri}) attaché à chaque titre.

On obtiendrait un graphique de cette forme :

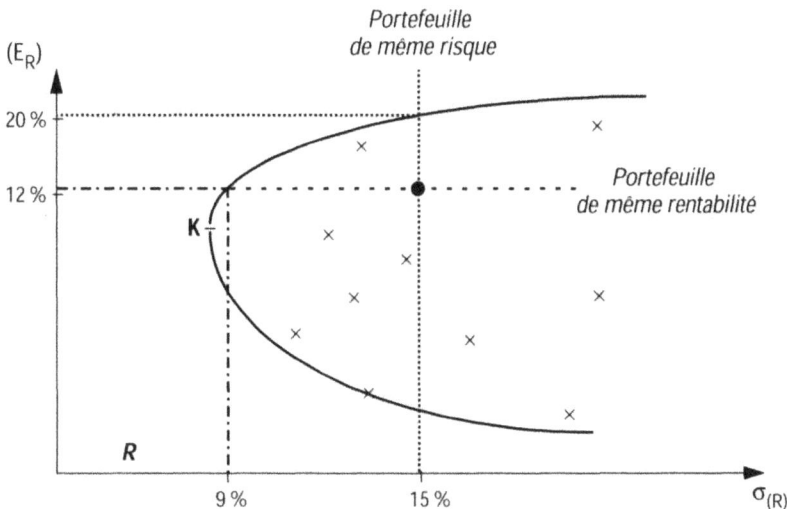

Il existe une multitude de portefeuilles de même rentabilité, mais de risque différent.

Il existe une multitude de portefeuilles de *même risque*, mais de *rentabilité différente*.

Le « • » montre un portefeuille de rentabilité 12 % et de risque 15 %. *(Portefeuille non efficient. L'investisseur pourrait attendre une meilleure rentabilité pour le risque s'il avait choisi une autre combinaison de titres ; c'est-à-dire au moins espéré une rentabilité de 20 % pour un risque de 15 %.)*

- Un investisseur ne choisit pas un portefeuille en dessous de K. (La rentabilité diminue et le risque augmente.)
- Il est impossible qu'un portefeuille de titres soit dans la zone **R**.

2.1. Présentation du modèle

Le modèle a pour objectif de rechercher quel est le portefeuille qui maximise la rentabilité tout en minimisant le risque pour un portefeuille comprenant des actifs risqués et des actifs sans risque. En d'autres termes, il établit la relation entre :

- la rentabilité du marché ;
- la rentabilité des actifs sans risque ;
- la rentabilité des actifs risqués.

On cherche donc à démontrer qu'il existe un équilibre lors de la composition d'un portefeuille entre des actifs sans risque et des actifs risqués.

Il faut savoir qu'en règle générale un portefeuille titres[1] est souvent composé :

→ de valeurs mobilières sans risque (OAT, BTN…) donc de rentabilité certaine (R_F) ;

→ de valeurs mobilières à risque (actions, obligations) donc de rentabilité incertaine (E_R).

---

1. Un investisseur peut choisir entre placer l'ensemble de son capital dans des actifs sans risque, placer une partie de son capital dans des actifs risqués et l'autre partie dans des actifs non risqués, placer l'ensemble de son capital dans un portefeuille d'actifs risqués.

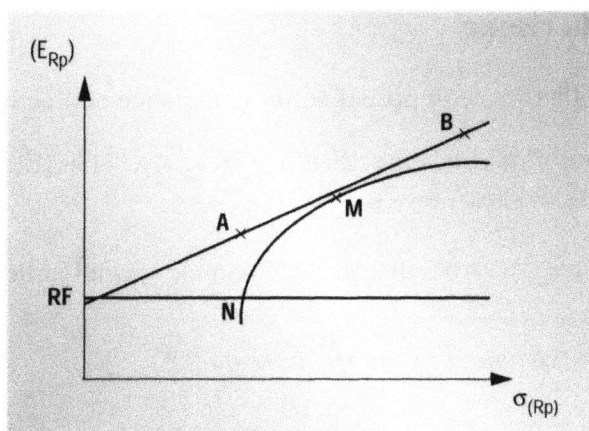

→ Les portefeuilles sans risque figurent sur la droite $R_F N$.

→ Les portefeuilles mixtes (une partie risquée, une partie sans risque) figurent sur la droite **$R_F M$** (tangente de la frontière d'efficience). Cette droite **$R_F M$** marque donc la *frontière d'efficience* lorsque le portefeuille est composé d'actifs sans risque et d'actifs risqués.

→ Les points A et B correspondent à des portefeuilles efficients composés d'actifs sans risque et d'actifs risqués.

→ En dessous de **R_F** il est impossible de composer un portefeuille en dessous de la rentabilité minimum des actifs sans risque.

Ainsi, un investisseur qui souhaite composer un portefeuille titres composé d'actifs sans risque et d'actif risqué constitue un *portefeuille de marché.*

Lorsque tous les échanges de valeurs mobilières ont été réalisés, l'équilibre général du marché est réalisé (équilibre entre l'offre et la demande).

La droite **$R_F M$** est appelé : *droite des marchés* (ou droite des actifs risqués[1]).

---

2. Plus la rentabilité croît, plus le risque croît aussi.

2.2. Analyse du risque

Un portefeuille titres composé d'actifs sans risque et d'actifs risqués a :

- *une rentabilité moyenne* : $E(R_p) = [R_{(F)} \times x\%] + [E(R_{(M)}) \times y\%]$

  avec : $E(R_{(M)})$ rentabilité espérée du marché ;

Avec $x\%$ et $y\%$: part de chaque actif dans le portefeuille ($x\% + y\% = 1$);

- *un écart type moyen (mesure du risque)* :

$$(1)\ (\sigma_p). = y \times (\sigma R_M). \Rightarrow y = \frac{\sigma_p}{\sigma R_M} + x \times \sigma_\varepsilon$$

Ce portefeuille étant diversifié, il ne comprend pas de risque spécifique, donc $\sigma_\varepsilon = 0$.

Dès lors, le risque du portefeuille (σ_p) ne présente qu'un *risque systématique*, noté :

$$(2)\ \sigma_p = \beta\, \sigma\, (R_M)$$

En remplaçant dans l'équation (1) la relation (2), on obtient :

$$y = \frac{\beta\, \sigma R_m}{\sigma R_m} \Rightarrow y = \beta \rightarrow \text{ce bêta mesure le risque systématique.}$$

(rappel : $\beta = \dfrac{COV\,(R_x\,;R_m)}{VAR\,(R_m)}$ *)*

La formule du MEDAF est donc :

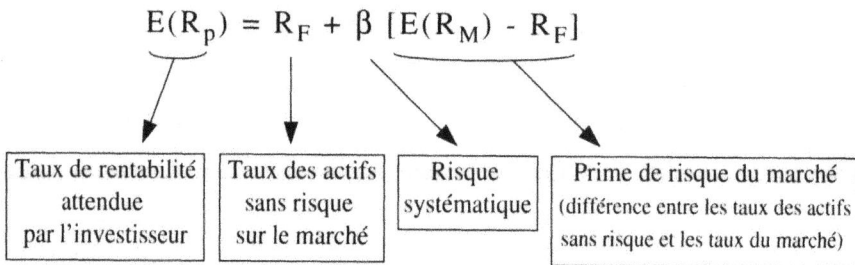

$$E(R_p) = R_F + \beta\, [E(R_M) - R_F]$$

Taux de rentabilité attendue par l'investisseur	Taux des actifs sans risque sur le marché	Risque systématique	Prime de risque du marché (différence entre les taux des actifs sans risque et les taux du marché)

Un investisseur qui désire acquérir des actifs exige au moins une rémunération égale au taux sans risque (R_F), et demande une prime de risque $[E(R_M) - R_F]$ multipliée par le comportement de l'actif risqué (β) face aux aléas du marché.

Ainsi, la relation entre le (β) et la rentabilité attendue du portefeuille (R_p) sur un marché, caractérisée par un taux sans risque (R_F) et d'un rendement espéré $[E(R_M)]$, peut être représentée sur un graphique d'ordonnée $E(_R)$ (ou taux de rentabilité) dont l'objet est de déterminer la frontière d'efficience, appelée droite de marché.

2.3. La droite de marché

La relation *(la rentabilité espérée d'un portefeuille composé d'actifs risqués et d'actifs sans risque)* est une fonction linéaire de (β); appelée droite de marché; qui est l'expression de l'équation du MEDAF.

On peut donc, à partir de la connaissance du (β) d'un actif, *calculer la rentabilité espérée de cet actif.*

Cette droite de marché est représentée sur un axe :

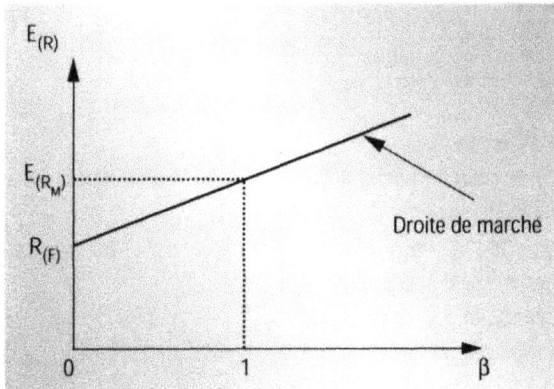

Si $\beta = 0$ alors $E(R_p) = R_F$

Si $\beta = 1$ alors $E(R_p) = E(R_M)$

Sur ce graphique, tout point figurant *au-dessus ou sur* cette droite est *un actif acceptable.* Dans le cas contraire, l'actif est rejeté.

Donc, si la rentabilité de l'actif $R(_p) \geq$ la rentabilité espéré $[E(Rp)]$, l'acquisition de l'actif peut être réalisée.

La rentabilité d'un actif ne peut s'écarter de cette droite que temporairement, car invariablement le jeu du marché rééquilibra le taux de rentabilité de l'actif.

Exemple chiffré n° 24

Une entreprise souhaite investir dans l'action A, de l'indice CAC 40 représentatif du marché financier. Au cours des dix premiers mois de l'année, on observe les informations suivantes :

Mois	Action A	Dividendes A	Indice CAC 40
1	600		2 100
2	640	23	2 230
3	580	20	2 389
4	505	26	2 210
5	458	12	2 386
6	521	9	2 678
7	603	0	3 020
8	675	20	3 415
9	712	45	3 775
10	825	12	3 985

1. *Calculer le β de l'action A.*
2. *Tracer la droite de marché sachant que le taux d'un actif sans risque est de 5 %.*
3. *Calculer la rentabilité espérée du titre A.*
4. *Evaluer le risque de l'action A. Placer sur la droite les titres suivants :*
   - *actions B de rentabilité 8,5 % et de β 1,5 ;*
   - *actions C de rentabilité 5 % et de β 0,8 ;*
   - *actions D de rentabilité 3 % et de β 0,5 ;*
   - *E de rentabilité 3 % et de β 0,5.*

Que peut-on conclure ?

1. *Calcul du β de l'action A*

Mois	Actions A	Dividendes A	Indice CAC 40	Rentabilité Action A (Ra)	Rentabilité CAC 40 (R_m)	Ra^2	R_m^2	$Ra \times Rm$
1	600		2 100					
2	640	23	2 230	10,50 %	6,19 %	1,103 %	0,3832 %	0,6500 %
3	580	20	2 389	-6,25 %	7,13 %	0,391 %	0,5084 %	-0,4456 %
4	505	26	2 210	-8,45 %	-7,49 %	0,714 %	0,5614 %	0,6330 %
5	458	12	2 386	-6,93 %	7,96 %	0,480 %	0,6342 %	-0,5519 %
6	521	9	2 678	15,72 %	12,24 %	2,471 %	1,4977 %	1,9239 %
7	603	0	3 020	15,74 %	12,77 %	2,477 %	1,6309 %	2,0100 %
8	675	20	3 415	15,26 %	13,08 %	2,328 %	1,7107 %	1,9955 %
9	712	45	3 775	12,15 %	10,54 %	1,476 %	1,1113 %	1,2806 %
10	825	12	3 985	17,56 %	5,56 %	3,082 %	0,3095 %	0,9766 %
				65,29 %	67,98 %	**14,521 %**	**8,3473 %**	**8,4721 %**
			Moyenne	**7,25 %**	**7,55 %**			

(a) Variance Marché : $\dfrac{1}{N}\sum R_m^2 - R_m^2 \;\Rightarrow\; = \dfrac{1}{9} \times 8{,}3473\ \% - 7{,}55\ \%^2 = 0{,}36\ \%$.

(b) Variance de l'action A $= \dfrac{1}{N}\sum R_a^2 - R_a^2 \;\Rightarrow\; \dfrac{1}{9} \times 14{,}521\ \% - 7{,}25\ \%^2 = 1{,}09\ \%$.

(c) Covariance =

$$\dfrac{1}{N}\sum (R_a \times R_m) - \overline{R_a} \times \overline{R_m} \;\Rightarrow\; \dfrac{1}{9} \times 8{,}4721\ \% - (7{,}25\ \% \times 7{,}55\ \%) = 0{,}39\ \%$$

(d) Bêta :........ $\Rightarrow = \beta = \dfrac{COV\,(R_x ; R_m)}{VAR\,(R_m)} \;\Rightarrow\; \dfrac{0{,}39\ \%}{0{,}36\ \%} = 1{,}08 \;\Rightarrow\;$ la sensibilité du titre est plus forte par rapport au marché.

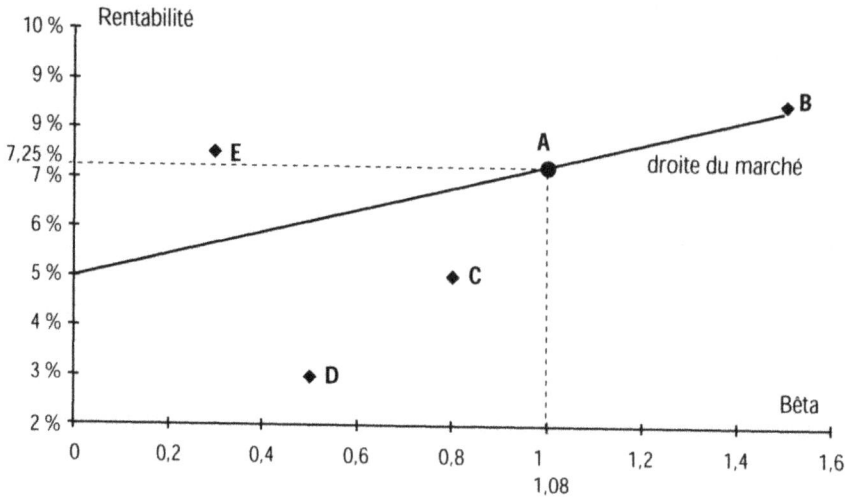

2. *Risque de l'action A*

Variance de A = 1,09 %.

Écart-type = $\sqrt{V_a} = \sqrt{1,09\%}$ = 10,44 % ➪ risque assez élevé pour la rentabilité espérée.

3. *Rentabilité espérée du titre A*

En appliquant la formule du MEDAF = E (RA) = 5 % + 1,08 (7,55 % – 5 %)
E (RA) = **7,75 %**

4. *Conclusion*

Les rentabilités des titres B et E sont au-dessus de la droite de marché, les titres proposent donc une rentabilité supérieure à celle de sa classe de risque (avec E proposant une rentabilité plus importante par rapport au risque sous-jacent).

Les rentabilités des titres C et D sont au-dessous de la droite de marché, les titres proposent donc une rentabilité inférieure à celle de sa classe de risque (à éliminer du portefeuille).

Le β d'une action signifie donc que l'action (ou le portefeuille) rapporte à l'investisseur une « *surprime* » du fait de la sensibilité du titre par rapport au marché. Plus le β d'un titre est élevé, plus la surprime est forte, mais le risque aussi.

Ainsi :

β	Commentaires	Interprétations
+ 2	La rentabilité de l'action va dans *le même sens* que l'évolution du marché	L'action est très sensible (2 fois plus élevée) à la réaction du marché. Le risque est élevé
+ 1		La réaction de l'action est identique à l'évolution du marché. Le risque est identique à celui du marché
+ 0,5		La réaction de l'action est moins forte que l'évolution du marché. Le risque est moins élevé que celui du marché
0	La rentabilité de l'action est indépendante du marché	Le cours de l'action n'est pas affecté par les variations du marché
– 0,5	La rentabilité de l'action va dans *le sens opposé* à l'évolution du marché	La réaction de l'action est moins forte que l'évolution du marché (sens opposé). Le risque est moins élevé que celui du marché
– 1		La réaction de l'action est identique à l'évolution du marché (sens opposé). Le risque est identique à celui du marché
– 2		L'action est très sensible (2 fois plus élevée) à la réaction du marché (sens opposé). Le risque est élevé

3

LES MARCHÉS DÉRIVÉS

1. Présentation

Face aux profondes mutations des marchés internationaux et à l'accroissement des risques qui en découlent, les pouvoirs publics ont décidé, au cours des années 80, de libéraliser et de moderniser les instruments financiers offerts à la Bourse de Paris.

C'est en 1986 qu'a été créé le marché à terme international de France (MATIF), puis en 1987 qu'a été créé le marché des options négociables de Paris (MONEP), afin de répondre aux exigences des opérateurs financiers, notamment la couverture des risques liés à l'instabilité des marchés financiers[1].

Ce type de marché est appelé *« marché dérivé »* car il est composé soit d'un marché *organisé* (comme le MATIF ou le MONEP) ou soit d'un marché *non organisé* (appelé *marché de gré à gré*) où se négocient des produits dérivés sur des actifs supports (actions, obligations, indices boursiers, matières premières…). Le cours ou la cotation de ces produits dérivés (appelés aussi *actifs sous-jacents*) dépendent donc du cours ou de la cotation d'autres produits.

---

1. Le recours à ces marchés entre donc dans la stratégie globale de couverture ou de spéculation d'un agent économique.

À la suite de la fusion des bourses de Paris, Bruxelles et Amsterdam, un système de cotation commun des produits dérivés a été créé.

Les marché dérivés permettent de se protéger contre une évolution adverse des prix des actifs financiers et monétaires en transférant le risque sur une contrepartie prête à l'assumer. Cette contrepartie est un agent économique ayant pris une position inverse à celle de l'opérateur cherchant à se couvrir.

Chaque opérateur intervient donc sur ces marchés pour se couvrir contre un risque. Il peut ainsi trouver sur ces marchés différents contrats.

Les différents contrats négociés sur les marchés dérivés sont :

- **Les futures** : il s'agit de **contrats à terme** traité sur les marchés organisés. Cela permet à l'opérateur de fixer aujourd'hui le prix d'achat ou de vente d'un contrat en vue d'une opération future.
- **Les forwards** : il s'agit de **contrats à terme** traité sur les marchés de gré à gré. Cela permet à l'opérateur de fixer aujourd'hui le prix d'achat ou de vente d'un contrat en vue d'une opération future.
- **Les options** : il s'agit de **contrats à terme conditionnel** qui moyennant le versement d'une prime permet à l'opérateur d'annuler son contrat en cas de mauvaises anticipations.
- **Les swaps** : il s'agit de **contrats de gré à gré** qui permet d'échanger des capitaux en vue de se protéger.

Les différentes anticipations en fonctions des contrats négociés sur les marchés dérivés sont :

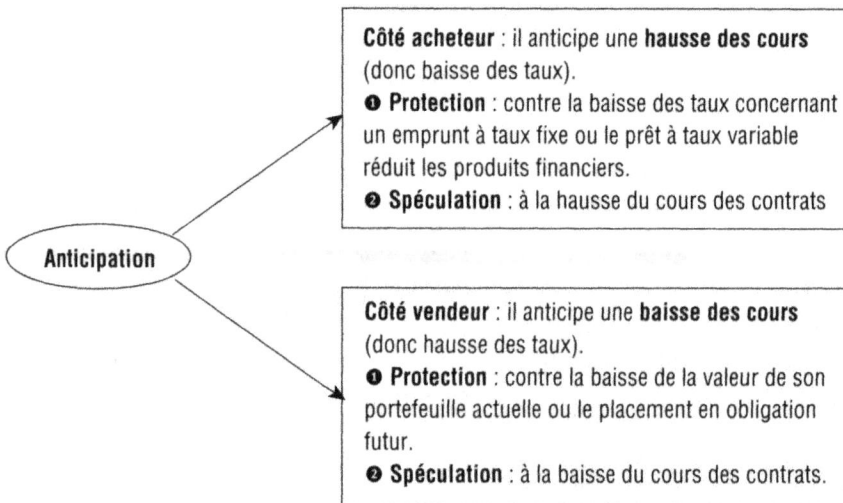

Anticipation

Côté acheteur : il anticipe une **hausse des cours** (donc baisse des taux).
❶ **Protection** : contre la baisse des taux concernant un emprunt à taux fixe ou le prêt à taux variable réduit les produits financiers.
❷ **Spéculation** : à la hausse du cours des contrats

Côté vendeur : il anticipe une **baisse des cours** (donc hausse des taux).
❶ **Protection** : contre la baisse de la valeur de son portefeuille actuelle ou le placement en obligation futur.
❷ **Spéculation** : à la baisse du cours des contrats.

Zoom N° 6

```
                                                    ┌──────────────┐
                                              ┌────→ │ À livraison   │
                                              │      │ différée      │
                                              │      │ forward ou    │
                                              │      │ Cash for-ward │
                                    ┌─────────┐      └──────────────┘
                                    │  Ferme  │
                                    └─────────┘
                          ┌──────────┐    │      ┌──────────────┐
                     ┌──→ │ Marché à │    └────→ │ De contrats  │
                     │    │ terme    │           └──────────────┘
                     │    │ gré à gré│
                     │    └──────────┘
                     │         │      ┌──────────────┐
                     │         └────→ │ Conditionnel │
  ┌──────────┐       │               └──────────────┘
  │ MARCHÉS  │───────┤
  │ DÉRIVÉS  │       │                            ┌──────────────┐
  └──────────┘       │                      ┌───→ │ À livraison   │
                     │                      │     │ différée      │
                     │                      │     └──────────────┘
                     │                ┌──────────┐
                     │           ┌──→ │  Ferme   │
                     │           │    │  MATIF   │
                     │    ┌──────────┐└──────────┘
                     └──→ │ Marché à │     │      ┌──────────────┐
                          │ terme    │     └────→ │ De contrats  │
                          │ Organisé │            │ futurs       │
                          └──────────┘            └──────────────┘
                                │     ┌──────────────┐
                                └───→ │ Conditionnel │
                                      │ MONEP        │
                                      └──────────────┘
```

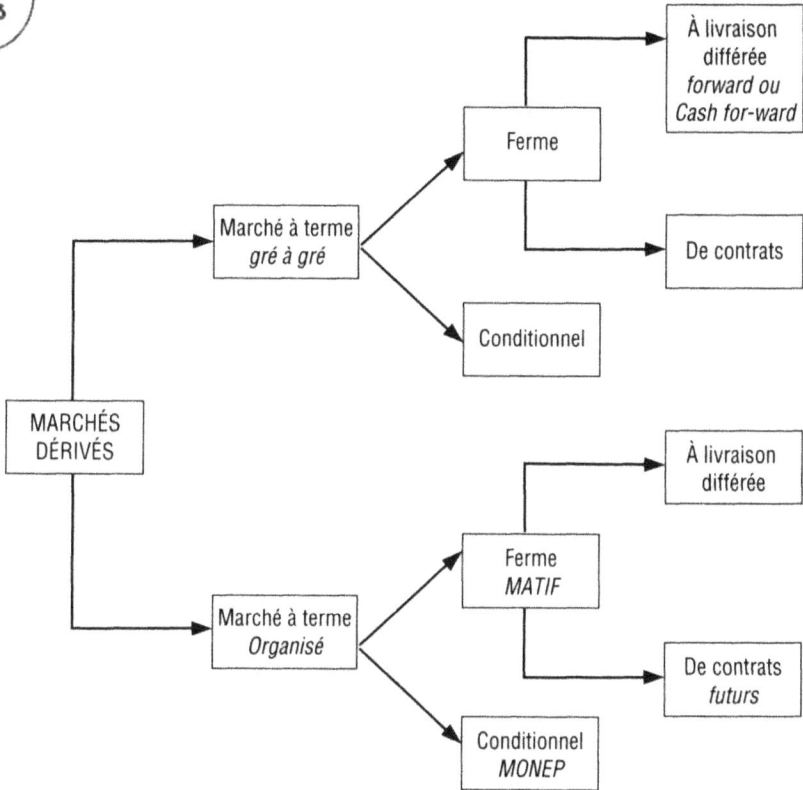

1.1. Les marchés de gré à gré

Un marché « *de gré à gré* » est un marché sur lequel les agents économiques échangent *directement* des actifs financiers, sans passer par
une chambre de compensation. L'intermédiaire financier (établissements
de crédits...) se contente, alors, de rapprocher les deux parties.

Un marché « *de gré à gré* » met donc en relation deux agents économiques privés.

Ce type de marché présente les avantages suivants :

- il permet des contrats sur mesure répondant précisément aux
  besoins de chaque partie, il est donc qualifié de souple ;
- il propose des produits très différents.

Cependant, ce type de marché présente aussi les inconvénients suivants :

- un risque de contrepartie ou de défaillance : l'une des parties n'honore pas son engagement à l'échéance (le contrat n'est pas assuré par un organisme de compensation) ; l'opérateur perd son capital ;
- un risque de liquidité : il est difficile de trouver la contrepartie répondant précisément aux besoins spécifiques de l'agent économique ;
- il est difficile, lorsque l'anticipation n'a pas été bonne, d'annuler sa position.

C'est pour remédier à ces inconvénients que se sont développés, parallèlement, des marchés organisés (ou *marchés futurs*).

L'étude de ce marché et surtout des produits financiers qui y sont proposés sera étudiée dans le chapitre 4.

1.2. Les marchés organisés

Un marché « *organisé* » est un marché composé par des entreprises de marché qui définissent des produits standards, en assurent les transactions et assument, *via* une chambre de compensation, le risque de défaillance (ou de contrepartie) des acteurs du marché.

Le principe de ce marché est simple.

- C'est le marché qui est la contrepartie unique de tous les contrats (un acheteur ou un vendeur a comme contrepartie non pas un acteur économique privé mais le marché). Ce marché est donc organisé autour d'une chambre de compensation qui assure cette contrepartie.
- Cette chambre de compensation assure la liquidité du marché en répondant aux souhaits des opérateurs. Pour dénouer sa position initiale (c'est-à-dire sortir du marché), il suffit de prendre une position inverse à celle prise à la signature du contrat.
- Cette chambre de compensation assure aussi la sécurité et la souplesse du marché. En effet :
  - → un dépôt de garantie est exigé pour chaque transaction ;
  - → la position de chaque opérateur est effectuée au jour le jour

(*l'appel de marges*) et, en cas de pertes, le règlement est immédiat ;

→ le nombre d'adhérents est limité ;

→ les contrats sont standardisés et ne permettent pas une couverture optimale du risque.

Ces marchés sont des marchés secondaires puisque la plupart des contrats ne donnent pas lieu à une livraison d'actifs, mais la position initiale est annulée par une position inverse.

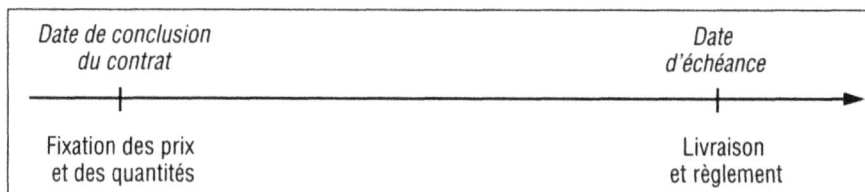

Date de conclusion du contrat	Date d'échéance
Fixation des prix et des quantités	Livraison et règlement

Les marchés dérivés se divisent en deux parties :

→ **les marchés à terme** qui nécessitent de la part de l'opérateur de prendre un engagement *ferme* soit sur un marché de « gré à gré » (*forward*), soit sur un marché organisé (*futur*) (le MATIF) ;

→ **les marchés à options** qui permettent à l'opérateur de ne prendre qu'un engagement *conditionnel* soit sur un marché de « gré à gré » (*forward-options*), soit sur un marché organisé (*futurs-options*) (le MONEP).

	Marché de gré à gré	Marché organisé
Avantages	Souplesse : taille des transactions, échéances et prix d'exercice adaptés aux besoins de l'entreprise. Nombre important de produits proposés.	Sécurité, liquidité, facilité d'emploi.
Inconvénients	Risque de contrepartie : défaillance d'un cocontractant. Risque de liquidité : difficulté d'annuler sa position avant l'échéance.	La standardisation des contrats nuit à une couverture optimale.

Les marchés organisés sont composés de deux sous-marchés : le MATIF et le MONEP.

2. Le Matif

2.1 Principes et étude de la structure du Matif

2.1.1. Principe

Le MATIF est un marché « *organisé* » à terme dont le principe est le décalage de temps qui existe entre la signature du contrat et son exécution.

Le MATIF est organisé autour de produits standardisés dont l'opérateur s'engage à acheter (ou vendre) une quantité à un prix déterminé à l'avance, mais dont la livraison et le règlement n'interviennent qu'à une date d'échéance plus lointaine.

2.1.2. Organisation du Matif

Le MATIF est placé sous l'autorité du Trésor, de la Banque de France et de la COB. Pour accéder aux négociations, l'opérateur doit être **adhérent** de EURONEXT PARIS S.A. (en règle générale, il s'agit des établissements financiers). Ils doivent présenter une assise financière confortable, respecter les règles de fonctionnement du marché et se soumettre aux contrôles des opérations.

Deux autorités assurent son fonctionnement :

→ Le conseil des marchés financiers à terme (CMF), qui établit le règlement général des marchés (décide de la création ou de la suppression de contrats, fixe les caractéristiques de chaque contrat) ;

→ EURONEXT PARIS S.A. qui joue le rôle de chambre de compensation et qui est chargée d'organiser le fonctionnement du marché des instruments financiers. Elle se prononce pour l'adhésion des agents économiques et organise la gestion des comptes de chaque adhérent en garantissant la bonne exécution des contrats. Elle est aussi chargée de la surveillance de chaque compte et calcule les appels de marges[1] ainsi que la liquidation éventuelle des positions.

---

1. Chaque jour, à la clôture, EURONEXT PARIS S.A. calcule la position de chaque opérateur au cours de compensation. Cette liquidation laisse apparaître une position (le gain ou la perte sur le marché) qui crée un flux financier appelé « appel de marge ».

2.1.3. Le fonctionnement du Matif

La négociation d'un contrat sur le Matif repose sur plusieurs opérations.

2.1.3.1. Le passage d'ordre

Les ordres sont transmis à Euronext-PARIS-S.A. par l'intermédiaire d'un adhérent. Les ordres sont « *à cours limité* » ou « *au prix du marché* ». Dès qu'un ordre est reçu, Euronext S.A. est le seul interlocuteur entre les deux cocontractants. Elle s'interpose entre les deux adhérents qui n'ont pas d'obligation entre eux, mais uniquement envers Euronext S.A.

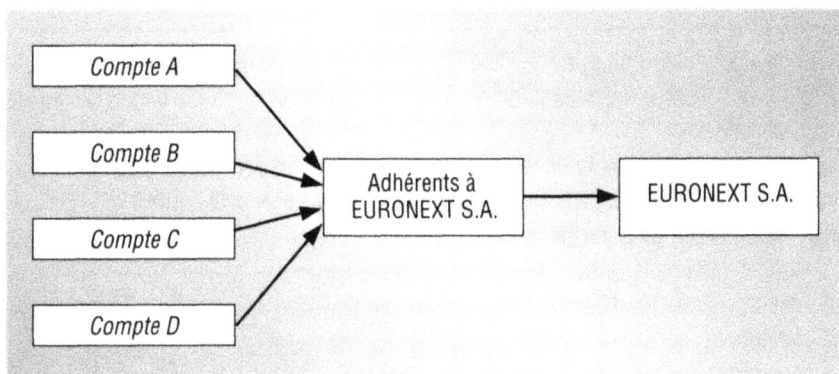

2.1.3.2. Le dépôt de garantie (ou déposit)

Pour éviter la défaillance des opérateurs, ceux-ci versent, à la signature du contrat, un dépôt de garantie représentant un certain pourcentage de la valeur du contrat. Ce dépôt de garantie est restitué au dénouement du contrat.

2.1.3.3. Les appels de marge

Quotidiennement, Euronext S.A. calcule, pour chaque opérateur, le gain ou la perte potentiel. La position sur le marché est donc compensée, c'est-à-dire que Euronext S.A. effectue une sorte de liquidation fictive sur la base d'un cours moyen (appelé cours de compensation) et arrêté à l'issue de chaque séance.

Deux situations sont donc possibles pour un opérateur.

- Évolution favorable à l'opérateur (évolution conforme à ses anticipations) : lorsque la position est un *gain*, le compte de l'opérateur est *crédité* chez EURONEXT S.A. ;
- Évolution défavorable à l'opérateur (évolution non conforme à ses anticipations) : lorsque la position est une *perte*, le compte de l'opérateur est *débité* chez EURONEXT S.A. *L'opérateur doit, le jour suivant, couvrir sa position* ⇨ *l'appel de marge* (c'est-à-dire verser les fonds pour compenser la perte)[1]. Si l'opérateur ne peut verser les fonds, son compte est liquidé, c'est-à-dire que EURONEXT S.A. liquide la position de l'opérateur (elle vend si l'opérateur était acheteur et inversement).

Exemple chiffré n° 25

Une entreprise détient un portefeuille d'obligations d'une valeur de 10 millions d'euros. Elle craint une hausse des taux d'intérêt et veut se protéger contre la baisse de la valeur de son portefeuille.

Le 5 novembre N, elle décide d'intervenir sur le MATIF en vendant des contrats sur E-bond trente ans au cours de compensation de 108 échéances décembre.

Elle verse un dépôt de garantie de 4 %.

Aux séances suivantes, le cours de l'E.bond est le suivant :

6 novembre : 107
7 novembre : 107,8
8 novembre : 108,3
9 novembre : 107,3
10 novembre : 105,5

Le 21 décembre N, elle dénoue sa position en prenant une position inverse. Le cours de compensation de l'E.bond à cette date est de 103,2. On peut donc :

1. *Calculer le nombre de contrats que l'entreprise doit souscrire.*
2. *Calculer le montant du dépôt de garantie versé ainsi que les appels de marge calculée chaque jour entre le 5 novembre N et le 10 novembre N.*
3. *Calculer le résultat global.*

1. *Nombre de contrats négociés*

Chaque contrat sur le E-bond trente ans porte sur une valeur de 10 000 €.

---

1. Si le compte de l'opérateur présente un solde débiteur ($\sum$ des crédits > $\sum$ des dédits), les crédits antérieurs couvrent les débits de la journée, le compte de l'opérateur présente un solde créditeur ⇨ *il n'y a pas d'appel de marge.*

Nombre de contrats : $\dfrac{10\,000\,000}{10\,000} = 1000$ contrats.

2. *Dépôt de garantie :*

Le montant du dépôt de garantie est de 1 750 €.

Appels de marge quotidienne

Date	Cours de compen-sation	Résultat	Perte poten-tielle	Gain potentiel	Résultat cumulé	Appels de marge
5/11	108		–			–
6/11	107	$\dfrac{[108 - 107]}{100} \times 10\,000 \times 1000$	–	100 000	100 000	–
7/11	107,8	$\dfrac{[107 - 107,8]}{100} \times 10\,000 \times 1000$	80 000	–	20 000	
8/11	108,3	$\dfrac{[107,8 - 108,3]}{100} \times 10\,000 \times 1000$	50 000		– 30 000	–30 000[1]
9/11	107,3	$\dfrac{[108,3 - 107,3]}{100} \times 10\,000 \times 1000$	–	100 000	100 000[2]	
10/11	105,5	$\dfrac{[107,3 - 105,5]}{100} \times 10\,000 \times 1000$		180 000	280 000	

(1) L'opérateur est obligé de couvrir son compte, sinon il est liquidé par EURONEXT S.A.
(2) On suppose que l'opérateur a couvert son compte la veille. Son compte est alors remis a zéro le 9/11 au matin. Le 9/11 au soir, le solde représente uniquement l'opération du 9/11.

3. *Résultat global*

Ce résultat correspond au cumul des résultats entre le 5/11 et le 21/12.

$\dfrac{[108-103,2]}{100} \times 10\,000 \times 1\,000 = 480\,000$ € ❖ ce gain compense, à peu près, la perte de la valeur du portefeuille obligataire de l'entreprise.

Généralité sur le calcul des appels de marge

Calcul des appels de marge
Vente de contrats à terme :
• $\dfrac{[\text{Cours d'ouverture} - \text{Cours de clôture}]}{100}$ nominal du contrat nombre de contrats
Achat de contrats à terme :
• $\dfrac{[\text{Cours de clôture} - \text{Cours d'ouverture}]}{100}$ nominal du contrat nombre de contrats
le cours d'ouverture est le cours d'achat ; le cours de clôture est le cours de vente.

2.1.3.4. Le cours de compensation

EURONEXT S.A. retient, comme cours de négociation des appels de marge, un cours moyen (appelé *cours de compensation*) égal aux **derniers cours de la séance**.

2.1.3.5. Le dénouement de l'opération

Les contrats sur le MATIF se dénouent de deux manières différentes.

- *Avant l'échéance :* à n'importe quel moment, mais avant la date d'échéance du contrat, le dénouement intervient en prenant **une position inverse** à celle de l'origine (cas le plus fréquent), c'est-à-dire sur *le même nombre de contrats et la même échéance.*

- *A l'échéance :* si aucune position inverse a été prise, l'opérateur doit livrer les actifs. Puisqu'il s'agit d'actifs fictifs, le vendeur doit livrer des titres réels qui figurent sur une liste publiée à chaque échéance par la chambre de compensation du marché. Cette liste de titres est appelée *le gisement.*

  Si le contrat ne porte pas sur des actifs (contrats sur taux, sur indice CAC 40…), le règlement doit avoir lieu en espèces.

2.2. Étude des contrats offerts sur le Matif

2.2.1. Principe

2.2.1.1. Nature des contrats

Le fonctionnement du MATIF repose sur l'existence de *contrats à terme standards ou de contrats à options* qui permettent la couverture de risques de deux ordres :
– les risques de taux d'intérêt ;
– les risques de marché.

Selon la nature et la durée de l'actif à couvrir, l'opérateur dispose d'un certain type de contrats offerts par le MATIF.

2.2.1.2. Nature de l'opération : intervention d'un opérateur sur les marchés de contrats à terme

Un opérateur peut *acheter* ou *vendre des contrats à terme* sur le MATIF.

Comme tout emprunt obligataire à taux fixe, il existe une relation inverse entre le cours de l'obligation et l'évolution des taux d'intérêt[1] du marché obligataire :

> Si les taux d'intérêt *augmentent*, le cours de l'obligation *baisse*.
> Si les taux d'intérêt *baissent*, le cours de l'obligation *augmente*.

Deux situations sont donc possibles pour un opérateur qui souhaite intervenir sur le MATIF.

① se protéger contre une *hausse des taux d'intérêt ou une baisse des cours* : l'opérateur doit **vendre à terme**. En effet, il pense que la valeur de son portefeuille obligataire va baisser[2]. Il fixe à la signature du contrat *le cours de vente*, et on *achètera* plus tard quand les cours auront effectivement baissé. Le gain réalisé sur le MATIF compensera la perte sur le portefeuille.

---

1. Voir chapitre 2, paragraphe 4.
2. On vend aussi à terme si l'on souhaite emprunter dans le futur afin de se protéger contre une hausse des taux d'intérêt.

En effet, si, **à terme**, l'opérateur doit **vendre** sur le marché obligataire ses titres, il réaliserait une **perte** puisque le cours de l'obligation a baissé du fait de l'augmentation des taux d'intérêt. En intervenant sur le MATIF, il compense cette perte en **achetant** des contrats à l'échéance de celui-ci ; il doit donc, à la signature du contrat, **vendre des contrats à terme**.

② Se protéger contre une *baisse des taux d'intérêt ou une hausse des cours* : l'opérateur doit **acheter à terme**. En effet, il pense que l'achat futur d'un portefeuille obligataire sur le marché secondaire (par exemple) entraînera une dépense plus importante[1]. Il fixe à la signature du contrat *le cours d'achat des obligations*, et on *vendra* (à un cours plus élevé) plus tard, quand les cours auront effectivement augmenté. Le gain réalisé sur le MATIF compensera la perte sur le portefeuille.

2.2.1.3. Stratégie des opérateurs

Un opérateur qui souhaite intervenir sur le MATIF le fait pour trois raisons.

- Il cherche à réaliser une opération de couverture pour compenser une perte probable sur un actif possédé (protection de la baisse de la valeur d'un portefeuille obligataire), ou sur une opération future à réaliser (protection contre un risque de hausse des taux d'intérêt pour un emprunt futur).
- Il cherche à réaliser **une opération de spéculation** en anticipant une variation du marché à plus ou moins longue échéance. On *achète à terme* si l'on pense que *le marché va augmenter* (on fixe aujourd'hui un prix d'achat et, plus tard, les cours ayant augmenté, on revend plus cher ⇨ on réalisera donc un gain). On *vend à terme* si l'on pense que *le marché va baisser* (on fixe aujourd'hui un prix de vente et, plus tard, les cours ayant baissé, on achète moins cher ⇨ on réalisera donc un gain).

  Cette stratégie fait courir un risque important pour l'opérateur en cas de mauvaises anticipations.

---

1. On achète aussi à terme si l'on souhaite prêter dans le futur afin de se protéger contre une baisse des taux d'intérêt. Ou si l'on a prêté à taux variable et que les taux d'intérêt sont à la baisse ⇨ on réalisera moins de gains financiers.

- Il cherche à réaliser **une opération d'arbitrage** lorsque l'opérateur bénéficie des incohérence du marché (différence de cours entre deux marchés : c'est le cas, par exemple, d'une augmentation de capital : les actions seront proposées sur le marché primaire à un certain montant, et puis sur le marché secondaire à un autre montant). Cela peut-être aussi une différence entre deux échéances).

Cette stratégie permet de réaliser un gain sans risque car il n'est pas motivé par la position au comptant de l'intervenant. Elle permet de régulariser les cours.

CARACTÉRISTIQUES DES PRINICIPAUX CONTRATS TRAITÉS SUR LE MATIF				
	EURO NOTIONNEL MULTI-ÉMETTEUR	**EURO 5 ans**	**E-NOTE 2 ans**	**EURIBOR 3 mois**
Sous-jacent et valeur nominale	Emprunt « fictif » d'État(s) de l'UEM libellé en euro remboursable *in fine* Valeur nominale : 100 000 € Taux facial : 3,5% Échéance : 8,5 à 10,5 ans	Emprunt « fictif » d'État(s) de l'UEM libellé en euro remboursable *in fine* Valeur nominale : 100 000 € Taux facial : 3,5% Échéance : 3,5 à 5,5 ans	Emprunt notionnel émis par un État de l'UEM, libellé en euro Valeur nominale : 100 000 € Taux facial : 3,5% Échéance : 1,5 à 2,5 ans	EURIBOR 3 mois. Taux moyen interbancaire offert entre banques de premier rang dans L'UEM sur dépôts à 3 mois Valeur nominale : 1 000 000 €
Dépôt de garantie	1 750 € (révisable)	1 000 € (révisable)	1 000 € (révisable)	1 000 € par contrat (révisable)
Mode de cotation	En pourcentage du nominal au pied du coupon exprimé avec 2 décimales	En pourcentage du nominal exprimé avec 2 décimales	En pourcentage du nominal exprimé avec 2 décimales	Indice égal à 100 moins le taux EURIBOR 3 mois. Coté à 3 décimales
Fluctuation minimale des cours ou « TICK »	0,01 % du nominal, soit 10 €	0,01 % du nominal, soit 10 €	0,01 % du nominal, soit 10 €	1/2 point de base, soit 12,5 €
Échéances	**3** échéances trimestrielles successives parmi mars (H), juin (M), septembre (U), décembre (Z)	**2** échéances trimestrielles successives parmi mars (H), juin (M), septembre (U), décembre (Z)	**2 ou 3** échéances trimestrielles successives parmi mars (H), juin (M), septembre (U), décembre (Z)	**2** échéances mensuelles et **20** échéances trimestrielles successives (au lieu de 12) parmi mars (H), juin (M), septembre (U), décembre (Z)
Clôture d'une échéance	Le 2ᵉ jour de négociation précédant le 3ᵉ mercredi du mois de livraison à 11 heures (heure de Paris)	Le 2ᵉ jour de négociation précédant le 3ᵉ mercredi du mois de livraison à 11 heures (heure de Paris)	Le 2ᵉ jour de négociation précédant le 3ᵉ mercredi du mois de livraison à 11 heures (heure de Paris)	Le 2ᵉ jour de négociation précédant le 3ᵉ mercredi du mois de livraison à 11 heures (heure de Paris)
Ouverture d'une échéance	Le 1ᵉʳ jour de négociation suivant la clôture d'une échéance	Le 1ᵉʳ jour de négociation d'un mois de livraison, ouverture de la 3ᵉ échéance	Le 1ᵉʳ jour de négociation d'un mois de livraison, ouverture d'une échéance trimestrielle à horizon 6 mois	Le 1ᵉʳ jour de négociation suivant la clôture d'une échéance

Horaires de transaction	7h45 : préouverture 8h à 22h : séance principale 17h30 : changement de journée de compensation	7h45 : préouverture 8h à 22h : séance principale 17h30 : changement de journée de compensation	7h45 : préouverture 8h à 22h : séance principale 17h30 : changement de journée de compensation	7h45 : préouverture 8h à 22h : séance principale 17h10 : changement de journée de compensation
Liquidation et titres livrables	Titres choisis par le vendeur dans un gisement d'emprunts d'État(s) de l'UEM de 8,5 à 10,5 ans amortis *in fine* encours minimum de 5 milliards d'euros réglés 1 mois avant la date de règlement / livraison de l'échéance	Titres choisis par le vendeur dans un gisement d'emprunts d'État(s) de l'UEM de 8,5 à 10,5 ans amortis *in fine* encours minimum de 5 milliards d'euros réglés 1 mois avant la date de règlement/ livraison de l'échéance	Titres choisis par le vendeur dans un gisement d'emprunts d'État(s) de l'UEM de 1,5 à 2,5 ans amortis *in fine* encours minimum de 5 milliards d'euros réglés 1 mois avant la date de règlement/ livraison de l'échéance	Cash seulement ou liquidation en espèces. Le cours de liquidation correspond à 100 moins EURIBOR 3 mois moyen établi le jour de la clôture et arrondi à l'échelon de cotation

CARACTÉRISTIQUES DES PRINCIPAUX CONTRATS TRAITÉS SUR LE MATIF			
	CONTRAT E-BOND 30 ANS	**OPTIONS SUR CONTRAT À TERME EURO 5 ANS**	**OPTIONS EURIBOR 3 MOIS**
Sous-jacent et valeur nominale	Emprunt notionnel d'État(s) de l'UEM, libellé en euro, remboursable *in fine*	Contrat à terme euro 5 ans Nominal = 1 contrat à terme euro 5 ans	Contrat Euribor 3 mois Nominal = 1 contrat EURIBOR 3 mois
	Valeur nominale : 10 000 € Taux facial : 5,50% Échéance : 25 à 35 ans	**Option « à l'américaine »**	**Option « à l'américaine »**
Dépôt de garantie	1 750 €	–	–
Mode de cotation	Pourcentage du nominal, avec 2 décimales	Prime exprimée en pourcentage du nominal, avec 2 décimales	Prime exprimée en pourcentage du nominal, avec 3 décimales
Prix d'exercice		Exprimé en multiple entier de 25 points de base	Exprimé en multiple entier de 10 points de base au minimum 15 encadrant la monnaie
Échéances	2 trimestrielles	2 échéances mensuelles et 2 échéances trimestrielles parmi mars(H), juin (M), septembre (U), décembre (Z)	2 échéances mensuelles et 4 échéances trimestrielles parmi mars(H), juin (M), septembre (U),décembre (Z) et 1 échéance *mid-curve* portant sur la 4e échéance trimestrielle du contrat ferme immédiatement ultérieure
Clôture d'une échéance	2e jour de bourse précédant le 3e mercredi du mois immédiatement ultérieur	Le dernier jeudi ouvré du mois précédant le mois d'échéance du contrat d'option à 17h30	Le 2e jour de négociation précédant le 3e mercredi du mois de livraison à 16h30 pour les mensuelles et *mid-curve* et 11 h pour les trimestrielles

Ouverture d'une échéance	Le 1er jour de négociation d'un mois de livraison, ouverture d'une échéance trimestrielle à horizon 6 mois	• Échéances trimestrielle : le jour d'ouverture de l'échéance du contrat ferme • Échéance mensuelle : le 1er jour de négociation suivant la clôture d'une échéance mensuelle	• Échéances mensuelle et trimestrielle : le 1er jour d'ouverture suivant la clôture d'une échéance • Échéance *mid-curve* : le jour d'ouverture d'une échéance mensuelle, durant le mois précédant la clôture de l'échéance *mid-curve* existante
Horaires de transaction	7 h à 8 h : pré-ouverture 8 h à 22 h : session principale *17h30* : changement de journée de compensation	7 h à 8 h : pré-ouverture 8 h à 22 h : session principale *17h30* : changement de journée de compensation	7 h à 8 h : pré-ouverture 8 h à 22 h : session principale *17h10* : changement de journée de compensation
Liquidation et titres livrables	Titres choisis par le vendeur dans gisement d'emprunts d'État(s) de l'UEM, libellés en euros (lors de la livraison) de 25 à 35 ans amortis *in fine*	L'exercice de l'option se traduit par l'achat ou la vente d'un contrat ferme Euro 5 ans. À l'échéance, exercice automatique des options dans la monnaie	L'exercice de l'option se traduit par l'achat ou la vente d'un contrat ferme Euribor 3 mois. À l'échéance, exercice automatique des options dans la monnaie

Afin de mieux maîtriser les mécanismes des contrats, l'étude de certains d'entre eux est présentée ci-après.

Exemples chiffrés sur les principaux contrats traités sur le Matif

Exemple n° 26 : L'euro notionnel

Le 1er septembre N, un opérateur anticipe une hausse des taux d'intérêt à long terme. Il désire emprunter dans trois mois pour réaliser une importante opération d'investissement d'un montant de 1 500 000 €. Il décide d'intervenir sur le MATIF échéance décembre. Il verse à cette date un dépôt de garantie de 1 750 €.

• Cours du MATIF au 1er septembre N

Echéances	Septembre N	Décembre N	Mars N + 1	Juin N + 1
Cours	102	100,5	97,8	99,5

Entre le 1er septembre N et le 6 septembre N, les cours de compensation sont les suivants :

Date	Cours
1/9	102,5
2/9	103
3/9	103,2
4/9	102,8
5/9	101,9
6/9	101,1

Le 15 décembre N, il dénoue son opération en prenant une position inverse. Le cours du MATIF à cette date est coté de la manière suivante :

• Cours du MATIF au 15 décembre N

Echéances	Décembre N	Mars N + 1	Juin N + 1	Sept. N + 1
Cours	98,80	95,98	94,97	93,7

• Cours de compensation du MATIF au 15 décembre N : 98,75

1. *Préciser, en le justifiant, si les contrats doivent être achetés ou vendus. Quel sera le cours de compensation au 1ᵉʳ septembre N ?*
2. *Calculer le nombre de contrats nécessaires pour couvrir les fluctuations. Calculer le montant du dépôt de garantie à verser.*
3. *Calculer les appels de marge entre le 1ᵉʳ septembre N et le 6 septembre N.*
4. *Déterminer le résultat global de cette opération. Qu'en pensez-vous ?*

L'opérateur craint une hausse des taux d'intérêt (donc d'emprunter plus cher ⇔ une augmentation des charges financières). Il doit donc **vendre à terme des contrats** notionnels.

Cela permet de fixer aujourd'hui (1/9/N) le cours de vente (c'est-à-dire le niveau des taux d'intérêt).

À terme (à l'échéance ou quelques jours avant), il réalisera une opération en sens inverse ; c'est-à-dire en achetant à un cours plus faible puisque vraisemblablement les taux auront augmenté.

Comme il souhaite emprunter dans trois mois, il doit fixer le cours de compensation correspondant à l'échéance la plus proche de son opération : soit décembre N, ce qui correspond à un cours de 100,50.

Nombre de contrats = $\dfrac{1\,500\,000}{100\,000}$ = 15 contrats.

Versement d'un dépôt de garantie de : **1 750 €**.

Les appels de marge entre le 1ᵉʳ septembre N et le 6 septembre N.

Date	Cours de compen-sation	Résultat	Perte poten-tielle	Gain potentiel	Résultat cumulé	Appels de marge
1/9	100,5		–			–
1/9	102,5	$[100,5 - 102,5]^1 \times 100\,000 \times 15 \over 100$	30 000	–	– 30 000	30 000
2/9	103	$[102,5 - 103] \times 100\,000 \times 15 \over 100$	7 500	–	– 7 500	7 500
3/9	103,2	$[103 - 103,2] \times 100\,000 \times 15 \over 100$	3 000	–	– 3 000	3 000
4/9	102,8	$[103,2 - 102,8] \times 100\,000 \times 15 \over 100$	–	6 000	6 000	
5/9	101,9	$[102,8 - 101,9] \times 100\,000 \times 15 \over 100$	–	13 500	19 500	
6/9	101,1	$[101,9 - 101,1] \times 100\,000 \times 15 \over 100$	–	12 000	31 500	

(1) si l'entreprise **avait acheté** des contrats, l'appel de marge aurait été :

$$\frac{[102,5 - 100,5]}{100} \times 100\,000 \times 15 = 30\,000 \text{ (gain)}.$$

☞ *Remarque : Les gains potentiels restent en compte à* EURONEXT PARIS S.A. *de manière à compenser les pertes futures.*

Déterminer le résultat global de cette opération. Qu'en pensez-vous ?

15/12 : Le résultat global est = $\dfrac{|100,5 - 98,75|}{100} \times 100\,000 \times 15 = \mathbf{26\,250\ €.}$

Il s'agit du cours de compensation et non du cours du Matif à cette date.
Il récupère aussi son dépôt de garantie : 1 750 €.

Il a fixé à 100,50 le prix de vente du contrat, il le rachète 98,75.

Les cours du MATIF ont *baissé* entre 1ᵉʳ/9 et le 15/12, ce qui signifie que les taux d'intérêt ont *augmenté* l'opérateur a fait une bonne anticipation sur l'évolution des taux d'intérêt. Les taux proposés sont plus élevés, mais le gain qu'il a réalisé sur le MATIF compense cette augmentation.

☞ *Remarque :* Un cours MATIF à 100,5 correspond à un taux d'intérêt à 9,919 %. Un cours MATIF à 98,75 correspond à un taux d'intérêt à 10,205 %.

Pour calculer ce taux, il faut actualiser les sommes fictives reçues pendant dix ans de l'emprunt notionnel : $100,5 = 10 \times \dfrac{1 - (1 + t)^{-10}}{t} + 100 \times (1 + t)^{-10}$.

Le surcoût = $(10,205 \% - 9,919 \%) \times 100\,000 \times 15 = 4\,290$ €.

$4\,290 \dfrac{1 - (1,09919)}{0,09919} = \textbf{\textit{26 452 €}}$ ☞ perte compensée par le gain MATIF.

Exemple chiffré n° 26 : Euribor 3 mois

Le 1ᵉʳ janvier N, le trésorier d'une entreprise prévoit d'emprunter 100 millions d'euros, du 1ᵉʳ avril N au 1ᵉʳ juillet N pour faire face à une importante commande.

Il craint une hausse des taux à court terme et intervient sur le MATIF en souscrivant des contrats Euribor 3 mois.

Les cours du Euribor 3 mois le 1ᵉʳ janvier N sont les suivants :

Contrats Euribor 3 mois	Cours du 1/1/N
Echéance mars N :	91,32
Echéance juin N :	90,95
Echéance septembre N :	90,87
Echéance décembre N	89,92

• Le 25 mars N, il dénoue son opération en prenant une position inverse. Le cours du EURIBOR 3 mois à cette date est coté : 90,947.

1. *Quel type d'opérations l'entreprise doit-elle souscrire ?*
2. *Calculer le nombre de contrats que l'entreprise doit souscrire. A quel taux ? Calculer le montant du dépôt de garantie versé.*
3. *Calculer le résultat global.*
4. *Cela est-il bien protégé ?*

L'entreprise craint une hausse des taux d'intérêt à court terme puisqu'elle souhaite emprunter dans 3 mois. Pour se protéger contre une hausse des taux d'intérêt, il faut **vendre des contrats à terme** EURIBOR 3 mois échéance **mars** (date du début de l'opération d'emprunt).

L'entreprise doit souscrire le nombre de contrats suivant :

Nombre de contrats = $\dfrac{100\,000\,000}{1\,000\,000} = 100$ contrats au taux de $[100 - 91,32 = 8,68\,\%]$.

Versement d'un dépôt de garantie de : $1\,000 \times 100 = \mathbf{100\,000\,€.}$

Le résultat de l'opération est le suivant :

$$\frac{(91,32 - 90,947)}{100} \times 100 \times 1\,000\,000 \times \frac{90}{360} = \mathbf{93\,250\,€},\text{ et récupération du dépôt de garantie.}$$

Synthèse de l'opération

Il emprunte le 1er avril à 9,053 % (100 – 90,947)

Coût : .... $9,053\% \times 1\,000\,000 \times \dfrac{90}{360} = <\mathbf{2\,288\,397\,€}>$ d'intérêts.

Gain sur l'EURIBOR :............ = $+ 93\,250\,€.$

Placement du gain pendant 6 mois .... = $+ 2\,116,76$ ↝ $[9,053\% \times 93\,250 \times \dfrac{90}{360}]$

Coût net : .... $<\mathbf{2\,193\,780}>.$

Si les taux d'intérêt à court terme étaient restés inchangés, il aurait payé :

Coût : .... $8,68\% \times 1\,000\,000 \dfrac{90}{360} = <\mathbf{2\,193\,352\,€}>$ d'intérêts.

Donc la protection a été bonne, puisque le coût net est à peu près égal au coût que l'entreprise aurait payé si les taux d'intérêt étaient restés les mêmes.

Exemple chiffré n° 28 : Le CAC 40 Future

Une entreprise détient un portefeuille d'actions françaises cotées sur le marché à règlement mensuel d'une valeur de 4,5 millions d'euros.

Suite à des tensions sur le marché boursier, elle souhaite se prémunir contre une baisse de la valeur de son portefeuille.

Elle intervient sur le MATIF le 13 novembre N en négociant des contrats CAC 40 dont la cotation[1], à cette date, est de 3 900 points échéance mars (cours de compensation).

• Le 25 mars N, elle dénoue son opération en prenant une position inverse. Le cours du CAC 40 FUTURE à cette date est coté : 3 802 points.

1. *Quel type d'opérations l'entreprise doit-elle souscrire ?*
2. *Calculer le nombre de contrats que l'entreprise doit souscrire. À quel prix ? Quel sera le montant du dépôt de garantie.*
3. *Au 25 mars, elle dénoue sa position. Quelle sera à cette date la valeur de son patrimoine ?*
4. *Montrer que la couverture a été efficace.*

---

1. Il s'agit de la **valeur cotée** de **l'indice** à l'échéance considérée.

L'entreprise craint une baisse des cours boursiers. Elle souhaite se pré-munir contre la *baisse* de la valeur de son portefeuille.

Pour se protéger contre une baisse du cours, il faut **vendre des contrats à terme** CAC 40 échéance mars.

L'entreprise pourra, à l'échéance, racheter moins cher son contrat (elle fixe aujourd'hui le cours de vente, et, en cas de baisse, elle pourra compenser la perte de la valeur du portefeuille par le gain réalisé sur le MATIF).

L'entreprise doit souscrire le nombre de contacts suivants :

Nombre de contrats = $\dfrac{4\,500\,000}{10 \times 3\,900}$ = 116 contrats.

Au cours de compensation = 3 900 points.

Versement d'un dépôt de garantie de : $10€ \times 200 = \mathbf{2\,000\ €.}$

Résultat de l'opération :

Le CAC 40 cote donc 3 802 points.

Résultat = $(3\,900 - 3\,802) \times 10 \times 116 = 113\,680\ €.$

Le portefeuille a baissé de $\dfrac{3\,900 - 3\,802}{3\,900} = 2,51\ \%.$

Le portefeuille vaut : $4\,500\,000 \times 97,49\,\% = 4\,386\,920\ €.$

Le patrimoine = $4\,386\,920\ € + 113\,680\ € = 4\,500\,600 \Rightarrow$ la perte du portefeuille est compensée par le gain sur le CAC 40.

3. Le Monep
Marché des options négociables à Paris

3.1. Principes et étude de l'organisation du Monep

3.1.1. Principe général

Le MONEP est un marché «*organisé*» d'**options négociables** permettant à chacune des parties au contrat, et indépendamment l'une de l'autre, d'annuler à tout moment sa position initiale en prenant une position inverse.

Il s'agit donc, de la part de l'opérateur, d'un engagement conditionnel, à l'inverse des opérations à terme sur le MATIF ou l'engagement est certain.

3.1.2. Nature des contrats d'options

3.1.2.1. Description des options

Le MONEP propose des contrats *d'options* standardisés et *négociables*.

L'option est un contrat qui lie deux opérateurs ayant des anticipations opposées. Ainsi, chaque opérateur peut décider d'acheter ou de vendre des options.

- **L'acquéreur** d'une option d'achat ou de vente acquiert le **droit et non l'obligation d'acheter** (une option d'achat) ou de **vendre** (une option de vente) une certaine quantité d'un actif sous-jacent[1] dont le prix (appelé : *prix de l'exercice)* est déterminé à l'avance et pendant une période fixée. Ce droit confère ainsi à l'acquéreur de l'option l'obligation de payer, au vendeur de l'option, à la conclusion du contrat, une certaine somme appelée : *prime ou premium.*

---

1. L'actif sous-jacent est le support d'un actif financier réel tel que : l'or, des actions, des devises, des taux d'intérêt, des indices boursiers, des matières premières, des contrats notionnels.

Cette prime correspond donc au prix de l'option. C'est elle qui fait l'objet d'une cotation et non le prix d'exercice qui est déterminé par la société des bourses françaises.

• **Le vendeur** d'une option d'achat ou de vente **a lui l'obligation** de **vendre** (une option d'achat) ou **d'acheter** (une option de vente) la quantité d'un actif sous-jacent déterminée au contrat.

Le vendeur d'une option est donc obligée de se conformer aux décisions de l'acheteur. En contrepartie, il conserve définitivement la prime, quelles que soient les décisions prises par l'acheteur.

C'est donc l'acheteur de l'option qui choisit la date du dénouement du contrat en fonction de l'évolution de sa situation initiale. L'exercice de l'option peut être fait de deux manières différentes :

• soit à la date d'échéance, l'option est dite à *l'européenne* ;
• soit à tout moment entre la date de souscription du contrat et avant la date d'échéance, l'option est dite, alors, à *l'américaine*.

Zoom N° 7

Analyse d'un contrat d'option

Un opérateur *X* achète, en avril N, cinq options d'achat sur les actions MICHELIN, échéance fin juin, prix d'exercice 900, prime 18 :

• l'opérateur *X* achète 5 options d'achat : il acquiert **le droit d'acheter** 50 actions MICHELIN jusqu'à fin juin ;
• le prix de l'action est fixé à 900 € (*prix d'exercice*) ; il est irrévocable ;
• l'opérateur doit verser une prime de 18 € par actions[1] au vendeur, soit $5 \times 10 \times 18 = 900$ € ;
• l'opérateur espère une *hausse du cours de l'action MICHELIN* afin de pouvoir revendre les titres plus cher que le prix qu'il a payé (*prix d'exercice*).

3.1.2.2. Différents contrats d'options

Le MONEP propose différents contrats *d'options* standardisés et *négociables* en fonction de l'actif sous-jacent.

---

1. Une option porte sur 10 titres depuis le 1er juillet 1998 ; auparavant elle portait sur 100 titres.

LES CONTRATS D'OPTIONS NÉGOCIÉS SUR LE MONEP				
	OPTIONS SUR ACTIONS		OPTONS SUR INDICE CAC 40	OPTIONS SUR INDICES DOWN JONES[SM]	STOXX 50 OU DOWN JONES EURO STOXX[SM] 50
	OPTIONS À COURT TERME SUR ACTIONS	OPTIONS À LONG TERME SUR ACTIONS			
Caracté- ristiques et actif sous-jacent	Options à *l'américaine* **1 option** porte sur **10¹ actions valeurs les plus importantes du 1ᵉʳ marché**	Option à *l'européenne* c'est-à-dire exer- çable uniquement à l'échéance **1 option** porte sur **10¹ actions valeurs les plus importantes du 1ᵉʳ marché**	Options à *l'européenne* c'est-à-dire exer- çable uniquement à l'échéance **Chaque point d'indice vaut 1 €²**. L'indice CAC 40, composé des 40 valeurs les plus représentatives des différents secteurs d'activité représen- tés sur le premier marché de la Bourse de Paris	Options à *l'européenne* c'est-à-dire exerçable uniquement à l'échéance. L'indice Dow Jones Euro STOXXSM 50, composé de 50 valeurs figurant parmi les plus actives et les plus fortement capitalisées des marchés d'actions des pays appartenant à l'Union économique et monétaire. **Chaque point d'indice vaut 10 €**
Durée	Court terme	Long terme		
Prix d'exercice	Standardisés à partir d'écarts prédéfinis	Standardisés à partir d'écarts prédéfinis	Les prix d'exercice sont des valeurs standards fixées par ajout ou soustrac- tion de 50 points d'indice sur les échéances mensuelles (échéances dites rapprochées), 100 points sur les échéances trimes- trielles et 200 points sur les échéances semestrielles par rapport au prix d'exercice à parité. Les prix d'exercice sont différents pour les options d'achat et les options de vente	Les prix d'exercice sont des valeurs standards fixées par intervalles de 50 points pour les 3 échéances mensuelles, de 100 points pour les 3 échéances trimes- trielles et de 200 points pour les 2 échéances semestrielles
Nature	Garantie contre une *baisse des cours (risque de marché)*	Garantie contre une *baisse des cours (risque de marché)*	Opération de couverture	Garantie contre une *baisse des cours (risque de marché)*
Prime	Cours de l'option × nombre de titres sous-jacents	Cours de l'option × nombre de titres sous-jacents	Prix unitaire × 1	Prix unitaire × 10

1. Une fois la valeur de l'indice exprimée en euros ᶜ⋮ si la valeur du contrat = 2 625 points, le contrat a une valeur de 2 625 × 1 = 2 625 euros ; ou 10 fois la valeur de l'indice exprimée en euros ᶜ⋮ si la valeur du contrat = 2 625 points, le contrat a une valeur de 2 625 × 10 = 26 250 euros.

Livraison			Jamais de livraison de titres	Jamais de livraison de titres
Échéance	Mars, juin, septembre, décembre	Les options peuvent être négociées jusqu'à l'avant-dernier jour de bourse du mois d'échéance. Les négociations portent sur deux échéances : mars et septembre. Le 1er avril et le 1er octobre de chaque année A sont respectivement ouvertes les échéances mars et septembre de l'année A + 2	Les négociations portent sur huit échéances glissantes : 3 mensuelles, 3 trimestrielles du cycle mars, juin, septembre, décembre et 2 semestrielles du cycle mars, septembre	Les négociations s'effectuent simultané-ment sur 8 échéances glissantes : 3 échéances mensuelles, 3 échéances trimestrielles du cycle mars, juin, septembre, décembre et 2 échéances semestrielles du cycle juin, décembre
Frais	Commission de négociation versée à EURONEXT PARIS S.A. : 0,12 € par contrat	Commission de négociation versée à EURONEXT PARIS S.A. : 0,12 € par contrat	Commission de négociation versée à EURONEXT PARIS S.A. : 0,02 € par contrat	Commission de négociation versée à EURONEXT PARIS S.A. : 0,30 € par contrat

LES CONTRATS À TERME NÉGOCIÉS SUR LE MONEP			
CONTRATS À TERME SUR INDICE CAC 40		**CONTRATS À TERME SUR INDICE DOWN JONES**	
1 EURO	**10 EUROS**	**DOWN JONES STOXX 50**	**DOWN JONES EURO STOXX^SM 50**
Sous-jacent et valeur nominale	L'indice CAC 40, composé des 40 valeurs les plus représentatives des différents secteurs d'activité représentés sur le premier marché de la Bourse de Paris. L'indice CAC 40 est calculé en continu par Euronext Paris SA et diffusé toutes les 30 secondes		L'indice Dow Jones Euro STOXX^SM 50, composé de 50 valeurs figurant parmi les plus actives et les plus fortement capitalisées des marchés d'actions des pays appartenant à l'Union économique et monétaire. l'indice Dow Jones Euro STOXX^SM 50, est calculé en continu entre 9h00 et 18h00 et diffusé toutes les 15 secondes
Dépôt de garantie	Opérant sur le contrat à terme ferme sur l'indice CAC 40 est de **300 points**, soit un montant de **3 000 euros** Le dépôt minimal de garantie applicable aux opérations dites « *straddle* » (positions détenues par un même donneur d'ordres à l'achat et à la vente sur le contrat à terme ferme CAC 40 sur des échéances différentes) est de 20 points, soit un montant de 200 euros Ce dépôt de garantie est majoré de 20 points sur les positions en *straddle* incluant l'échéance rapprochée à l'issue de la séance de négociation qui précède cette échéance		Le dépôt minimal de garantie à verser préalablement à la passation d'un ordre sur le contrat à terme ferme sur l'indice Dow Jones Euro STOXX^SM 50 est de **200 points d'indice** (soit **1 600 €**) Le dépôt minimal de garantie applicable aux opérations dites « *straddle* » (positions détenues par un même donneur d'ordres à l'achat et à la vente sur le contrat à terme ferme sur l'indice Dow Jones Euro STOXX^SM 50) est de 30 points d'indice, soit 300 euros

Mode de cotation et Échelon de cotation	Le contrat à terme ferme sur l'indice CAC 40 est coté en points d'indice avec une seule décimale L'écart minimal entre deux cotations est fixé à 0,5 point d'indice, soit **5 euros par contrat**		Le contrat à terme ferme sur l'indice Dow Jones STOXX^{SM} 50 est coté en points d'indice, sans décimale L'écart minimal entre deux cotations est fixé à 1 point d'indice, soit **10 euros par contrat**
Prix d'exercice	La valeur du contrat est égale au **cours coté × 1 euro** Exemple : si le cours du contrat à terme ferme CAC 40 s'établit à 5 978,5, le contrat a une valeur de : 1 × 5 978,50 € = 5 978,50	La valeur du contrat est égale au **cours coté × 10 euros** Exemple : si le cours du contrat à terme ferme CAC 40 s'établit à 5 978,5, le contrat a une valeur de : 10 × 5 978,50 € = 59 785	L'unité de négociation est constituée d'un contrat dans lequel chaque point d'indice est affecté d'une valeur de **10 euros** La valeur du contrat est égale au cours coté × 10 euros. Exemple : si le cours du contrat à terme ferme sur l'indice Dow Jones STOXX^{SM} 50 s'établit à 3 350, le contrat a une valeur de : 3 350 × 10 euros = 33 500 euros
Cours de compensation	À l'issue de chaque séance de négociation, EURONEXT PARIS SA détermine le cours de compensation de chaque échéance sur la base des cours cotés à la fin de la séance. Les appels de marges quotidiens s'effectuent sur la base de ce cours de compensation.		À l'issue de chaque séance de négociation, EURONEXT PARIS SA détermine le cours de compensation du contrat à terme ferme sur l'indice Dow Jones STOXXSM 50, sur la base du cours de clôture pour la première échéance et par application d'un écart de prix pour les échéances suivantes. Les appels de marges quotidiens s'effectuent sur la base de ce cours de compensation.
Échéances	Les négociations s'effectuent simultanément sur 8 échéances glissantes : 3 échéances mensuelles ; 3 échéances trimestrielles du cycle mars, juin, septembre, décembre et 2 échéances semestrielles du cycle mars et septembre		Les négociations s'effectuent sur 5 échéances glissantes : les 3 échéances mensuelles les plus proches et 2 échéances trimestrielles du cycle mars, juin, septembre et décembre
Clôture d'une échéance	La clôture d'une échéance intervient le dernier jour de bourse du mois d'échéance à 16 h Une nouvelle échéance est alors ouverte, le premier jour de bourse suivant la clôture		La clôture d'une échéance intervient le 3e vendredi du mois d'échéance à 12h Une nouvelle échéance est alors ouverte, le premier jour de bourse suivant la clôture
Horaires de transaction	Le cours de liquidation du contrat à terme ferme CAC 40 venant à échéance correspond à la moyenne arithmétique (arrondie à une décimale) des valeurs de l'indice CAC 40 calculées et diffusées entre 15 40 et 16 h 00 le jour de l'échéance y compris la première valeur de l'indice diffusée après 16 h 00		Le cours de liquidation du contrat à terme ferme Dow Jones STOXX^{SM} 50 venant à échéance correspond à la moyenne arithmétique des valeurs de l'indice Dow Jones STOXX^{SM} 50 calculées et diffusées entre 11 h 50 et 12 h 00 le jour de l'échéance (y compris la première valeur de l'indice diffusée après 12 h 00)
Liquidation et titres livrables	Il n'y a pas de livraison de titres à l'échéance mais règlement en espèces de l'ultime appel de marges Le règlement s'effectue le lendemain du jour de clôture de l'échéance		À l'échéance, le contrat à terme ferme sur l'indice Euro STOXX^{SM} 50 et le Dow Jones STOXX^{SM} 50 ne donne pas lieu à livraison, mais à un règlement en espèces (*cash settlement*)
Frais de négociation	EURONEXT PARIS SA perçoit une commission de négociation de 0,14 € et une commission de compensation de 0,21 € sur chaque contrat à terme ferme CAC 40 négocié ou liquidé par compensation financière		EURONEXT PARIS SA perçoit une commission de 0,25 € sur chaque contrat à terme ferme sur l'indice Euro STOXX^{SM} 50 et sur l'indice Dow Jones STOXX^{SM} 50 négocié ou liquidé par compensation financière

D'autres contrats peuvent être négociés, par l'intermédiaire des établissements financiers, de gré à gré, notamment les options de change.

3.2. Stratégie d'un opérateur

3.2.1. Principe général

3.2.1.1. Position des contrats d'options

3.2.1.1.1. Présentation générale

Le MONEP et le MATIF proposent des contrats d'options bâtis selon le principe suivant :

① *Achat* ou *Vente* d'une option. L'acheteur verse au vendeur une *prime* le jour de la négociation. Cette prime est *définitivement* acquise au vendeur.

② Dénouement de l'opération. Pendant toute la durée du contrat, *l'acheteur* peut opter pour plusieurs solutions pour dénouer son opération :

- **Exercer son option** ; c'est-à-dire dès lors que la situation a évolué favorablement par rapport à ces craintes.
  - → *l'acheteur d'une option d'achat* **achète l'actif sous-jacent ;**
  - → *l'acheteur d'une option de vente* **vend l'actif sous-jacent ;**
  - → *le vendeur d'une option d'achat* **vend l'actif sous-jacent et conserve la prime ;**
  - → *le vendeur d'une option de vente* **achète l'actif sous-jacent et conserve la prime.**
- **Vendre son option** ; une option est cotée et négociable sur le MONEP ou le MATIF; l'acheteur d'une option peut donc, avant l'échéance, revendre cette option, sans acquérir (pour une option d'achat) ou sans vendre (pour une option de vente) l'actif sous-jacent.
- **Abandonner son option** ; c'est-à-dire que la situation a évolué défavorablement par rapport à ses anticipations. L'option n'est pas exercée.
  - → *l'acheteur d'une option d'achat ou d'une option de vente* **perd la prime ;**
  - → *le vendeur d'une option d'achat ou de vente* **conserve la prime et l'actif sous-jacent.**

Il existe donc bien quatre positions de base. Les résultats obtenus dépendent donc de l'évolution du cours de l'actif sous-jacent, du prix d'exercice (PE) et du montant de la prime (P).

OPTIONS	POSITION DE BASE	RESULTAT OBTENU (GRAPHIQUE)
Option d'achat (CALL)	Achat d'une option d'achat *(achat d'un Call)* L'acheteur espère une augmentation du cours de l'actif sous-jacent ; il spécule à la baisse	R ... Gain ... PE ... PE + P ... NP ... Abandon de l'option ... Exercice de l'option
	Vente d'une option d'achat *(vente d'un Call)* Le vendeur espère une certaine stabilité du cours de l'actif sous-jacent au-dessous du prix d'exercice. Il espère que l'option ne sera pas exercée pour conserver la prime	R ... NP ... Gain ... PE + P ... PE ... Perte
Option de vente (PUT)	Achat d'une option de vente *(achat d'un Put)* L'acheteur espère une baisse du cours de l'actif sous-jacent ; il spécule à la hausse	R ... Gain ... PE ... PE – P ... Perte ... NP ... Exercice de l'option ... Abandon de l'option
	Vente d'une option de vente *(vente d'un Put)* Le vendeur espère une certaine stabilité du cours de l'actif sous-jacent au dessus du prix d'exercice. Il espère que l'option ne sera pas exercée pour conserver la prime	R ... NP ... PE – P ... Gain ... PE ... Perte

N = nombre   PE = Prix d'exercice   P = prime

L'acheteur d'une option peut espérer des gains illimités, mais il risque, en cas de mauvaises anticipations, de perdre au maximum le montant de la prime.

Le vendeur d'une option peut espérer conserver la prime, mais il risque, en cas de mauvaises anticipations, des pertes maximum.

Exemple chiffré n° 27

Un opérateur achète, le 10 septembre N, une option d'achat Axa, échéance décembre, prix d'exercice 600 €, prime 29 (le titre est coté sur le 1er marché : 623 €).

1. *Quelle est la stratégie de l'opérateur ?*
2. *Quelle opération cet opérateur fait-il le 10 septembre N ?*
3. *A quelle date l'option peut-elle être exercée ?*
4. *A la séance du 2 décembre N, le cours de l'action Axa est de 680 €.*
   Le cours du CALL échéance décembre est de 42 €.
   Que pensez-vous de cette évolution ? L'option sera-t-elle réalisée ? Présenter graphiquement le résultat de cette opération. Calculer le résultat de cette opération.
5. *Quelle sera la position de notre opérateur si l'action était cotée 490 € ? Calculer le résultat de cette opération.*

1. *Quelle est la stratégie de l'opérateur ?*

L'opérateur espère que le cours de l'action Axa va augmenter pour pouvoir revendre ses actions à un cours supérieur au cours d'achat qu'il a fixé (600 €). Il spécule donc à la hausse.

→ l'opérateur achète 1 option d'achat : il acquiert **le droit d'acheter** 10 actions Axa jusqu'à fin décembre ;
→ le prix de l'action est fixé à 600 € (*prix d'exercice*) ; il est irrévocable.

2. *Quelle opération cet opérateur fait-il le 10 septembre N ?*

L'opérateur doit verser une prime de 29 € par option au vendeur, soit :
$1 \times 10 \times 29 = 290$ €.

3. *La date à laquelle l'option peut être exercée peut être choisie.*

À n'importe quel moment entre le 11 septembre N et le 31 décembre N.

4. *Près de l'échéance*

- Le cours[1] de l'action AXA a évolué à la hausse. L'anticipation de l'opérateur (l'acheteur d'une option d'achat) a été bonne. Il va donc *acheter* les titres AXA au cours de 600 € pour les *revendre* le 2 décembre N 680 € sur le marché.

L'opérateur va donc *exercer* ou *vendre son option*.

- Le vendeur de l'option **doit**, sur ordre de EURONEXT PARIS S.A., livrer (vendre) le 2 décembre N 10 actions Axa à 600 €.

Etude et analyse de la position de l'acheteur de l'option et du vendeur de l'option.

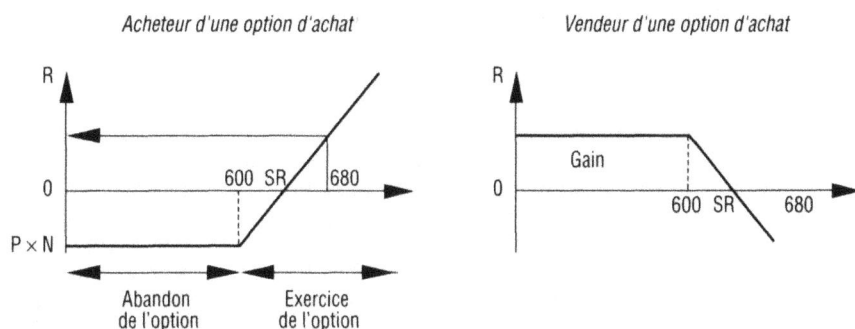

SR : seuil de rentabilité ': cours pour lequel l'acheteur de l'option ne réalise ni bénéfice, ni perte.
SR : 600 + prime par action ': 600 + 27 = 627.

Résultat

Acheteur d'une option d'achat

Il a deux solutions.

- Soit il *exerce son option*, c'est-à-dire qu'il souhaite acheter les titres au prix d'exercice convenu le 10 septembre.
  Il réalise un **gain** de : $[680 - (600 + 29)] \times 10 \times 1 = 510$ €.
- Soit il *vend son option*, c'est-à-dire qu'il ne souhaite pas acheter les titres, mais uniquement réaliser une opération de spéculation.
  Il réalise un **gain** de : $[(42 - 29) \times 10] \times 1 = 130$ €.

---

1. Il s'agit du cours du titre coté sur le marché.

☞ *Remarque :* le choix de l'une ou l'autre stratégie sera étudié plus loin.

Vendeur d'une option d'achat

Il a **l'obligation** de livrer les 10 actions AXA, il se trouve donc dans deux positions.

* Soit il *possède les actions*, il **doit** vendre ses titres au prix de 600 €. On dit qu'il fait *une vente couverte*. Supposons qu'il ait acheté les titres AXA au cours de 520 € antérieurement à la signature du contrat, il réalise un **gain** de : [(600 + 29) – 520)] × 10 × 1 = 1 090 €.

    On observe aussi qu'en vendant son option, il réalise un manque à gagner de : [680 – 520)] × 10 × 1] – 1 090 = 510 €.

* Soit il ne *possède* pas *les actions*, il **doit** acheter des titres AXA au prix de 680 € et les revendre au prix de 600 €. On dit qu'il fait *une vente à nue*.

    Sa perte sera alors de : [680 – (600 + 29)] × 10 × 1 = 510 €.

    Une vente d'option d'achat « nue » est donc très risquée.

5. *Position de l'opérateur si l'action est cotée 490 € ? Calculer le résultat de cette opération.*

Si l'action est cotée 490 €, il **abandonne l'option**. Il ne souhaite pas acheter 600 € des titres qui valent 490 € (il peut d'ailleurs acheter les titres sur le marché boursier).

Il perd la prime, soit 290 €.

3.2.1.2. Prix d'exercice et valeur de l'option

◆ *Le prix d'exercice*

Le prix d'exercice[1] correspond au prix convenu entre l'acheteur et le vendeur d'une option. Il est donc fixé à l'avance.

En fonction de la valeur du cours de l'actif sous-jacent ; trois cas peuvent se présenter.

* **L'option à parité :** lorsque le prix d'exercice est égal au cours de

---

1. Les prix d'exercice sont standardisés et déterminés à partir d'écarts : 0,5 pour un prix d'exercice ≤ 5 €, 1 pour un prix d'exercice ≥ 5 € ≤10 €, etc. À chaque séance 5 prix d'exercice sont proposés : 1 à parité, 2 en dehors du cours et 2 en dedans du cours.

l'actif sous-jacent. Il est alors indifférent d'exercer ou d'abandonner l'option. On dit aussi « *at the money* ».

- **L'option en dedans** *(du cours)*. Il est alors intéressant d'exercer l'option.
  - *pour une option d'achat* : lorsque le prix d'exercice est inférieur au cours de l'actif sous-jacent ;
  - *pour une option de vente* : lorsque le prix d'exercice est supérieur au cours de l'actif sous-jacent.

    On dit aussi « *in the money* ».

- **L'option en dehors** *(du cours)*. L'opérateur se trouve dans la situation d'abandonner l'option.
  - *pour une option d'achat* : lorsque le prix d'exercice est supérieur au cours de l'actif sous-jacent ;
  - *pour une option de vente* : lorsque le prix d'exercice est inférieur au cours de l'actif sous-jacent.

    On dit aussi « *out the money* ».

Exemple chiffré n° 28 (suite de l'exemple n° 27)

Un opérateur achète le 10 septembre N une option d'achat AxA, échéance décembre, prix d'exercice 600 €, prime 29 (le titre cote sur le marché 623 €).

La position de l'opérateur sera la suivante :

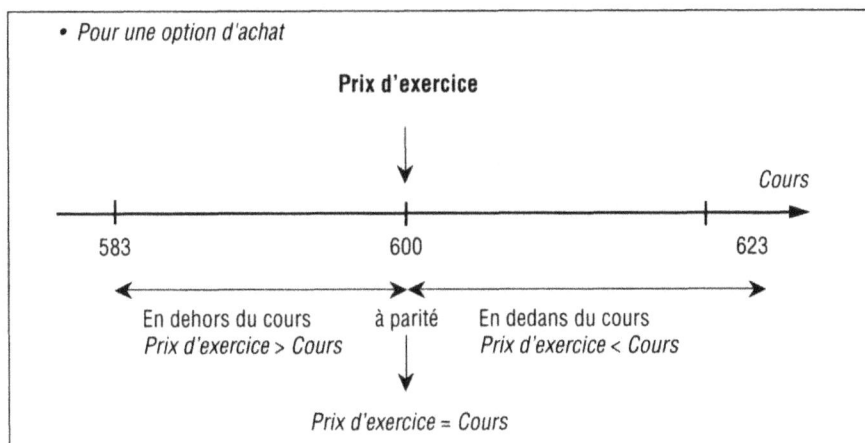

Le cours de l'action AxA, coté sur le marché à règlement mensuel, = 623 €, le prix d'exercice est dit en *dedans du cours*.

◆ *Valeur de l'option*

La prime est le prix de l'actif sous-jacent fixé par le contrat. Elle est représentative de la valeur de l'option.

La valeur de l'option est composée de deux éléments.

- *La valeur intrinsèque* : correspond aux gains certains que s'assure un acheteur d'option. Elle correspond à la valeur minimale de l'option et ne peut être que *positive ou nulle*.

> Elle est égale à : [**Cours de l'actif − Prix d'exercice**] ⟳ pour *une option d'achat*

> Elle est égale à : [**Prix d'exercice − Cours de l'actif**] ⟳ pour *une option de vente*

Ainsi, une option d'achat « *en dehors* » a une valeur intrinsèque nulle. Une option de vente « *en dedans* » a une valeur intrinsèque nulle.

- *La valeur spéculative* (ou valeur d'anticipation ou valeur temps) : correspond aux *opportunités* de gains ; c'est-à-dire la possibilité que se voit offrir l'acheteur de l'option de tirer profit d'une évolution favorable de l'actif sous-jacent. Cette opportunité existe du fait qu'il existe un laps de temps entre la signature du contrat et l'exercice de l'option.

> Elle est égale à : *Valeur de l'option − Valeur intrinsèque*

- *Les éléments déterminant la valeur de l'option.*
  Ils sont au nombre de cinq :

1. *Le cours de l'actif sous-jacent*

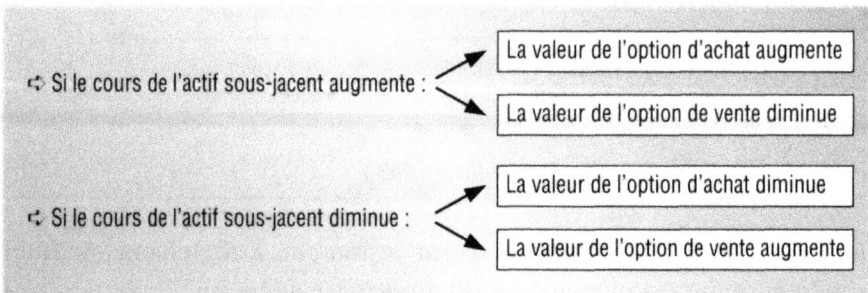

⟳ Si le cours de l'actif sous-jacent augmente :
- La valeur de l'option d'achat augmente
- La valeur de l'option de vente diminue

⟳ Si le cours de l'actif sous-jacent diminue :
- La valeur de l'option d'achat diminue
- La valeur de l'option de vente augmente

2. Le prix d'exercice

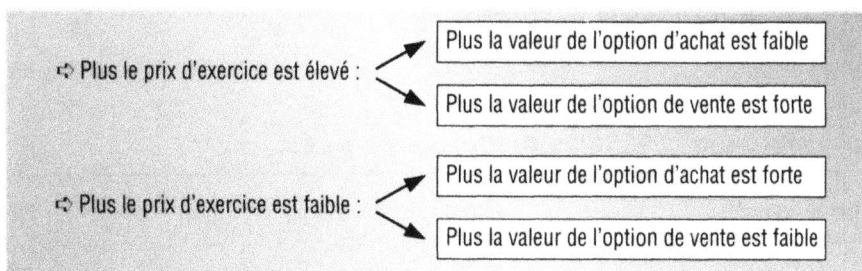

⇨ Plus le prix d'exercice est élevé :
- Plus la valeur de l'option d'achat est faible
- Plus la valeur de l'option de vente est forte

⇨ Plus le prix d'exercice est faible :
- Plus la valeur de l'option d'achat est forte
- Plus la valeur de l'option de vente est faible

3. La volatilité

La volatilité correspond à l'amplitude des variations du cours de l'actif sous-jacent.

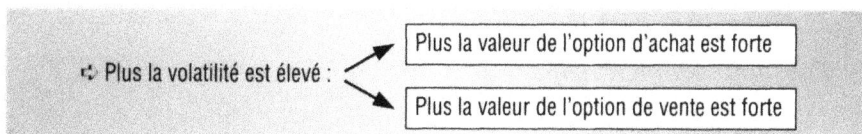

⇨ Plus la volatilité est élevé :
- Plus la valeur de l'option d'achat est forte
- Plus la valeur de l'option de vente est forte

En effet, les variations à la hausse sont favorables aux options d'achat, les variations à la baisse aux options de vente.

4. Le temps

La valeur d'une option est de plus en plus faible au fur et à mesure que l'on se rapproche de la date d'échéance. En effet, plus la date est proche, moins l'option a de chance d'évoluer. A l'échéance, la valeur de la prime devient nulle.

5. Les taux d'intérêt

Les variations des taux d'intérêt influent sur la valeur de l'option.

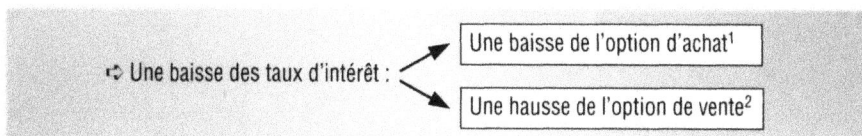

⇨ Une baisse des taux d'intérêt :
- Une baisse de l'option d'achat[1]
- Une hausse de l'option de vente[2]

---

1. L'acheteur d'une option d'achat obtient *un crédit* d'autant plus élevé que les taux d'intérêt sont élevés.
2. L'acheteur d'une option de vente accorde *un crédit* d'autant plus onéreux que les taux d'intérêt sont élevés.

☞ *Remarque : des économistes ont modélisé l'évaluation des options. Il s'agit principalement du modèle Crox, Ross et Rubinstein, et du modèle de Black et Scholes.*

Exemple chiffré n° 29. Suite de l'exemple n° 28.

Prix d'exercice : .... 600 €
Cours de l'actif sous-jacent : .... <u>623 €</u>
Prime (ou valeur de l'option) : .... 23 €

On détermine la valeur intrinsèque et la valeur spéculative de l'option sur action AXA de la manière suivante puis l'on peut faire une représentation graphique.

1. *Pour une option d'achat*

- Valeur intrinsèque :
  Cours de l'actif sous-jacent : .... 623 €
  Prix d'exercice : .... <u>600 €</u>
  Valeur intrinsèque : .... 23 €/option

- Valeur spéculative :
  Prime (ou valeur de l'option) : .... 29 €
  Valeur intrinsèque : .... <u>23 €</u>
  Valeur spéculative : .... 6 €/option

2. *Représentation graphique*

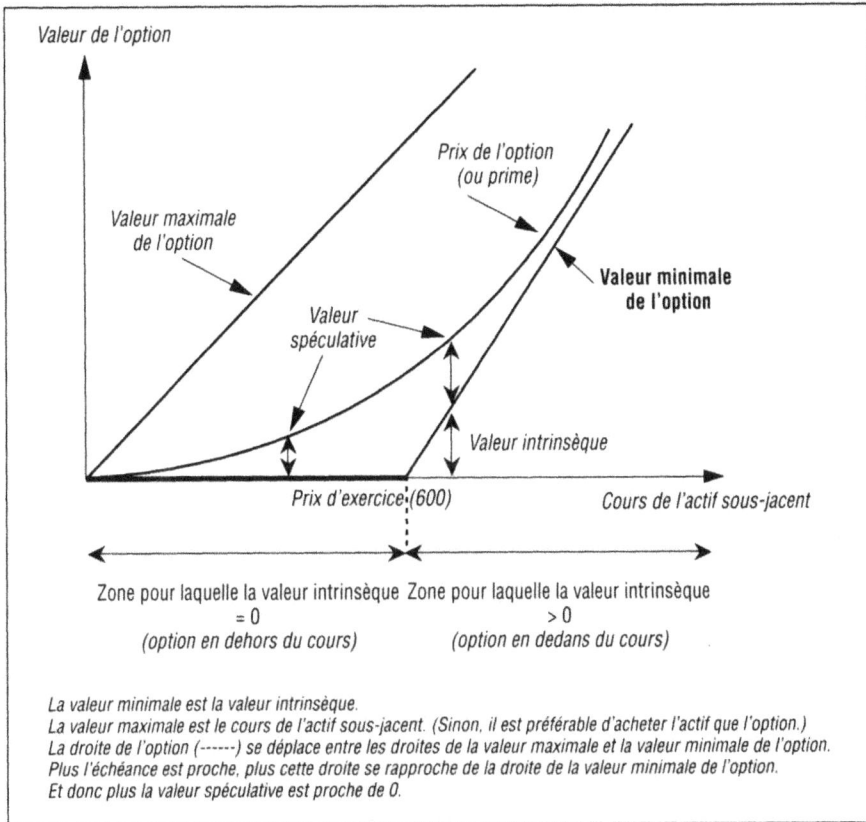

La valeur minimale est la valeur intrinsèque.
La valeur maximale est le cours de l'actif sous-jacent. (Sinon, il est préférable d'acheter l'actif que l'option.)
La droite de l'option (------) se déplace entre les droites de la valeur maximale et la valeur minimale de l'option.
Plus l'échéance est proche, plus cette droite se rapproche de la droite de la valeur minimale de l'option.
Et donc plus la valeur spéculative est proche de 0.

3.2.2. La négociation d'options : aspects pratiques

3.2.2.1. Le passage d'ordre

Les ordres sont transmis à EURONEXT PARIS S.A. par l'intermédiaire d'un adhérent. Ils doivent comporter les informations suivantes :

→ sens de l'opération (achat ou vente) ;
→ type d'options (Call ou Put) ;
→ nombre d'options et nom de l'actif sous-jacent (indice CAC 40, action *X*…) ;
→ date d'échéance et prix d'exercice ;
→ conditions de prix (*à cours limité pour la prime*) ;
→ durée de validité de l'ordre ;

→ nouvelle opération ou dénouement d'un contrat antérieur (ouverture ou clôture de position).

Exemple : sur le Monep achat de 5 *Calls* sur Axa, échéance décembre, prix d'exercice 600, prime 29, validité : jusqu'à l'ouverture de la position.

Pour un même actif sous-jacent, plusieurs prix d'exercice sont proposés. Chacun, selon l'échéance, propose plusieurs primes à valeur différente.

Chaque opérateur doit arbitrer entre les anticipations du marché et du risque encouru. Une prime *élevée* est liée à une probabilité d'exercice *forte* de l'option. Une prime *faible* est liée à une probabilité d'exercice *faible* de l'option.

Exemple chiffré n° 30 : Lecture d'une cotation et stratégie

Le 1er novembre N, un opérateur est en possession de 300 actions CANAL + achetées 150 €. Il anticipe une baisse des cours des actions et souhaite intervenir sur le MONEP. Il achète la *Tribune Desfossés* qui lui fournit les informations suivantes :

Valeurs Cours au 15/11/N	Prix de l'exercice	ACHATS					VENTES				
		Décembre			Mars	Juin	Décembre			Mars	Juin
		+ Haut	+ Bas		Der.	Der.	+ Haut	+ Bas			Der.
		Semaine		Der.			Semaine				
BIC (490)	420	42	39	42	.....	.....	12	10	10	24	.....
	470	35	30	34	.....	.....	19	18	19	.....	.....
	490	21	17	20	.....	.....	31	25	30	.....	.....
	590	10	7,5	9	19	.....	50	45	48	.....	.....
	630	5	3	4,5	11	.....	.....	.....	.....	102	.....
CANAL+ (108,50)	85,00	.....	.....	.....	.....	.....	0,2	0,2	0,2	.....	.....
	92,00	.....	.....	.....	.....	.....	2,6	2,2	2,3	2,4	.....
	108,50	5,5	5,0	5,0	9,0	.....	3,6	3,3	3,3	5,65	.....
	112,00	2,8	2,0	2,5	4,5	.....	5,0	4,2	4,5	.....	.....
	123,00	1,0	0,45	0,5	2,1	.....	7,5	6,5	6,8	.....	.....

1. *Quelles sont les stratégies offertes à cet opérateur sur le Monep ?*
2. *En définitive, il décide d'acheter des options de vente échéance décembre. Combien d'options peut-il souscrire ? A quel prix de l'exercice sera réalisée l'opération ?*
3. *Il choisit d'acheter des options de vente au prix d'exercice de 112 €, quel sera le montant de la prime ? Rédiger l'ordre.*
4. *Le prix de l'exercice est-il en dedans ou en dehors ? Décomposer cette prime.*
5. *Etablir l'équation de la valeur de l'option, de la valeur intrinsèque et de la valeur spéculative, en fonction du cours de l'action.*

1. *Quelles sont les stratégies offertes à cet opérateur ?*

Il pense que la valeur de son portefeuille va *baisser* (baisse des cours).
Pour se prémunir contre une baisse des cours, il peut :

→ **Acheter des options de vente** (acheter des *Puts*), qui lui donne le droit de vendre ses actions Canal + à un certain cours déterminé aujourd'hui. (Si ses anticipations sont exactes, il vendra ses actions au cours convenu et pourra racheter des actions Canal + moins chères ⇨ il réalisera une plus-value. Il doit verser, toutefois, une prime.)
Le choix de la date d'échéance dépend du risque qu'il veut accepter. Plus l'échéance est lointaine, plus le risque est grand de voir l'action Canal + évoluer favorablement ou défavorablement (tout comme la valeur de l'option).

→ **Vendre des options de vente** (vendre des *Puts*), s'il pense que les titres Canal + ne vont pas trop baisser. Il espère que l'acheteur de l'option n'exercera pas, il pense pouvoir conserver la prime. Cette stratégie est plus risquée que la précédente dans la mesure où les titres ont déjà beaucoup baissé entre le moment où il les a achetés et le moment où il souhaite intervenir.

2. *En définitive, il décide d'acheter des options de vente échéance décembre. Combien d'options peut-il souscrire ? A quel prix de l'exercice sera réalisée l'opération ?*

Une option sur action porte sur **10** titres, il peut donc acheter **30** options de vente $\left[\dfrac{300}{10}\right]$.

Pour le prix d'exercice, c'est à l'investisseur de choisir un prix qui lui paraît être conforme à ses anticipations. Il faut savoir que :

→ en cas de prime élevée (ici 6,8), la probabilité d'exercer l'option est forte ;

→ en cas de prime faible (ici 0,2), la probabilité d'exercer l'option est faible.

S'il veut réduire la perte déjà réalisée sur son portefeuille, on peut lui conseiller un prix d'exercice de 112,00 € et une prime de 4,50 €.

La prime versée au vendeur sera de : 4,50 × 10 × 30 = 1 350 €.

L'ordre sera le suivant : sur le MONEP achat de 30 *Puts* sur CANAL +, échéance décembre, prix d'exercice 112,00 €, prime 4,5 €, validité : jusqu'à l'ouverture de la position.

3. *Le prix de l'exercice est-il en dedans ou en dehors ? Décomposer cette prime.*

Comme il s'agit d'une option de vente, le prix d'exercice est dit « *en dedans* » (PE > Cours).

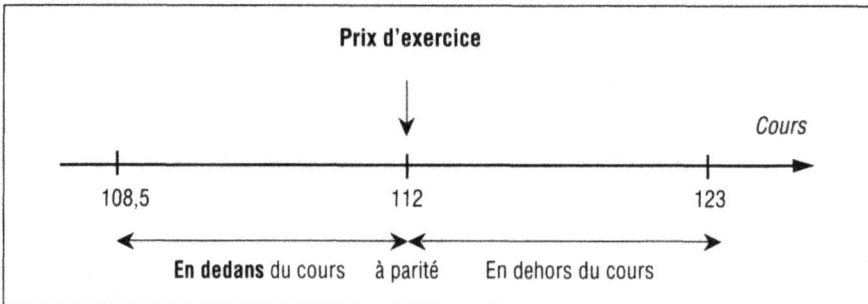

- Valeur intrinsèque :
  Prix d'exercice : .... 112,00 €
  Cours de l'actif sous-jacent : .... 108,50 €
      Valeur intrinsèque :................. 3,50 €/option

- Valeur spéculative :
  Prime (ou valeur de l'option) : .... 4,5 €
  Valeur intrinsèque : .... 3,5 €
      Valeur spéculative : .... 1 €/option

4. *Établir l'équation de la valeur de l'option, de la valeur intrinsèque et de la valeur spéculative, en fonction du cours de l'action.*

Si l'on considère que *X* est la valeur de l'option.

Nous aurons :

$$V_O = V_I + V_S$$

avec V_O = valeur de l'option (ou valeur de la prime)
V_I = valeur intrinsèque
V_S = valeur spéculative

Si $X \geq 112 \Rightarrow V_I = X - 112$
$$Vo = |X - 112| + V_S$$

Si $X < 112 \Rightarrow V_I = 0$
$$Vo = V_S$$

◆ *Arbitrage entre la vente d'une option et l'exercice d'une option*

L'acheteur d'une option peut opter soit pour la vente de son option, soit pour l'exercice de son option.

L'arbitrage se fait en fonction de la valeur intrinsèque de l'option.

→ un opérateur choisira de **vendre son option** si la valeur de la prime est supérieure à la valeur intrinsèque ;
→ un opérateur choisira **d'exercer son option** si la valeur de la prime est inférieure à la valeur intrinsèque.

En effet, l'exercice de l'option fait perdre la valeur spéculative.

Exemple : le 10 octobre N achat de 8 *Calls* sur CANAL +, échéance décembre, prix d'exercice 112, prime 4,5.
Le 23 décembre N, le cours de l'action CANAL + cote 117 €, la prime 7€ ($V_I = 5$; $V_S = 2$).

Résultat de l'opération :

1. Exercice de l'option : $[117 - (112 + 4,5)] \times 10 \times 8 = $ **40 €**.
2. Vente de l'option : $[7 - 4,5] \times 10 \times 8 = $ **200 €**.

On vérifie bien que $R_1 - R_2 = V_S \times 10 \times 8 \Rightarrow 200 - 40 = 2 \times 10 \times 8 = 160 €$

Exemples chiffrés sur les principaux contrats traités sur le Monep

Exemple chiffré n° 31 : Options sur actions

Un opérateur possède le 28 octobre un portefeuille de titres composés de 300 actions MICHELIN pour une valeur totale de 120 000 €. Vous anticipez une hausse des actions MICHELIN avant la fin décembre. Le cours de l'action cote sur le marché à règlement mensuel : 480 €.

A la séance du 28 octobre N, sur le MONEP, la cotation du titre MICHELIN est la suivante :

C	Décembre N	480	60
C	Décembre N	520	34,9
C	Décembre N	560	22
P	Décembre N	460	14
P	Décembre N	520	28
P	Décembre N	550	55

1. De quelle stratégie dispose l'opérateur ? Quel est le nombre de contrats qu'il peut souscrire ?
2. Identifier les informations qui figurent sur la cote.
3. En définitive, vous choisissez d'acheter des options d'achat, échéance décembre, au prix d'exercice de 520. Déterminer le montant de la prime.
4. Décomposer la valeur de la prime en valeur intrinsèque et valeur spéculative.
5. A la séance du 2 décembre N, le cours de l'action MICHELIN est de 580 €.
Le cours du Call échéance décembre est de 82 €.
Que pensez-vous de cette évolution ? L'option sera-t-elle réalisée ? Présenter graphiquement le résultat de cet opérateur. Calculer le résultat de cette opération.

1. De quelle stratégie dispose l'opérateur ? Quel est le nombre de contrats qu'il peut souscrire ?

Il souhaite *accroître* la valeur de son portefeuille. Il désire donc augmenter la rentabilité de son capital.

→ **Acheter des options d'achat** (acheter des *Calls*), qui lui donne le droit d'acheter ses actions MICHELIN à un certain cours déterminé aujourd'hui. (Si ses anticipations sont exactes, il achètera ses actions au cours convenu et pourra revendre ses actions MICHELIN plus cher ⇨ il réalisera une plus-value. Il doit verser, toutefois, une prime.)

→ **Vendre des options de vente** (vendre des *Puts*) s'il pense que les titres MICHELIN ne vont pas trop augmenter. Il espère que l'acheteur de l'option n'exercera pas et pense pouvoir conserver la prime. Il choisira cette stratégie s'il juge que le cours de l'action est arrivé à maturité et qu'il souhaite consolider son portefeuille.

Une option sur action porte sur **10** titres, il peut donc acheter **30** options d'achat $\left[\dfrac{300}{10}\right]$.

2. *Identifier les informations qui figurent sur la cote.*

1ʳᵉ colonne	2ᵉ colonne	3ᵉ colonne	4ᵉ colonne
Les lettres C signifient *Calls* ; Les lettres P signifient *Puts*.	Il s'agit de la date d'échéance de l'option.	Il s'agit des prix d'exercice de l'option. C'est le prix auquel *l'acheteur d'une option d'achat* peut *acheter* les titres et le prix auquel *l'acheteur de l'option de vente* peut *vendre* les titres.	Il s'agit des prix de l'option (c'est-à-dire la valeur de prime). C'est ce montant que l'acheteur de l'option devra verser au vendeur de l'option

3. *Déterminer le montant de la prime.*

La prime versée au vendeur de l'option sera de : $28 \times 10 \times 30 = \mathbf{8\,400}$ **€**.

4. *Le prix de l'exercice est-il en dedans ou en dehors ? Décomposer cette prime.*

Comme il s'agit d'une option d'achat, le prix d'exercice est dit «*en dehors*» (PE > Cours).

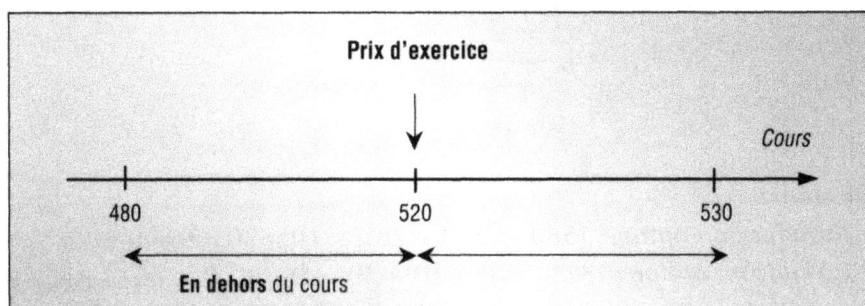

- Valeur intrinsèque :
  Cours de l'actif sous-jacent :.......... 480 €
  Prix d'exercice : .... 520 €
      Valeur intrinsèque : .... 0 €/option

- Valeur spéculative :
  Prime (ou valeur de l'option) : .... 28 €
  Valeur intrinsèque : .... 0 €
      Valeur spéculative : .... 28 €/option

5. *A la séance du 2 décembre N, le cours de l'action Michelin est de 580 €.*
   Le cours du Call échéance décembre est de 82 €.
   Que pensez-vous de cette évolution ? L'opération sera-t-elle réalisée ? Présenter graphiquement le résultat de cet opérateur. Calculer le résultat de cette opération.

Le cours du titre MICHELIN a augmenté. L'opérateur a intérêt de dénouer sa position s'il pense que le titre ne peut augmenter. (Il peut aussi attendre fin décembre pour exercer son option, mais le titre peut baisser jusqu'à cette date.)

L'opération sera donc réalisée. L'opérateur dispose de deux choix possibles :
– soit il exerce son option ;
– soit il vend son option.

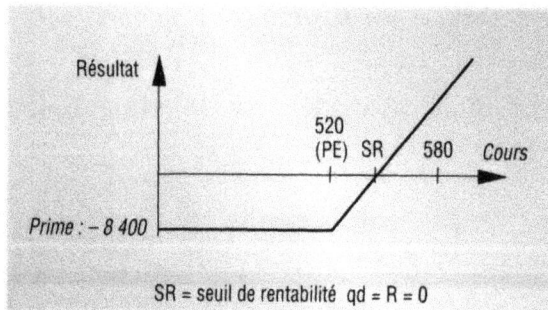

SR = seuil de rentabilité qd = R = 0

Résultat :
s'il exerce son option : [580 − (520 + 28)] × 10 × 30 = **9 600 €.**
s'il vend son option : [82 − 28)] × 10 × 30 = **16 200 €** (la vente de l'option est plus intéressante).

Exemple chiffré n° 32 : Options sur CAC 40

Une entreprise possède le 15 novembre N un portefeuille diversifié d'actions françaises cotées sur le marché à règlement mensuel d'un montant de 3 millions d'euros.

Le gestionnaire de cette entreprise anticipe une baisse de l'indice CAC 40 et souhaite se prémunir en intervenant sur le MONEP.

A cette date, le gestionnaire réalise le contrat suivant : opération optionnelle sur indice CAC 40, échéance décembre, prix d'exercice 2 890, prime 22.

Le gestionnaire dénoue son opération le 28 décembre. Le CAC cote 2 500.

1. *De quelle stratégie dispose l'opérateur ? Quel est le nombre de contrats d'options qu'il peut souscrire ?*
2. *Calculer le montant de la prime.*
3. *Calculer le résultat global sur le MONEP de l'opération à la date du dénouement s'il choisit d'acheter des options de vente.*
4. *Représenter graphiquement le résultat obtenu en fonction de la valeur de l'indice CAC 40.*
5. *Estimer la perte subie par le portefeuille, conclure.*

1. *De quelle stratégie dispose l'opérateur ? Quel est le nombre de contrats d'options qu'il peut souscrire ?*

Il souhaite *se protéger contre la baisse* de la valeur de son portefeuille.

- **Acheter des options de vente** (acheter des *Puts*), qui lui donne le droit de vendre à un certain cours déterminé aujourd'hui. Il doit verser, toutefois, une prime.
- **Vendre des options d'achat** (vendre des *Calls*) s'il pense que l'indice CAC 40 ne va pas trop augmenter. Il espère que l'acheteur de l'option n'exercera pas et pense pouvoir conserver la prime.

Valeur du contrat : $2\,890 \times 1 = 2\,890$ €.

Il peut donc acheter : $\dfrac{3\,000\,000}{2\,890} \approx 1\,038$ options d'achat.

2. *Calculer le montant de la prime.*

La prime versée au vendeur de l'option sera de : $22 \times 1 \times 1\,038 = \mathbf{22\,836}$ **€**.

3. *Calculer le résultat global sur le MONEP de l'opération à la date du dénouement.*

L'indice CAC 40 a baissé, donc il exerce son option, il réalise un gain.

Le résultat = $[(2\,890 - 22) - 2\,500] \times 1 \times 1\,038 = \mathbf{381\,894}$ **€.**

4. *Représenter graphiquement le résultat obtenu en fonction de la valeur de l'indice CAC 40.*

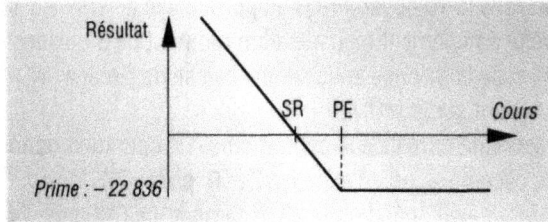

5. *Estimer la perte subie par le portefeuille, conclure.*

La nouvelle valeur du portefeuille peut-être, approximativement, estimée à :

$$3\,000\,000 \times \frac{2\,500}{2\,890} = 2\,595\,155 \Rightarrow \text{perte sur le portefeuille : } 404\,845\ \text{€},$$

somme qui est à peu près compensée par le gain réalisé sur le MONEP.

Exemple chiffré n° 33 : Options sur l'euro notionnel (contrat négocié sur le MATIF)

Le trésorier d'une entreprise prévoit le 1er novembre prochain une rentrée de fonds pour le 15 février prochain. Il envisage alors de constituer un portefeuille d'obligations de 10 000 obligations à taux fixe, de valeur nominale de 500 €.
Le 1er novembre, les obligations qu'il souhaite acquérir sont cotées 550 € et l'emprunt notionnel cote : 103,56.
A la même date du 1er novembre, il relève les cotes suivantes :
• options d'achat, échéance Mars N + 1 : 102,5 ; prime 2,1
• options de vente, échéance Mars N + 1 : 100,8 ; prime 1,91

1. *Quel est le risque attaché à cette opération ?*
2. *Quelles sont les possibilités d'intervention qui lui sont offertes ?*
3. *Quelle position doit-il prendre ? Quel est le nombre de contrats qu'il doit souscrire ? Quel est le montant de la prime versée au vendeur ?*
4. *Le 15 février, le trésorier observe le cours des options de l'emprunt notionnel et vous consulte sur la décision à prendre. Que lui conseillez-vous dans les cas de figure suivants :*
   Le 15 février le cours du notionnel cote 100,5 échéance mars, prime 2,6, que faites-vous ? Quel est le résultat de l'opération ?
   Le 15 février le cours du notionnel cote 114,2 échéance mars, prime 3,6, que faites-vous ? Quel est le résultat de l'opération ?

1. *Quel est le risque attaché à cette opération ?*

L'opérateur craint *une hausse des cours des obligations* (il pense qu'il va payer plus cher), donc *une baisse des taux d'intérêt*.

2. *Quelles sont les possibilités d'intervention qui lui sont offertes ?*

Il peut intervenir sur le MATIF.

→ Soit par des contrats à terme (contrat futures) ;
→ Soit par des contrats à options sur emprunt notionnel. Il achètera des *Calls* (options d'achat), ce qui lui permettra d'envisager avec prudence l'augmentation des taux d'intérêt à long terme.

Il fixe au 1er novembre le cours d'achat du notionnel, qui correspond à un certain taux d'intérêt (pour un cours de 103,56 le taux correspondant est de 9,435 %).

3. *Quelle position doit-il prendre ? Quel est le nombre de contrats qu'il doit souscrire ? Quel est le montant de la prime versée au vendeur ?*

- pour se protéger contre une hausse des cours, il doit *acheter des Calls ;*
- nombre de contrats : $\dfrac{10\,000 \times 500}{10\,000} = \textbf{50 contrats}$;

- il verse une prime de : $100\,000 \times 2,1\,\% \times 50 = \textbf{105\,000 €}$.

Le 15 février, le trésorier observe le cours des options de l'emprunt notionnel et vous consulte sur la décision à prendre. Que lui conseillez-vous dans les cas de figure suivants :

Le 15 février le cours du notionnel cote 100,5 échéance mars, prime 2,4, que faites-vous ? Quel est le résultat de l'opération ?

Si le cours du notionnel a baissé, cela signifie que les taux d'intérêt ont augmenté (en effet, à un cours de 100,5 correspond un taux d'intérêt de 9,919 %).

L'opérateur n'exerce pas l'option (il abandonne l'option), mais il perd la prime, soit 105 000 €.

Toutefois, il pourra acheter des obligations à un cours inférieur :

- le 1er novembre le cours = 103,56 ⇨ 550 × 1,0356 = 569,58 €
obligation ;
- le 15 février le cours = 100,5 ⇨ 550 × 1,005 = 552,75 €/obligation ;
- *coût* : (552,75 × 10 000) + 105 000 = 5 632 500 €.

Le 15 février le cours du notionnel cote 114,2 échéance mars, prime 3,6, que faites-vous ? Quel est le résultat de l'opération ?

Si le cours du notionnel a augmenté, cela signifie que les taux d'intérêt ont baissé (en effet, à un cours de 114,2 correspond un taux d'intérêt de 7,894 %).

L'opérateur exerce ou vend l'option puisque le prix des obligations est plus cher.

- s'il exerce son option : $\left[\dfrac{114,2 - 102,5}{100} \times 100\,000 \times 50 \right] - 105\,000$

$$= 480\,000 \text{ €} ;$$

- s'il vend son option : $\dfrac{3,6 - 2,1}{100} \times 100\,000 \times 50 = 75\,000 \text{ €}.$

Il pourra donc, en dénouant sa position, acheter des obligations à un cours inférieur :

- le 15 février le cours = 114,2 ⇨ 550 × 1,142 = 628,10 €/obligation ;
- cours du contrat négocié sur le MATIF : 102,5 ⇨ 550 × 1,025 = 563,75 €/obligation ;
- *coût* : (563,75 × 10 000) + 105 000 = 5 742 500 €.
- s'il n'était pas intervenu sur le MATIF, il aurait payé : (550 × 1,142 × 10 000) = 6 281 000 €.

Exemple chiffré n° 34 : Options sur l'euribor 3 mois (contrat négocié sur le Matif)

Le trésorier d'une entreprise dispose de 5 000 000 € pendant trois mois (1er octobre-31 décembre). Vous anticipez une hausse des taux d'intérêt à court terme dans les trois mois.

Actuellement, le taux EURIBOR 3 mois est de 5,45 %.

A la même date du 1er octobre, il relève les cotes suivantes :
- options d'achat, échéance décembre : 93,7 ; prime 0,15 ;
- options de vente, échéance décembre : 94,3 ; prime 0,25.

1. Quel est le risque attaché à cette opération ?

2. *Quelle position doit-il prendre ? Quel est le nombre de contrats qu'il doit souscrire ? Quel est le montant de la prime versée au vendeur ?*
3. *Le 31 décembre le cours du EURIBOR 3 mois cote 91,55, et l'option cote 0,89, que faites-vous ? Quel est le résultat de l'opération ?*
4. *Le 31 décembre le cours du EURIBOR 3 mois cote 94,8, et l'option cote 1,21, que faites-vous ? Quel est le résultat de l'opération ?*

1. *Quel est le risque attaché à cette opération ?*

L'opérateur craint *une baisse des taux d'intérêt à court terme*. Ce qui ne lui permettrait pas de faire fructifier son capital pendant trois mois ⇨ baisse de gains futurs.

2. *Quelle position doit-il prendre ? Quel est le nombre de contrats qu'il doit souscrire ? Quel est le montant de la prime versée au vendeur ?*

- pour se protéger contre une baisse des taux, il doit *acheter des Puts* ;
- nombre de contrats : $\dfrac{5\,000\,000}{1\,000\,000}$ = **5 contrats** ;
- il verse une prime de : $1\,000\,000 \times 5 \times 0,25\,\% \times \dfrac{90}{360}$ = **3 125 €**.

3. *Le 31 décembre le cours du EURIBOR 3 mois cote 91,55, et l'option cote 0,89, que faites-vous ? Quel est le résultat de l'opération ?*

Le cours du EURIBOR le jour de la négociation = 5,45 % ⇨ ce qui correspond à un cours de $100 - 5,45 = 94,55$.

Au 31 décembre, le cours du EURIBOR a chuté, l'opérateur a donc le choix entre exercer son option ou vendre son option.

- s'il exerce son option : $\left[\dfrac{94,55 - 91,55}{100} \times 1\,000\,000 \times 5 \times \dfrac{90}{360}\right] - 3\,125 =$ **34 375 €**.
- s'il vend son option : $\left[\dfrac{0,89 - 0,25}{100} \times 1\,000\,000 \times \dfrac{90}{360} \times 5\right] =$ **8 000 €**.

4. *Le 31 décembre le cours du EURIBOR 3 mois cote 94,8, et l'option cote 1,21, que faites-vous ? Quel est le résultat de l'opération ?*

Au 31 décembre, le cours de l'EURIBOR 3 mois augmenté, l'opérateur abandonne son option. La prime est perdue.

Exemple chiffré n° 35 : Options de change (contrat négocié de gré à gré entre établissements financiers)

> Le trésorier d'une entreprise doit acheter dans trois mois des matières premières d'une valeur de 157 000 € qu'il doit payer en dollars.
> Il passe un contrat d'option dans les conditions suivantes :
> • nominal du contrat : 100 000 dollars ;
> • prix d'exercice : 0,86 € ;
> • prime : 0,5 % de la valeur du contrat ;
> • option à l'européenne.
> Le cours du dollar sur la place de Paris se négocie à 0,83 €.
>
> *1. Quel est le risque attaché à cette opération ?*
> *2. Quelle position doit-il prendre ? Quel est le nombre de contrats qu'il doit souscrire ? Quel est le montant de la prime versée au vendeur ?*
> *3. Le 31 décembre le cours du dollar cote 0,885 €, que faites-vous ? Quel est le résultat de l'opération ?*
> *4. Le 31 décembre le cours du cote 0,8254 €, que faites-vous ? Quel est le résultat de l'opération ?*

1. *Quel est le risque attaché à cette opération ?*

L'opérateur craint *une hausse du dollar.*

2. *Quelle position doit-il prendre ? Quel est le nombre de contrats qu'il doit souscrire ? Quel est le montant de la prime versée au vendeur ?*

Pour se couvrir contre une hausse du dollar, il doit acheter des *Calls* dollars contre des *Calls* euros.

- nombre de contrats (options de change) : $\dfrac{157\,000}{100\,000 \times 0,86} \approx$ **2 contrats** ;

- il verse une prime de : $100\,000 \times 0,5\,\% \times 2 \times (0,83) =$ **680 €.**

> Il faut prendre le cours du dollar sur le marché des changes et non le prix de l'exercice

3. *Le 31 décembre le cours du dollar cote 0,885 , que faites-vous ?*
   Quel est le résultat de l'opération ?

Dans ce cas, le risque se réalise (le dollar c'est apprécié). L'opérateur exerce son option. C'est-à-dire qu'il va acheter les dollars 0,86 € et les revendre 0,885 €.

Perte évitée : $[(0,885 - 0,86)\ 100\,000 \times 2] - 680 = 4\,320$ €.

Coût total : $157\,000\ \$ \times 0,86 + 680 = 135\,700$ €.

A défaut de couverture, il aurait supporté un coût de : $157\,000\ \$ \times 0,885 = 138\,945$ €.

4. *Le 31 décembre le cours du dollar cote 0,8254 €, que faites-vous ?*
   Quel est le résultat de l'opération ?

Dans ce cas, le risque ne se réalise pas. L'entreprise ne lève pas l'option. Elle achète des dollars sur le marché au comptant à 0,8254 €, mais elle perd la prime.

Achat des dollars sur le marché au comptant :

157 000 $ × 0,8254 .. =	129 587,80	
Prime perdue : .... =	+ 680,00	
Coût total : .... =	*130 267,80 €*	

3.3. Les opérations complexes

Les risques sur les actions peuvent être réduits par l'intermédiaire de produits plus complexes :

- les options combinées ;
- les warrants.

3.3.1. Principes

Il s'agit d'opérations combinées visant à réduire les risques et le versement de primes.

On distingue, parmi les propositions multiples :

① **les stellages** (ou straddle) qui consiste à acheter un call et un put de même prix d'exercice et sur la même échéance.

L'acheteur d'un stellage anticipe une forte volatilité du titre.

La perte maximale correspond à la somme des primes payées. Les gains seront obtenus dès que la valeur de l'action :

- supérieur au prix de l'exercice + perte ;
- inférieur au prix de l'exercice – perte.

Courbe de résultat de l'acheteur d'un straddle à l'échéance :

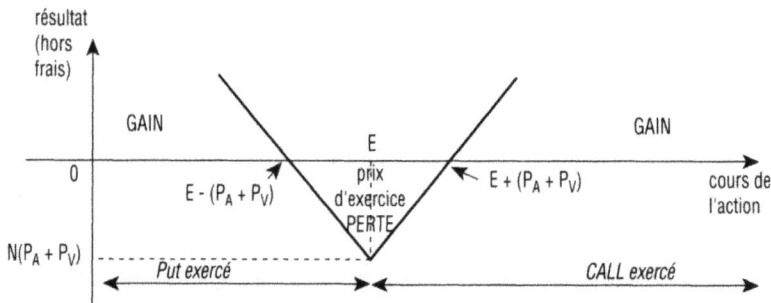

La perte maximale, hors frais de transaction, correspond à l'abandon des primes. (Cours du sous-jacent = prix d'exercice).

Soit : $\boxed{N (PA + Pv)}$

avec N = quotité de négociation ;
PA = cours d'achat de l'option d'achat ;
Pv = cours d'achat de l'option de vente.

Gain maximum, hors frais de transaction, si put exercé : $[E - (P_A + P_V)]\,N$
☞ Cours de l'action sous-jacente tombant à zéro.

Gain maximum, hors frais de transaction, si call exercé : théoriquement illimité.
☞ Cours de l'action sous-jacente grimpant à des niveaux très élevés.

② **les Strangle** : Il s'agit de l'achat d'un call et d'un put sur la même échéance, mais à des prix d'exercice très différents (prix en dehors des cours pour le put et en dedans pour le call).

Pour qu'une telle stratégie soit gagnante, il faut qu'une **très forte variation des** cours du sous-jacent se produise (à la hausse ou à la baisse).

Courbe de résultat de l'acheteur d'un strangle à l'échéance :

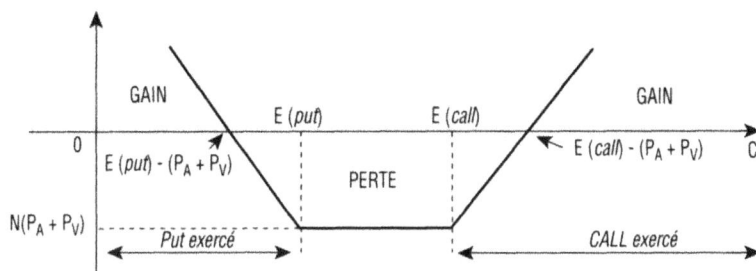

La perte maximale, hors trais de transaction, correspond à l'abandon des primes. (Cours du sous-jacent situé entre le prix d'exercice du put et le prix d'exercice du call.).

Soit : $\boxed{\mathbf{N\,(P_A + P_V)}}$

    avec N = quotité de négociation ;
    PA = cours d'achat de l'option d'achat ;
    Pv = cours d'achat de l'option de vente.

Gain maximum, hors frais de transaction, si put exercé : $[E\ (put) - (P_A + P_V)]\ N$
☞ Cours de l'action sous-jacente tombant à zéro.

Gain maximum, hors frais de transaction, si *call* exercé : théoriquement illimité.
☞ Cours de l'action sous-jacente grimpant à des niveaux très élevés.

③ **les butterfly** : Il s'agit de <u>vendre</u> 2 call sur la même échéance à un prix d'exercice moyen et <u>d'acheter</u> 2 call à des prix d'exercice très différents (un très faible et l'autre très élevé).
Pour qu'une telle stratégie soit gagnante, il faut qu'une **très faible variation des** cours du sous-jacent se produise.
Le gain ne peut-être obtenu que par l'encaissement de la prime.

④ **les spread :** Il s'agit de <u>combiner</u> des call et des put en jouant sur les échéance et/ou sur les prix d'exercice.

3.3.2. Applications

3.3.2.1. Le straddle

Le directeur financier de la société FLUCTIMO désire accroître la rentabilité de son portefeuille composé de 100 actions PSA. Il décide d'intervenir sur le MONEP en mettant en place un *straddle* sur PSA.

1. Expliquer le principe de ce montage, ainsi que l'objectif poursuivi.
2. Sachant que l'on se situe à la fin du mois de mars, et que le *straddle* porte sur l'intégralité de la ligne détenue en portefeuille, donner les caractéristiques de celui-ci compte tenu d'un prix d'exercice de 168 €, d'un cours du *call* de 17 € et d'un cours du *put* de 13 €.
3. Faire un schéma de la courbe de résultat correspondante
4. Faire une simulation à l'échéance avec un cours du sous-jacent à 150 €. Chiffrer le solde de l'opération pour FLUCTIMO en cas de liquidation de la ligne de portefeuille (coût de revient de la ligne PSA = 5 560 €).

Réponses

1. Le *straddle* consiste à acheter simultanément un *call* et un *put* au même prix d'exercice et sur la même échéance. L'acheteur de *straddles* anticipe une forte volatilité du cours du sous-jacent aussi bien à la hausse qu'à la baisse (pas de préjugé quant au sens de cette volatilité).
2. L'objectif est **de spéculer** sur un titre, qu'il monte ou qu'il baisse.
3. *Straddle* portant sur l'intégralité de la ligne détenue en portefeuille soit 100 titres, il devra :
   – achat de 10 *calls* et de 10 *put* PSA (chaque option porte sur 10 titres) au prix d'exercice de 168 €, échéance septembre.
   – PA = cours d'achat de l'option d'achat ;
   – Pv = cours d'achat de l'option de vente.

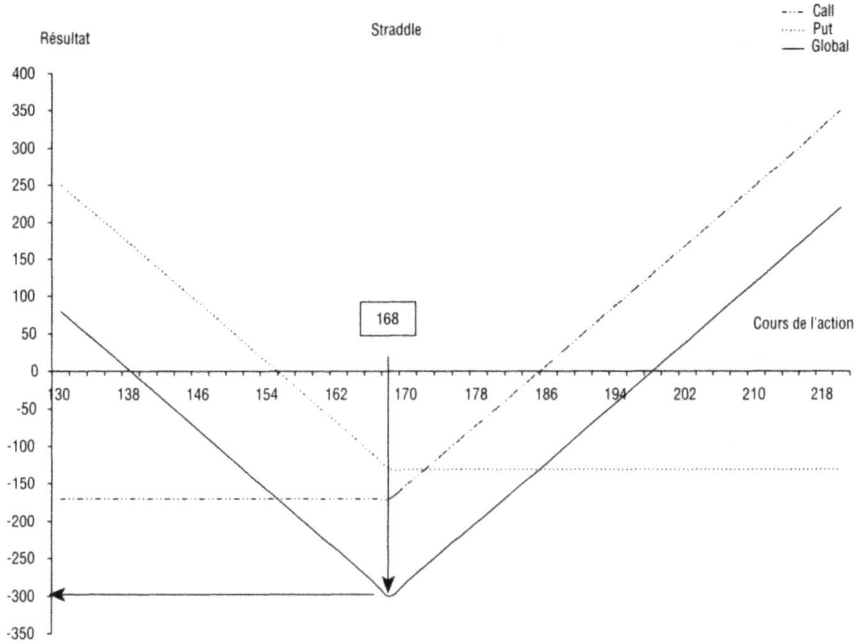

4. Exercice des puts à l'échéance – résultat net (hors frais de transaction)
$$[(168 - 150) \times 10 \times 10 - [(17 + 13) \times 10 \times 10 = 1\,800 - 3\,000 = -\,\mathbf{1\,200}\,\text{€}\ (\text{perte}).$$

• FLUCTIMO optant pour la liquidation de sa ligne de portefeuille, le
solde de l'opération après livraison des titres PSA détenus en porte-
feuille $(168 \times 10 \times 10) - 5\,560 - 3\,000 = \mathbf{8\,240}\,\text{€}$ (plus-value nette
après prise en compte des primes payées).

3.3.2.2. Le strangle

Le directeur financier de la société HISSEO désire accroître la rentabilité de son portefeuille composé de 100 actions PSA. Il décide d'intervenir sur le MONEP en mettant en place un *strangle* sur PSA.

1. Expliquer le principe de ce montage, ainsi que l'objectif poursuivi.
2. Sachant que l'on se situe à la fin du mois de mars, et que le
strangle porte sur l'intégralité de la ligne détenue en portefeuille,
donner les caractéristiques de celui-ci compte tenu
– d'un prix d'exercice de 168 € d'un cours du *call* de 17 €

– d'un prix d'exercice de 160 € d'un cours du *put* de 13 €.

3. Faire un schéma de la courbe de résultat correspondante

Réponses

1. Le *strangle* consiste à acheter simultanément un *call* et un *put* de prix d'exercice différent mais sur la même échéance. L'acheteur de *strangle* anticipe une forte volatilité du cours du sous-jacent aussi bien à la hausse qu'à la baisse (pas de préjugé quant au sens de cette volatilité).

2. L'objectif est **de spéculer** sur un titre, qu'il monte ou qu'il baisse.

3. *Le strangle* portant sur l'intégralité de la ligne détenue en portefeuille soit 100 titres, il devra (chaque option porte sur 10 titres). :
   – achat de 10 *calls* PSA au prix d'exercice de 168 €, échéance septembre ;
   – achat de 10 *put* PSA au prix d'exercice de 160 €, échéance septembre ;
   – PA = cours d'achat de l'option d'achat ;
   – Pv = cours d'achat de l'option de vente.

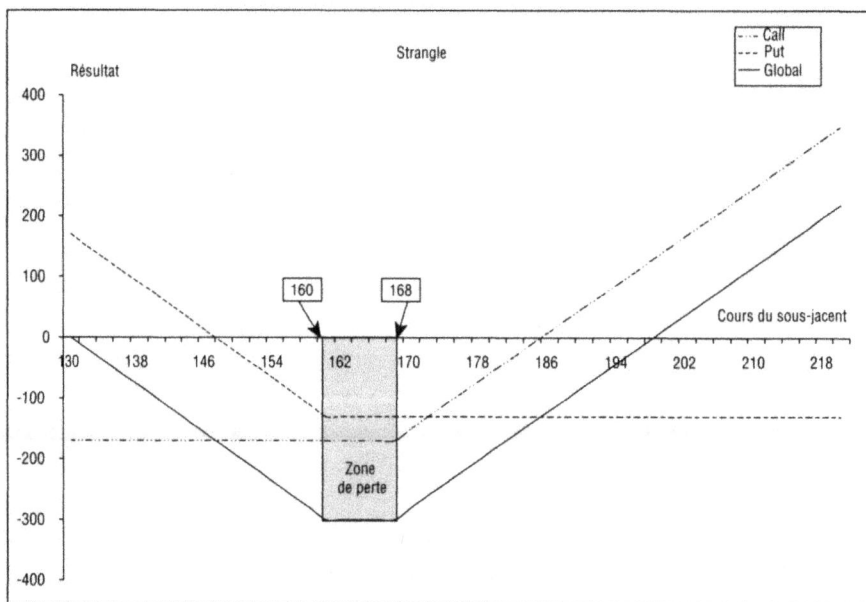

3.3.2.3. Le buterfly

Le directeur financier de la société Hisseo désire accroître la rentabilité de son portefeuille composé de 100 actions PSA. Il décide d'intervenir sur le MONEP en mettant en place un buterfly sur PSA.

1. Expliquer le principe de ce montage, ainsi que l'objectif poursuivi.
2. Sachant que l'on se situe à la fin du mois de mars, et que le *buterfly* porte sur l'intégralité de la ligne détenue en portefeuille, donner les caractéristiques de celui-ci compte tenu
   - d'un prix d'exercice de 720 € d'un cours du *call* de 45 € ;
   - d'un prix d'exercice de 880 € d'un cours du *call* de 4 € ;
   - d'un prix d'exercice de 800 € d'un cours du *call* de 20 €.
1. Faire un schéma de la courbe de résultat correspondante.

Réponses

---

1. Le *buterfly* consiste à vendre simultanément 2 *call* et d'acheter un *call* de prix d'exercice différent mais sur la même échéance. L'acheteur de *buterfly* anticipe une faible volatilité du cours du sous-jacent aussi bien à la hausse qu'à la baisse (pas de préjugé quant au sens de cette volatilité).
2. L'objectif est **de spéculer** sur un titre, qui reste stable.
3. *Le buterfly* portant sur l'intégralité de la ligne détenue en portefeuille soit 100 titres, il devra (chaque option porte sur 10 titres). :
   - vente de 20 *calls* PSA au prix d'exercice de 800 €, échéance septembre ;
   - achat de 10 *put* PSA au prix d'exercice de 720 € et 10 put PSA au prix d'exercice de 880, échéance septembre ;
   - PA = cours d'achat de l'option d'achat.

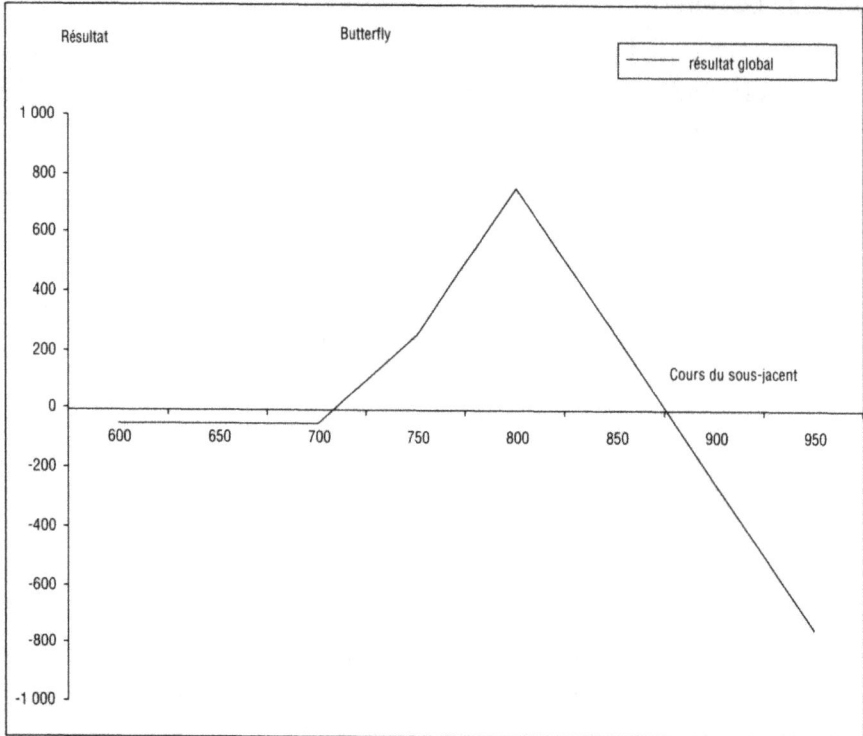

3.4. Les nouveaux produits dérivés

Le développement de la <u>liquidité</u> sur les marchés d'actions et d'obligations a incité les établissements financiers à émettre des bons d'acquisition permettant de faire l'acquisition de titres financiers existants indépendamment des opérations financières de la société concernée.

Sauf exception, les **warrants** ne concernent que les investisseurs entre eux et ne permettent donc pas le financement de l'entreprise. Ces bons (également cotés) sont fréquemment appelés <u>warrants</u> ou, plus précisément en franglais, <u>covered warrants</u> (warrants couverts) car, dès l'émission, l'établissement financier se couvre en rachetant des titres sur le marché. L'imagination est sans limites, certains n'ayant pas hésité à lancer des warrants sur un panier de valeurs mobilières existantes : ainsi, un warrant sur panier d'actions permet de faire l'acquisition durant une période donnée d'un lot d'actions différentes dans une proportion et à un prix fixé d'avance.

D'un point de vue conceptuel, un bon est assimilable à une <u>option</u> d'achat (call) vendue par une société sur des actions à émettre ou existantes. Le prix d'exercice de cette option est le prix auquel le détenteur du bon peut acheter le titre financier correspondant et l'échéance de l'option est celle du bon.

Un *warrant* est un produit dérivé intermédiaire entre le bon de souscription et l'option négociable sur le MONEP. Il n'est pas émis par une société, mais par un établissement financier qui en assure la diffusion, la cotation (en Bourse) et la liquidité.

La possession d'un *warrant* donne le droit d'acheter ou de vendre un produit sous-jacent ou support, à un prix fixé et jusqu'à une date donnée.

L'achat d'un *warrant* doit nécessairement précéder sa vente : à la différence de l'option, il est impossible de vendre un *warrant* en opération initiale (vente à découvert) pour le racheter ultérieurement.

À l'heure actuelle, les *warrants* sont émis principalement par les établissements financiers suivants : CITIBANK, SOCIÉTÉ GÉNÉRALE, CRÉDIT LYONNAIS.

Par exemple, il faut savoir que si vous achetez un Warrant émis par le groupe Société Générale, alors c'est à lui que vous l'achetez, c'est lui qui vous le rachètera (le cas échéant), c'est lui qui vous vendra (achètera) le support dans le cas d'un call (put) si vous exercez votre droit à l'échéance.

Attention, un warrant n'est pas un contrat portant sur un actif financier – comme dans le cas d'une option négociable – **mais un titre, une valeur mobilière, à laquelle est attaché ce droit**. La distinction est importante : on peut seulement acheter puis revendre un warrant.

Cette remarque est importante car elle prive l'investisseur d'un grand nombre de possibilités.

Un Warrant peut porter sur différents types de support : Actions, Indices, Paniers, Monnaies…

Il existe donc des *warrants* portant sur : actions, indices boursiers, paniers d'actions, devises ou taux d'intérêt.

3.4.1. Les warrants sur actions

3.4.1.1. Définition

Un *warrant* sur action permet d'obtenir un droit d'achat *(call warrant)* *ou* de vente *(put warrant)* sur une action jusqu'à l'échéance.

L'établissement financier doit obtenir l'accord de la société pour émettre un *warrant* ayant pour support l'action de la société. Ceci explique que les *puts warrants* sur actions sont beaucoup plus rares que les *calls warrants* car ils induisent une spéculation à la baisse du titre qui peut constituer une publicité fâcheuse pour la société concernée.

3.4.1.2. Exercice des warrants

Exercer un *call warrant* revient ainsi à acheter l'action sous-jacente au prix d'exercice. Cette action sera vendue par l'émetteur du *warrant* (l'établissement financier).

Contrairement au bon de souscription, l'exercice ne donne pas lieu à la création d'un nouveau titre : l'action livrée par l'établissement financier émetteur du *warrant* ayant été préalablement acquise sur le marché.

Au gré de l'émetteur, cette livraison de titres peut être remplacée par le paiement du différentiel (compensation financière).

« Exercer » un Warrant signifie donc appliquer son droit d'acheter ou de vendre le support.

Ainsi exercer un Call Warrant consiste à acheter le sous-jacent au prix d'exercice à l'échéance.

Evidemment, si le cours du sous-jacent est inférieur au prix d'exercice (strike), l'acheteur d'un Call n'exercera pas son droit.

Exemple

> Prenons le cas d'un Call Warrant Renault au prix d'exercice de 45 euros. Si vous choisissez d'exercer ce Warrant, vous devenez acheteur de l'action Renault au cours de 45 euros.

Deux solutions s'offrent alors à vous :

- Soit l'émetteur vous vend effectivement l'action à 45 euros,
- soit il vous donne l'équivalent du bénéfice de l'opération (ex : si l'action Renault côte 50 euros sur le marché, vous recevez 5 euros).

Contrairement au bon de souscription, l'exercice ne donne pas lieu à la création d'un nouveau titre, l'action livrée par l'émetteur ayant été préalablement acquise sur le marché.

3.4.1.3. Négociabilité des warrants

Les *warrants* sont négociables en Bourse et peuvent donc être achetés ou vendus à tout moment. La plupart des *warrants* se dénouent par une revente (fort peu sont exercés). Un *warrant* est négociable jusqu'au sixième jour de Bourse précédant son échéance (ou date de maturité). Au-delà de l'échéance, le *warrant* disparaît.

Il existe deux grandes familles de Warrants :

- les Warrants de type américain ;
- les Warrants de type européen.

Aussi un Warrant de type américain peut se voir exercé à n'importe quel moment jusqu'à la date de maturité alors qu'un Warrant de type européen ne peut être exercé qu'uniquement à la date de maturité.

① La quotité de négociation est la quantité minimale de Warrants qu'il faut pour traiter en bourse (100, 1 000 ou 10 000 warrants).

② La parité est le nombre de Warrants nécessaire pour faire valoir un droit d'exercice sur un seul support : il est souvent nécessaire de détenir 10 *warrants* pour obtenir une action

③ La quotité d'exercice est le nombre de Warrants qu'il faut détenir pour être en droit d'exercer (le plus souvent *100 ou 1 000 warrants*).
Par exemple, il est fréquent de devoir posséder 100 Warrants pour exercer son droit à une action.
La notion de parité à permis d'augmenter le nombre de titres échangés sur le marché et par conséquent augmente la liquidité du titre.

④ L'échéance correspond à la date d'expiration du Warrant. Après cette date, le droit attaché au Warrant n'est plus valable.

Conseils : Mieux vaut ne pas se positionner sur des Warrants à échéance très proche car ils perdent rapidement de la valeur.

Les Warrants sont cotés en permanence aux heures d'ouverture de la bourse de Paris : ils ont donc un prix qui varie avec le temps.

Ce prix également appelé «Prime» ou «Premium» se découpe en deux : la valeur Intrinsèque et la valeur Temps.

La valeur intrinsèque est la plus simple à assimiler car elle correspond au profit réalisé en cas d'exercice immédiat du Warrant (le cas échéant).

Valeur Intrinsèque = Cours actuel – Prix d'exercice dans le cas d'un call Warrant.

Souvent, la valeur intrinsèque est nulle (cf. cas de l'action moins chère que le prix d'exercice du warrant). Néanmoins, le Warrant côte toujours plus que zéro : cette côte correspond à ce que l'on appelle la Valeur Temps.

Valeur Temps = Prix d'exercice – Cours actuel dans le cas d'un put Warrant. La valeur temps reflète le potentiel espéré par le marché sur le support du Warrant.

Cette valeur est modélisée à l'aide d'outils mathématiques sophistiqués. L'exercice devant rapporter à échéance au moins autant que le prix du Warrant.

D'où Prime = Valeur Intrinsèque + Valeur Temps

La volatilité mesure l'amplitude de variation du cours du support. C'est une donnée statistique qui permet de savoir, à partir d'un historique, si le cours du support a subit de forte variation à la hausse ou à la baisse. Elle mesure en quelque sorte l'incertitude sur l'avenir du cours du sous-jacent. En effet, plus la volatilité augmente et plus on a de chances de voir les cours du support subir une forte hausse ou une forte baisse.

3.4.1.4. Exercice et stratégie des warrants

- **CAS DU CALL**

| Achat d'un call Warrant | → | Permet de profiter d'une hausse de l'actif sous-jacent en limitant le risque de baisse au montant du warrant |

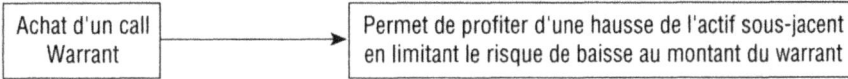

Si je possède un Call et que le cours du support augmente sensiblement alors la valeur de mon Call augmentera également. A l'inverse, quelle que soit la baisse du cours du support, je ne perdrai jamais plus que le prix initial de mes options.

- **CAS DU PUT**

| Achat d'un put Warrant | → | Permet de profiter d'une baisse de l'actif sous-jacent en limitant le risque de hausse au montant du warrant |

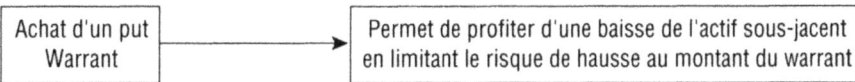

Si je possède un Put et que le cours du support diminue sensiblement alors la valeur de mon Put augmentera également. A l'inverse, quelle que soit la hausse du cours du support, je ne perdrai jamais plus que le prix initial de mes options.

On comprend donc que :

- la volatilité est un facteur déterminant du prix d'un Warrant ;
- le prix d'un Warrant est une valeur croissante de la volatilité.

Il existe deux types de volatilité :

La volatilité historique est un indice exprimé en pourcentage qui s'appuie sur le relevé statistique des variations passées du cours du support.

La volatilité implicite est basée sur des anticipations des marchés financiers sur l'évolution future du cours du support.

Vous trouverez souvent, accompagné à la définition d'un Warrant, un certain nombre d'indicateurs (delta, élasticité, thêta…). Ceux-ci sont censés vous aider à choisir le Warrant le mieux adapté à votre stratégie de trading.

Définition Delta :

Le delta mesure la sensibilité de votre Warrant par rapport à son support. Il permet de connaître la variation du prix du Warrant lorsque son support évolue de 1 euro.

Delta s'exprime en pourcentage et s'analyse pour un Call Warrant de la sorte :

- delta = 50 % si le cours du support est égal au prix d'exercice. On dit que le Warrant est à la monnaie.
- delta < 50 % si le cours du support est inférieur au prix d'exercice. On dit que le Warrant est en dehors de la monnaie.
- delta > 50 % si le cours du support est supérieur au prix d'exercice. On dit que le Warrant est dans la monnaie.

Exemple :

Cas d'un Call Warrant France Télécom au prix d'exercice de 200 euros.
Si le cours de France Telecom est de 200 euros alors le Call aura un delta proche de 50 %.
Soit 10 euros le prix du Warrant, si le cours de l'action France Telecom varie de +1 euro, alors le prix du Warrant passe à 10,5 euros (= 10 + 50% x 1).

Cas du Put : Dans le cas du Put, on applique le même raisonnement avec un delta négatif.

3.4.1.5. Avantages et risques des warrants sur actions

Un *warrant* permet de «jouer» un titre avec un fort effet de levier (variations beaucoup plus amples que celles du support). Bien que cet effet de levier puisse fonctionner dans les deux sens (favorablement ou défavorablement pour l'opérateur), le risque est limité au montant du *warrant* (+ perte maximale).

D'autre part, par rapport à l'achat direct du titre, l'achat du *warrant* réduit l'immobilisation de trésorerie.

Cependant, en cas d'évolution favorable des cours du support, l'acheteur du *warrant (call ou put)* diminue son profit du montant du *warrant,* tandis que l'acheteur ou le vendeur du support en profite pleinement.

Exemple de stratégie possible : Lorsqu'une ligne d'actions a beaucoup progressé, il peut être intéressant de prendre ses bénéfices en liquidant cette ligne et, simultanément, d'acheter des « caps warrants » portant sur ce support. Ceci permet de limiter les risques et de dégager une trésorerie disponible.

3.4.2. Les autres types de warrants

Les warrants sur indice est le même système : le warrant donne le droit d'acheter (call warrant) ou de vendre (put warrant) l'indice à un prix fixé jusqu'à l'échéance. Toutefois, comme un indice est un produit plus abstrait, on convient de donner une valeur au point d'indice. Le prix d'exercice du warrant est établi en points d'indice, donc en euro. On peut également fixer un prix d'exercice en devise pour un indice étranger, par exemple en dollars pour un indice américain.

Les warrants sur les paniers d'actions sont une sélection de titres aux caractéristiques communes (secteur d'activité, type de valeurs,…) que l'on associe, dans certaines proportions, pour constituer un panier. Le warrant porte alors sur ce panier.

Les warrant sur devises donne le droit d'acheter (call) ou de vendre (put) une devise contre une autre. Ainsi, un call warrant EUR/USD[1] permet d'acheter l'euro contre le dollar, au prix d'exercice. Pour les warrants sur taux d'intérêt, le droit d'acheter (call) ou de vendre (put) portera sur une obligation ou un contrat notionnel Matif.

3.5. Les certificats

Lancés en France il y a environ quatre ans, les certificats envahissent aujourd'hui la cote…

Précisément, il s'agit d'une valeur mobilière cotée à la bourse de Paris, dont le cours réplique à tout moment la valeur d'un indice boursier ou d'un panier d'actions sous jacent représentatif d'un secteur d'activité.

---

1. Un Put warrant USD/EUR permet de vendre de l'USD contre euro.

C'est un titre émis par un établissement financier que l'on trouve souvent dans la presse au niveau de la cotation des warrants. Ces produits « hybrides » s'apparentent quelque part à des obligations au sens où, à l'échéance, le certificat est remboursé sur la base des caractéristiques contractuellement définies au départ (valeur du panier d'actions à l'échéance – prix fixé lors de l'émission – etc.).

On distingue principalement quatre types de certificats :

- <u>Les certificats « Bull »</u> : Ils permettent de jouer la hausse de l'indice ou du panier d'actions sous jacent.
- <u>Les certificats « Bear »</u> : Ils permettent de jouer la baisse d'un indice ou d'un secteur. Ils permettent également de couvrir son portefeuille contre un mouvement défavorable de marché.
- <u>Les discount certificats</u> : Comme leur nom l'indique, ils permettent d'acheter un indice ou un panier d'actions avec une décote par rapport au cours du sous jacent. En contrepartie, le gain potentiel sera limité à un certain niveau (niveau d'exercice).
- <u>Les certificats Cappés ou floorés</u> : Moins fréquents que les précédents, ils sont également plus difficiles à appréhender pour le néophyte. Ces certificats se rapprochent en fait des marchés dérivés optionnels (notions de « call » et de « put »). Retenez simplement qu'ils permettent de jouer une tendance (hausse pour les certificats cappés – baisse pour les certificats floorés) en limitant la mise de fonds.

L'imagination financière est très fertile ; la gamme de certificats est ainsi en perpétuelle évolution pour que les investisseurs profitent des nouveaux thèmes boursiers et des nouvelles opportunités d'investissement.

3.5.1. Définition

Un certificat est une valeur mobilière qui se négocie à la Bourse de Paris à l'aide d'un code Sicovam. La particularité de cet instrument financier est de répliquer parfaitement la performance d'un indice ou d'un panier de valeurs, sans effet de levier. Ainsi, un certificat sur le CAC40 gagne 15 % lorsque le CAC 40 progresse de 15 % et un certificat de valeurs Internet gagne 50 % lorsque la moyenne pondérée des hausses de ces valeurs est de 50 %.

L'avantage de ce produit est son profil de risque plus limité que dans le cas du warrant dans la mesure où l'effet de levier se réduit à celui de son support. La garantie en capital n'est toutefois pas assurée, de sorte que si le certificat se déprécie, votre capital l'est tout autant.

3.5.2. Les différents certificats

Les Certificats Bull : permettent de parier sur la hausse d'un indice ou d'un panier d'actions, sans effet de levier.

① Le certificat bull

Les certificats les plus simples sont ceux qui répliquent un indice ou un panier d'actions sans aucun effet de levier. Ils sont généralement dénommés bull car ils ne présentent d'intérêt que dans l'hypothèse d'une hausse du sous-jacent auquel ils sont adossés. Leur prix est celui du sous-jacent ajusté à la parité. Ainsi un certificat Cac 40 affecté d'une parité de 10 vaudra le prix du Cac 40 divisé par 10. Si le CAC 40 vaut 5 300 points, le certificat se négociera autour de 530 euros. Si le CAC 40 progresse jusqu'à 5 500 points, le certificat vaudra 550 euros.

Le certificat peut être négocié à tout moment sur le marché, l'émetteur offrant en permanence un prix d'achat et un prix de vente. A l'échéance, l'investisseur recevra le prix de son certificat ajusté au cours du sous-jacent.

Les trackers se différencient de ces simples certificats par le fait qu'ils ont une durée de vie illimitée et qu'ils peuvent bénéficier d'un effet de levier indirect par acquisition au SRD. Le Certificat Bull réplique la valeur de son indice associé, divisée par une parité, généralement égale à 10. Ainsi, si le CAC 40 cote à 5 700 points, le Bull Certificat sur ledit CAC vaudra 570 euros. Bénéfice évident : quand l'<u>indice</u> monte, le Certificat monte aussi. Il existe aussi des Certificats Bull sectoriels ou thématiques qui s'appuient sur les indices de secteurs d'activité parti-culiers.

Si les certificats « bull » indiciels semblent moins intéressants avec l'arrivée des ETF, il n'en reste pas moins que d'autres catégories de certificats conservent encore de leur intérêt, selon leurs promoteurs.

L'investisseur a en effet à sa disposition des produits permettant de jouer la baisse des marchés ou celle d'un secteur ou de couvrir son portefeuille d'actions. Il s'agit des « bear certificats »,

② Les Certificats Bear

Le Certificat Bear est d'un principe différent. Associé lui aussi à un indice, sa valeur est calculée en retirant celle dudit indice d'un cours de référence établi par l'émetteur. Par exemple, si le cours de référence d'un Certificat Bear CAC 40 est 10 000, son cours dans notre exemple précédent sera 430 euros. Soit (10 000 – 5 700)/10. Contrairement au Bull, il rapporte donc quand l'indice associé baisse. Attention : dès que ce calcul passe sous zéro, le Certificat est caduque.

- Avantages : Une cotation en continu à la Bourse. Un large choix sur le marché, accessible librement par l'intermédiaire d'un courtier. Pas de droit d'entrée ni de sortie, mais des frais appliqués comme pour d'autres valeurs. À vérifier avec le courtier. Un marché liquide, assuré par les émetteurs qui s'engagent à racheter les Certificats à tout moment.
- Inconvénients : Pas de droit à dividendes. Une commission annuelle de 5 % prélevée par l'émetteur. Une fiscalité liée à la revente : à la date d'échéance, définie par contrat, impôt sur le revenu, avec moins-values non déductibles. Avant cette date, 26 % d'imposition au-delà du seuil de 50 000 F (7 622,45 €) de cession, avec moins-values déductibles et reportables sur 5 ans.

Ils permettent donc de parier sur la baisse d'un indice ou d'un panier d'actions. dont la valeur augmente avec la baisse de l'indice par rapport à un prix de référence. Prenons l'exemple d'un certificat bear de parité 10 certificats pour l'indice, émis à un cours de référence de 7 000 points. Lorsque l'indice cote 6 000 points, alors le certificat vaut 100 euros. Si l'indice vient à toucher les 5 900 points, soit 1,66 % de baisse par rapport aux 6 000 points, la valeur du certificat grimpe à 110 euros, soit un gain de 10 %. L'intérêt est donc évident. Il s'agit comme dans le cas des puts warrants d'un instrument de couverture et qui dans ce cas précis comporte un risque spécifique dans la mesure où un effet de levier existe. Le certificat « bear » Nous avons vu que chaque émetteur baptise comme il l'entend, et ce au gré de son imagination, des produits qui correspondent à une même définition. Les heureux détenteurs de certificats bear ont pu se frotter les mains cette semaine car ils ont gagné, eux, de l'argent.

Le mécanisme de ce certificat est simple mais non sans danger. Il permet de jouer la baisse d'un indice ou d'un secteur en Bourse. Les certificats bear, du nom de l'ours, symbole de la baisse, sont utilisés pour couvrir un portefeuille et se prémunir ainsi de mouvements défavorables de marchés. Ils peuvent également servir à la spéculation, avec un effet levier quelquefois très important.

Un certificat bear, ou encore reverse, est émis avec un cours de référence que l'actif financier sur lequel il est assis ne doit pas atteindre. Sa valeur croît par éloignement de l'actif financier du cours de référence. Sa valeur est simplement constituée de la différence entre le cours du sous-jacent et le cours de référence. Ainsi, un certificat bear ou reverse sur le Cac émis à 6 000 points vaudra 6 000 – le cours du CAC.

Si le Cac vaut 5 000, le certificat vaudra 1 000, éventuellement ajusté à la parité (1, 10, 100 etc.). Avec une parité de 10, il vaudra 100. Imaginons maintenant que le Cac baisse jusque sur 4 800 points, le certificat vaudra 120. Plus le certificat sera proche du cours de référence, plus l'effet de levier sera fort. Ainsi, un certificat acheté quand le Cac cotait 5 900 points a pu l'être à 10 euros. Lorsque que le Cac a coté 5 000 points, le certificat a valu 100, soit dix fois la mise !

Simple, donc, mais dangereux, car si le Cac venait à toucher la barre des 6 000 points (dite à juste titre barre « désactivante »), le certificat perdrait définitivement toute valeur, et ce quand bien même le Cac retournerait sous la barre des 6 000 points. La plus-value escomptée est donc à la mesure du risque pris. En toute chose, c'est l'excès qui est nocif…

Reste que ce produit n'est pas sans risque si le pari pris à la baisse s'avère une erreur. En effet, le prix de référence du certificat bear joue le rôle de barrière désactivante du produit. Autrement dit, si avant échéance, l'indice vient à toucher le cours de référence des 7 000 points dans notre exemple, la valeur tombe irrémédiablement à zéro et l'investisseur perd définitivement sa mise. Certaines maisons ont toutefois élaboré une sortie de secours. Le Crédit Lyonnais fixe en effet pour ses certificats bear un cours de rappel, qui permet le remboursement automatique du certificat lorsque l'indice clôture au-dessus d'un certain seuil (mettons 6 800 points pour les 7 000 du cours de référence). Le remboursement se fera sur la base du cours d'ouverture du lendemain.

Exemple

Un certificat Nasdaq, de cours de référence 6 000 points et de parité 100/1
Si le Nasdaq cote 5 000 points, le certificat vaut (6 000 – 5 000)/100 = 10 euros.
En revanche, si le Nasdaq perd 100 points et cote 4 900 points, le certificat vaudra alors (6 000 – 4 900)/100 = 11 euro. Soit une hausse de 10 % pour une plus limitée.

3.5.2.1. Négociation

Un certificat peut se négocier sur le marché, en précisant à son intermédiaire financier son code Sicovam. La cotation de cet instrument est assurée par l'établissement émetteur, la plupart cotent leurs certificats en continu.

3.5.2.2. Différence par rapport à un warrant

Les warrants sont des produits dérivés qui ont des effets de leviers complexes à calculer. En effet, ils prennent en compte la valeur temps, une donnée immatérielle qui fait référence à des calculs mathématiques aboutis. Ainsi, par exemple, pour jouer la hausse de l'indice CAC40, on peut acheter un Call (voir notre lexique sur les warrants) d'exercice 7 000 points et de maturité 31/12/N. Pour un CAC40 à un niveau de 6 000 point le 01/01/N et à un même niveau le 01/06/N, le Call pourra avoir une valeur complètement différente. Ce qui n'est pas le cas du certificat, qui lui a un prix d'exercice égal à celui de son support à maturité.

Ainsi, dans notre exemple, si le CAC40 vaut 6 900 points, le certificat vaudra l'équivalent de 6 900 points (69 euros si la parité est de 100), le Call vaudra lui 0. Si le CAC40 vaut 8 000 points, le certificat vaut l'équivalent de 8 000 points (soit 80 euros pour une parité de 100), mais le Call aura enregistré une hausse bien plus importante puisqu'il aura pu être exercé à la maturité avec un prix d'exercice amplement supérieur à celui du support.

3.5.2.3. Différence par rapport à une Sicav et/un FCP

Les certificats ne suivent pas forcément une philosophie de gestion, mais plutôt une tendance indicielle. Ainsi, un gérant de Sicav peut du jour au lendemain changer certaines lignes du portefeuille, les sous-pondérer, les surpondérer, etc. En revanche, les certificats ne font que ponctuellement l'objet de réaménagements en fonction de l'évolution du support (ajustement si une valeur sort d'un indice, etc.).

3.5.2.4. Frais et fiscalités afférents aux certificats.

Concernant les frais, le certificat supporte une commission annuelle, générallement comprise entre 0,5 % et 1 %. L'émetteur se rémunère également par le biais des dividendes. En revanche, il n'y a pas de frais d'entrée et de sortie contraitement aux Sicav et Fonds Communs de Placements. Vous payez toutefois les frais afférents au courtage sur les ordres.

À l'échéance, le certificat est soumis à l'impôt sur le revenu en cas de plus-value. Si le certificat est revendu sur le marché avant l'échéance, il sera soumis à l'impôt sur les plus-values en cas de dépassement du seuil de cessions (7 700 € au 01/01/02 – imposition à 26 %). A noter que les frais de transaction sont déductibles des plus-values et que les moins-values peuvent être déduites des plus-values enregistrées sur les valeurs mobilières.

3.6. Les nouveaux produits dérivés : le boost

3.6.1. Le boost

La Société générale vient de lancer ce nouveau produit qui appartient lui aussi à la famille des certificats. L'idée réside dans une protection du capital de l'investisseur avec comme contrepartie une limitation du profit escomptable. Le boost est émis pour un montant nominal et une prime (appelée rendement) définie à l'avance qui sera touchée par l'investisseur à l'échéance avec le remboursement du nominal. Lors de l'émission du boost, un prix de référence du sous-jacent est fixé.

Au regard de celui-ci, plusieurs hypothèses peuvent être avancées dès l'émission du boost. Soit le sous-jacent à l'échéance est égal ou supérieur au cours de référence : l'investisseur percevra le nominal augmenté du rendement prédéfini. Soit le sous-jacent à l'échéance est inférieur au cours de référence : l'investisseur percevra le nominal augmenté du boost moins la différence entre le cours de l'action et le cours de référence.

Des exemples chiffrés sont donnés par l'émetteur, lequel a émis à ce jour onze certificats sur de belles valeurs françaises. Ce certificat est, de notre point de vue, un excellent placement pour des valeurs au risque de baisse limité. Difficile par les temps qui courent d'en dresser la liste...

3.6.2. Les autres innovations

En matière de certificats figurent **les discount certificats** ou encore des certificats « capés » ou « floorés », lancés par BNP Paribas. Un discount certificat permet d'acheter un indice, une action ou un panier d'actions avec une décote par rapport au cours du sous-jacent. En contrepartie, l'investisseur accepte de voir son gain potentiel limité à un certain niveau. Le discount certificat est en effet émis avec un cours limite. Si l'indice s'établit à l'échéance au niveau de ce cours limite ou au-dessus, le discount certificat est remboursé à hauteur du niveau de l'indice traduit en euros et ajusté de la parité. Si l'indice finit sous ce cours limite, le remboursement est effectué à la valeur de l'indice (ajusté de la parité). Ce produit représente un intérêt sur les titres à fort volatilité. Et en cas de baisse, il offre une marge de sécurité avant que l'investisseur ne devienne perdant, compte tenu de la décote.

3.6.2.1. Certificats « capés »

Lorsque l'investisseur veut parier sur la hausse, il peut se porter sur un « capé ». Le prix, fonction du cours du sous-jacent, des cours de référence et du temps restant à courir avant échéance, n'est toutefois pas transparent pour l'investisseur. Prenons l'exemple d'un certificat émis sur le CAC 40 avec une fourchette de référence de 6 000-6 200 points. Si à échéance, l'indice CAC 40 se situe au-dessus de la barrière haute, l'investisseur touche l'équivalent en euros de l'amplitude de la fourchette de référence. Autrement dit, 200 euros dans notre exemple. Si le CAC 40 se situe à l'intérieur de la fourchette, 6 150 points par exemple, l'investisseur reçoit alors la différence entre le niveau de l'indice et la limite basse de la fourchette, soit 150 euros. Le véritable risque intervient si jamais le pari à la hausse était mauvais et donc si l'indice vient s'échouer sous la fourchette à l'échéance. L'investisseur a alors perdu l'intégralité de sa mise, à moins qu'il ait senti le vent tourner et qu'il ait décidé de limiter ses pertes en revendant son certificat avant échéance.

3.6.2.2. Certificats « floorés »

A l'inverse, si sa vision des marchés pour les mois à venir lui laisse entrevoir un recul des indices, le particulier peut se porter sur les certificats « floorés », qui ont un fonctionnement inverse de celui des « capés ». Autrement dit, si à échéance, l'indice se situe sous la limite basse, l'investisseur touchera la différence en euros entre les deux extrémités de la fourchette. Si le sous-jacent se trouve à l'intérieur de la fourchette, le remboursement se fait à hauteur de la différence entre la limite haute et le niveau de l'indice. Enfin, si ce dernier s'est établi au-dessus de la fourchette, l'investissement de départ est perdu. Il convient donc pour l'ensemble de ces produits de sentir le marché et de le surveiller pour éventuellement vendre avant l'échéance, qui peut être plus ou moins courte.

Quant à la fiscalité, elle est la même que celle en vigueur pour les certificats bull, à savoir que les gains réalisées avant échéance sont assujettis au régime des plus-values sur valeurs mobilières, les gains sur le remboursement à échéance étant eux soumis à l'impôt sur le revenu.

3.7. Les bons de souscription

3.7.1. Définition

Un bon de souscription est un titre financier permettant de souscrire pendant une période donnée, dans une proportion et à un prix fixé à l'avance, à un autre titre financier (action, obligation, voire un autre bon…).

Un bon de souscription peut être attaché à l'émission d'une action ou d'une obligation. Selon les cas, on parle alors d'actions à bons de souscription d'actions (**ABSA**) ou d'obligations à bons de souscription d'actions **(OBSA)** mais également d'obligations à bons de souscription d'obligations **(OBSO)** ou d'actions à bons de souscription d'obligations **(ABSO)**. Il peut également être émis et attribué gratuitement aux actionnaires. Dès l'émission de ces valeurs composées, le tout se scinde en parties : les actions ou les obligations redeviennent des titres classiques et les bons acquièrent une vie propre. Ils sont cotés séparément après l'émission.

3.7.2. Caractéristiques

- **Émetteurs :** Les bons de souscription d'actions sont émis par des sociétés de capitaux cotées en bourse.
- **Sous-jacent :** Le sous-jacent est l'action de la société émettrice des bons.
- **Parité :**
La parité est le nombre de bons qu'il faut exercer pour acheter une action. Les parités, les plus courantes sont
    - 1/1 (1 bon pour une action) ;
    - 2/1 (2 bons pour une action).
- **Quotité :** Il n'y a pas de quotité pour les bons de souscription d'actions (en d'autres termes quotité est de 1).
- **Durée de vie :** Elle est de quelques mois à quatre ou cinq ans.
- **Prix d'exercice** C'est le prix auquel le détenteur de bons peut acquérir l'action sous-jacente.
En général, le prix d'exercice, fixé à l'émission des bons, reste constant pendant toute Jurée de vie des bons. Toutefois, il peut parfois faire l'objet de révisions.
- **Valeur des bons**
Comme pour les options et les warrants, il est possible de calculer la valeur théorique des BSA à l'aide de modèles spécifiques dérivés de la formule de Black et Scholes.
Pour les bons attachés à des actions ou à des obligations on peut également utiliser des méthodes actuarielles. Dans tous les cas les résultats ne sont pas toujours fiables.
Pour les opérateurs, c'est le cours coté qui représente la vraie valeur du bon.
Cette valeur se décompose en valeur intrinsèque et valeur temps (comme pour les produits optionnels précédents).

Exemple

Une société a émis des BSA dont les caractéristiques sont les suivantes prix d'exercice : 100 € ; parité 2/1 (il faut 2 bons pour acheter une action). 4 mois avant la date d'échéance, l'action cote 130 € et le bon 18 €.

Quelle est la valeur intrinsèque et la valeur temps du bon à la date considérée ?

Solution

Valeur intrinsèque : $\dfrac{\text{Cours du sous-jacent} - \text{Prix d'exercice}}{\text{Parité}} = \dfrac{130 - 100}{2} = 15$

Valeur temps = valeur totale – valeur intrinsèque = 18 – 15 = 3 €.

Exercice des bons

L'exercice des bons n'est intéressant que si le cours de l'action sous-jacente est supérieur au prix d'exercice.

Les bons sont exerçables à l'échéance seulement. Ils peuvent être revendus au cours de leur vie. Il est préférable de revendre les bons plutôt que de les exercer.

La vente de bons à découvert est interdite. Il en résulte que l'utilisation de ces bons se limite à la spéculation à la hausse du cours de l'action sous-jacente.

L'exercice des bons donne lieu à création d'actions nouvelles de la société émettrice. L'exercice entraîne donc une augmentation des fonds propres de la société par augmentation du capital et peut induire une dilution du résultat et du pouvoir.

3.7.3. L'intérêt des bons de souscription d'actions

Pour la société émettrice

Les bons lui permettent de programmer une augmentation de capital sur une période et pour un montant déterminés. Dans le cas d'une émission d'OBSA, il est possible de coupler l'emprunt (les obligations) et son remboursement (fonds recueillis lors de l'exercice des bons).

- Les formalités et le coût de l'augmentation de capital par exercice des bons sont réduits.
- Émis en grande quantité et souscrits par des sociétés « amies », les bons peuvent dissuader d'éventuels « prédateurs » (leur exercice accroîtrait le nombre d'actions de la société émettrice et rendrait donc plus coûteuse toute OPA ou OPE).
- En raison de leur attrait spéculatif, les bons « attachés » aux actions ou aux obligations permettent d'obtenir des conditions de taux (ou de prix d'émission) plus avantageuses que celles qui ont cours sur le marché.

Pour l'investisseur

- Le bon est un produit simple dont le mécanisme est facile à comprendre.
- Il est très attractif en raison du *fort effet de levier* qu'il génère.

Exemple

Bons sur action X. Prix d'exercice = 95 €. Parité 1/1
Supposons que l'on ait
- à l'instant t0
  - cours de l'action X = 100 € ;
  - cours du bon = 10 €.
- à l'instant t1 (échéance)
  - cours de l'action X = 120, soit une augmentation de 20 % ;
  - cours du bon = (120 – 95) = 25, soit une augmentation de 150 %. ($\frac{25 - 10}{10}$)

Considérons deux opérateurs 01 et 02 qui investissent en t0 la même somme : 100
- 01 achète une action X : 100 € ;
- 02 achète 10 bons : 100 €
Résultats en t1 (échéance)
- Gain de 01 = 120 – 100 = 20 €
- Gain de 02 = 250 – 100 = 150 € !

Remarque : Les pertes subies sur les BSA sont toujours limitées à leur coût d'achat.

Exemple Société **LELIEVRE**

La société PEUGEOT émet le 28 décembre N un emprunt obligataire à bons de sous-cription d'actions (OBSA) aux conditions suivantes :
- Nombre de titres : 125 000 obligations de 500 € nominal,
- Prix d'émission : 470 €,
- Remboursement : en totalité au pair le 31 décembre N + 10,
- Intérêt annuel : 6 %,
- Date de jouissance : 31 décembre N,
- Date de règlement : 31 décembre N,
- Cotation : les obligations feront l'objet d'une demande d'inscription à la cote officielle dès la clôture de l'émission,
- Conditions d'exercice des bons de souscription d'actions : à chaque obligation sera attaché un bon. Les bons feront l'objet d'une cotation à la cote officielle de la Bourse de Paris. Les titulaires de bons pourront souscrire des actions PEUGEOT de nominal 100 € à émettre, à raison de **deux actions PEUGEOT** au prix de 300 € chacune, **contre un bon** entre le 1ᵉʳ janvier N + 1 et le 31 décembre N + 3.

La Société LELIEVRE veut investir une partie de sa trésorerie, 45 000 €, dans des bons de souscription PEUGEOT le 1ᵉʳ septembre N + 1. Le titre PEUGEOT vaut alors 465€ et le bon se négocie avec une prime de 30 €.

En tant que gestionnaire, on vous demande de :
1. **Calculer le taux de rendement actuariel net de l'opération pour l'émetteur PEUGEOT indépendamment de l'exercice des bons. Calculer le montant des fonds obtenus par la société si l'opération se réalise totalement.**
2. **Combien de bons pourront être achetés par la société LELIÈVRE le 1ᵉʳ septembre N + 1. À quoi correspond la prime ?**
3. **Le 28 février N + 2, la société LELIÈVRE veut récupérer ses fonds : elle revend ses bons. En admettant que la prime reste fixe, calculer le résultat de son opération**
   - **si l'action PEUGEOT s'est appréciée de 20 %,**
   - **si l'action PEUGEOT a baissé de 20 %.**

Pour ces deux hypothèses, quelles conclusions peut-on tirer des résultats ?

Solution

1. Taux actuariel brut

Il correspond au taux effectif de financement compte tenu des frais supportés, du prix de remboursement et des éventuels économies d'impôts sur les charges.

- montant reçu : $125\,000 \times 470 = 58\,750$ k€
- montant des coupons versé : $5\,00 \times 6\,\% = 30$ €/obligation
- montant remboursé : $125\,000 \times 500 = 62\,500$ K€ (remboursement au pair)

$$470 = \left[30 \times \frac{1-(1+t)^{-10}}{t} + 500 \times (1+t)^{-10} \right]$$

TAB (pour le souscripteur) = 6,85 %

année	K	intérêt	amortis-sement	annuités	K fin	éco d'IS sur charges financières	PRO	éco d'IS s/ PRO	annuité net
1	62 500	3 750	0	3 750	62 500	1 250	375	125	2 375
2	62 500	3 750	0	3 750	62 500	1 250	375	125	2 375
3	62 500	3 750	0	3 750	62 500	1 250	375	125	2 375
4	62 500	3 750	0	3 750	62 500	1 250	375	125	2 375
5	62 500	3 750	0	3 750	62 500	1 250	375	125	2 375
6	62 500	3 750	0	3 750	62 500	1 250	375	125	2 375
7	62 500	3 750	0	3 750	62 500	1 250	375	125	2 375
8	62 500	3 750	0	3 750	62 500	1 250	375	125	2 375
9	62 500	3 750	0	3 750	62 500	1 250	375	125	2 375
10	62 500	3 750	62 500	66 250	0	1 250	375	125	68 875

$$470 \times 125 = \left[23,75 \times \frac{1-(1+t)^{-10}}{t} + 648,75 \times (1+t)^{-10} \right]$$

TAB (pour l'émetteur) = 4,56 %

2. Nombre de bons

L'entreprise veut investir 45 000 €.

Un bon permet de souscrire à 2 actions de 300 € ☛ $2 \times 300 = 600$ €

Le cours du bon se décompose en deux parties :

- *la valeur intrinsèque* qui correspond à la différence entre le prix d'exercice et le cours de l'action en Bourse,

– *la valeur spéculative* qui correspond aux anticipations du marché sur l'évolution du cours de l'action ; elle se concrétise par une prime.

Celui qui achète le bon *achète le droit d'acheter 2 actions PEUGEOT* à la société PEUGEOT *contre 300 € chacune.*

Tant que l'action ne vaut pas 300 €, il n'y a aucun intérêt à acheter le bon sachant que celui-ci lui donne le droit d'acheter une action PEUGEOT à 465 € quelque soit son prix réel sur le marché boursier. Toutefois, s'il reste un délai relativement long pendant lequel on peut exercer ces bons, on peut trouver des acquéreurs potentiels. Ceux-ci accepteront de payer un certain prix (valeur spéculative), en espérant une progression du titre PEUGEOT Lorsque l'action vaut 465 € ou moins, la valeur intrinsèque est nulle.

Si l'action PEUGEOT vaut 500 €, la valeur intrinsèque du bon est de 35 € (500 – 465)

Si l'action vaut 600 €, la valeur du bon est de 135 € (600 – 465), etc.

La valeur du bon est obtenue comme suit : valeur intrinsèque + valeur spéculative

On peut en déduire que la valeur du bon sera toujours supérieure à la valeur intrinsèque, comme nous le montre ce graphique.

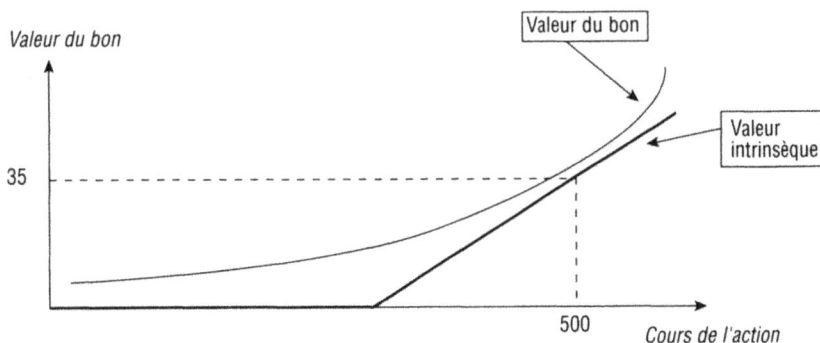

Nombre de bons achetés (2 × 300)

La valeur intrinsèque du bon est de 330 € → [(2 x 465) – 600].
La valeur spéculative est de 30 € (valeur de négociation).

Le prix de cession du bon ressort à : 330 + 30 = 360 €.

La société LELIÈVRE peut donc acheter : 45 000/360 = **125 bons de souscription *PEUGEOT***

3. Revente des bons

① **L'action PEUGEOT s'est appréciée de 20 %.**

Elle vaut donc : 465 × 1,20 = 558 €.

Celui qui achète le bon achète le droit d'acheter 2 actions PEUGEOT à la société PEUGEOT, contre 300 € chacune, mais la valeur de ces deux actions PEUGEOT est de 558 × 2 = 1 116 €.

La valeur intrinsèque du bon est passée à 796 € (1 116 – 600), la prime supplémentaire de 30 € est supposée fixe le bon sera vendu 796 + 30 = **826 €.**

La cession rapportera : 125 x 826 = 103 250 €. Par rapport à l'investissement de 45 000 €, la rentabilité est de **229 %.**

② **L'action PEUGEOT a baissé de 20 %.**

Elle ne vaut donc plus que 465 × 0,80 = 372 €.

C'est moins que le prix d'exercice du bon ; sa valeur intrinsèque est nulle. Sa valeur spéculative a toutes les chances d'être nulle également. Dans l'hypothèse la plus optimiste, elle vaut encore 30 €. La cession rapporte alors : 125 x 30 = 3 750 €.

C'est une perte de 92 %.

Conclusion

Les bons de souscription d'actions sont un placement à fort effet de levier ; elles sont donc excessivement dangereuses pour l'investisseur. Si l'action monte de 20 %, le bon gagne 10 fois plus (229 %). Si l'action perd 20 %, le bon peut perdre 100 % de sa valeur, soit 5 fois plus.

Tableau comparatif des bons de souscription et des warrants

	Bons de souscription	Warrant
Définition	Un bon de souscription confère à son titulaire le droit de souscrire à un prix fixé à l'avance des actions (BSA) ou des obligations (BSO). L'exercice d'un bon donne naissance à une action ou une obligation nouvelle. L'action ou l'obligation est l'actif sous-jacent.	Un warrant est un titre conférant à son détenteur le droit : − soit d'acquérir ou de céder un élément sous-jacent ; − soit de percevoir un montant égal à la différence (si elle est positive) entre le cours de l'élément sous-jacent à la date d'exercice du warrant et le prix d'exercice fixé dans le contrat d'émission, dans le cas d'un call warrant, soit l'inverse dans le cas d'un put warrant. Le warrant ne donne pas naissance à une action nouvelle. L'émetteur d'un warrant et l'émetteur de l'actif sous-jacent sont deux entités indépendantes. Par ailleurs, on ne peut vendre un warrant si on ne l'a pas acheté (**l'achat précède la vente**).
Émetteur	Une société, par décision de l'assemblée générale extraordinaire.	Établissements de crédit : Société générale, Citibank, Crédit Lyonnais…
Contrat optionnel	**Période de souscription de l'action ou de l'obligation déterminée à l'avance.** Prix d'exercice constant et prédéterminé ou variable (suivant une règle de calcul convenue à l'avance).	**Call warrant (option d'achat) : pour profiter d'une hausse de l'actif sous-jacent ;** Put warrant (option de vente) : pour profiter d'une baisse de l'actif sous-jacent.
Caractéristiques	Bons de souscription d'actions autonomes ou issus d'actions à bons de souscription (ABSA ou ABSO) ou d'obligations à bons de souscription (OBSA ou OBSO).	**L'élément sous-jacent est une action, une obligation, une devise, un indice boursier, des titres de créances négociables, des contrats à terme financiers ou de marchandises…** Le prix d'exercice résulte d'un calcul moyen à partir d'une observation sur le marché. Lorsque l'option est exercée, la différence de cours doit être versée en espèces. Pour négocier un warrant, il faut respecter la quotité de négociation : 100, 1 000 ou 10 000 warrants. Pour faire valoir un droit d'exercice, il faut tenir compte de la parité (nombre de warrants nécessaires : 10 pour 1 ou 100 pour 1 pour les warrants sur actions et indices permettent d'obtenir un seul

	Bons de souscription	Warrant
		sous-jacent). Pour être en droit d'exercer, il faut respecter la quotité d'exercice : 100 ou 1 000 warrants. L'échéance est plus éloignée que sur le MONEP 1 à 5 ans.
Valeur	La valeur des bons est limitée dans le temps et indépendante de la durée de vie des titres sous-jacents. **La valeur d'un bon comprend la valeur intrinsèque et la valeur spéculative.** Le modèle de Black et Scholes est utilisé pour estimer la valeur d'un bon.	**La valeur d'un warrant comprend la valeur intrinsèque et la valeur spéculative.** Le modèle de Black et Scholes est utilisé pour estimer la valeur d'un warrant.
Cotation	Bons cotés au comptant, dès leur émission.	Jusqu'en 1993, sur un marché de gré à gré. Depuis fin 1993, la SBF-Bourse de Paris a développé les contrats.
Intérêt	Immobilisation faible de capitaux. Effet de levier important en cas d'évolution favorable. Perte limitée au montant de la prime.	Instrument donnant droit à acquérir des titres au prix défini lors de l'émission (cas des warrants actions). Instrument de couverture et de spéculation à effet de levier considérable (de 1 à 6). Immobilisation faible de capitaux. **Perte limitée à la prime.**

4

LA GESTION DES RISQUES LIÉS À L'ENVIRONNEMENT FINANCIER

1. Les risques de marché : analyse des positions

Les dirigeants voient aujourd'hui leurs décisions influencées par un environnement complexe, mouvant et incertain.

Ils cherchent donc à se prémunir de cette incertitude en se protégeant contre les risques potentiels auxquels ils sont confrontés (opérations de couverture).

Ils peuvent être aussi amenés à utiliser ces mêmes techniques pour spéculer (opérations de spéculation) ou tirer parti des divergences de cours entre les marchés financiers (opérations d'arbitrage).

L'ensemble de ces stratégies, offertes aux entreprises, les obligent à utiliser des instruments financiers soit sur les marchés organisés, soit sur les marchés de gré à gré en souscrivant des contrats à terme, des contrats optionnels…

Toutefois, face à ces mouvements souvent incontrôlables des marchés, ceux-ci créent des risques auxquels les agents économiques sont confrontés.

1.1. Définition du risque de marché

On appelle **risque** une menace actuelle ou future liée aux incertitudes des marchés financiers et au comportement irrationnel des agents économiques. Ce risque est dû, en principe, aux variations de cours ou de prix d'un actif financier (actions, obligations, devises, créances…) que l'entreprise possède ou souhaite acquérir.

En effet, la valeur des obligations ou des titres de créances négociables dépend *des taux d'intérêt*.

La valeur des devises repose sur la *parité des changes*.

Enfin, le *cours des actions* résulte du comportement des agents économiques sur le marché des actions.

Il en résulte que face à ces mouvements des marchés, il est facile d'identifier trois sortes de risques auxquels les agents économiques sont confrontés :

- les risques de taux d'intérêt ;
- les risques de devises ;
- les risques de variation des cours (actions, indices boursiers…).

Dès lors, la création des produits dérivés (options, contrats à terme…) a été conçue afin de protéger les agents économiques contre les risques individuels et de marché.

1.2. La gestion des positions

Un agent économique est ou n'est pas, initialement, en position sur l'actif sous-jacent.

En effet, pour financer ses investissements, l'entreprise cherche des capitaux à long terme sur les marchés financiers. Pour financer ses besoins de trésorerie, elle sollicite des concours bancaires ou émet des billets de trésorerie.

Il en résulte donc que l'entreprise se trouve en **position d'emprunteur**.

Etre en position d'emprunteur, c'est rechercher des ressources à long terme ou à court terme pour financer ses besoins.

Elle cherche, aussi, en cas d'opportunités, à placer ses excédents de trésorerie ou à accorder des prêts auprès d'autres agents économiques. Elle se trouve alors en **position de prêteur**.

Etre en position de prêteur, c'est rechercher à placer des ressources à long terme ou à court terme pour dégager des excédents.

Ces ressources et ces excédents sont rémunérés par des intérêts dont les taux fluctuent dans le temps en fonction du comportement des marchés de capitaux.

Cette fluctuation de taux génère un *risque de taux* qui correspond à la perte potentielle que l'agent économique va subir.

D'autre part, si ses emprunts[1] ou ses prêts[2] sont libellés en devises, elle encourt aussi un *risque de change* de par la fluctuation des devises sur le marché des changes.

Ainsi, en fonction de sa position, l'agent économique mesure son exposition au risque de prix. Cela lui permet de calculer les gains ou les pertes futures qu'il encourt en cas de variation du prix de l'actif sous-jacent et de trouver, sur les marchés financiers, des solutions adaptées pour réduire ou annuler ces risques.

La gestion des positions consiste donc à classer les actifs (excédents de trésorerie ou prêts) et les passifs (emprunts ou concours bancaires) susceptibles de générer des risques. Chaque actif et chaque passif est positionné dans une matrice permettant de faire apparaître la **position nette** de l'agent économique.

Les actifs et les passifs sont regroupés, dans cette matrice, par catégorie de risque :

- placements et emprunts à taux fixe ;
- placements et emprunts à taux variable ;
- placements et emprunts en devises.

Cette matrice a la forme suivante :

---

1. Il peut aussi s'agir d'une dette libellée en monnaie étrangère.
2. Il peut aussi s'agir d'une créance libellée en monnaie étrangère.

Taux ⟍ Durée	Taux fixes	Taux variables	Devises
Court terme Long terme			

Il existe donc **6 situations**. Pour chaque situation, on recherche le résultat net (c'est-à-dire la différence entre les placements et les emprunts de même caractéristique de la position de l'agent économique face au risque).

- si le résultat est *positif* pour une caractéristique donnée, on parlera de **position longue** (excédent net de placement ⇨ Actif > Passif) ;
- si le résultat est *négatif* pour une caractéristique donnée, on parlera de **position courte** (excédent nette d'emprunt ⇨ Actif < Passif).

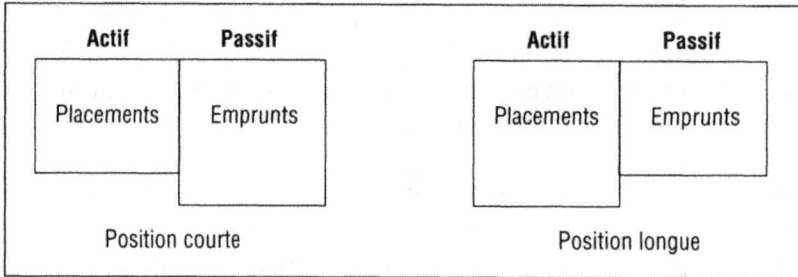

| Actif | Passif | | Actif | Passif |
| Placements | Emprunts | | Placements | Emprunts |

Position courte   Position longue

La position d'un agent économique sur un actif réel, financier ou monétaire représente la quantité de cet actif qu'il possède augmentée de celle qu'il a à vendre ou à recevoir et diminuée de celle qu'il a à acheter ou à livrer.

Nous aurons donc la relation suivante :

Position sur un actif	=	Quantité d'actifs possédés	+	Quantité d'actifs à vendre	−	Quantité d'actifs à acheter

Il existe donc plusieurs catégories de positions :

- la position est dite *nulle ou fermée* si elle est égale à 0 ;
- la position est dite *longue ou ouverte* si elle est supérieure à 0 ;
- la position est dite *courte et ouverte* si elle est inférieure à 0.

Le résultat [R], et donc la recherche d'instruments financiers néces-saires à la réduction ou l'annulation des risques, c'est-à-dire les gains ou les pertes futures, est égal au montant de la position sur l'actif sous-jacent [Q] multiplié par la variation de prix de l'actif sous-jacent [ΔP].

$$R = Q \, [\Delta P]$$

Le résultat dépend donc de la nature de la position (longue ou courte) et du sens de la variation de prix (hausse ou baisse) de l'actif sous-jacent.

Exemple chiffré n° 36

Une entreprise dispose d'un portefeuille de titres d'une valeur de 9 000 000 € composé d'obligations à taux fixe (5,5 %) échéant en N + 4 et d'excédents de trésorerie d'une valeur de 5 000 000 € composé de certificats de dépôt négociables au taux de 7 % échéant dans six mois. Par ailleurs, dans son bilan figurent deux emprunts : un emprunt obligataire à taux variable d'une valeur de 4 000 000 € remboursable *in fine* en N + 6 et de 6 000 000 € de billets de trésorerie à taux fixe de 8,75 % échéant dans neuf mois.

Analyser la position de taux et expliquer le risque que court cette entreprise en cas de hausse des taux d'intérêt.

Analyse des positions de taux : Construction de la matrice

Taux / Durée	Taux fixes		Taux variables	
	Actif	Passif	Actif	Passif
Long terme	9 000 000			4 000 000
Court terme	5 000 000	6 000 000		

Globalement (tous termes confondus), on obtient les positions sui-vantes :

Taux fixe

14 000 000	6 000 000

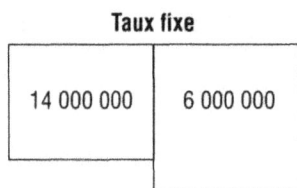

Position longue
(elle est en situation de prêt)

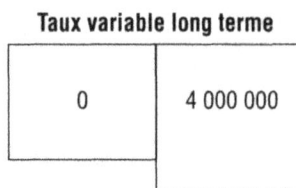

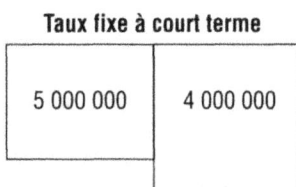

Taux variable long terme

0	4 000 000

Position courte
(elle est en situation d'emprunt)

Il est nécessaire d'affiner la position sur les taux fixes (court terme – long terme) :

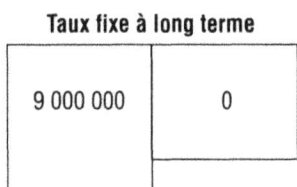

Taux fixe à long terme

9 000 000	0

Position longue
(elle est en situation de prêt)

Taux fixe à court terme

5 000 000	4 000 000

Position courte
(elle est en situation d'emprunt)

Conclusion :

L'entreprise se trouve en *position longue* sur les *taux fixes à long terme* de 9 000 000 € ;

L'entreprise se trouve en *position courte* sur les *taux fixes à court terme* de 1 000 000 € ;

L'entreprise se trouve en *position courte* sur les *taux variables à long terme* de 4 000 000 €.

On peut donc apprécier le risque selon la position de l'entreprise.

- *En cas de hausse des taux :*
    → En *position longue* sur les *taux fixes à long terme* ⇨ une hausse des taux entraîne pour l'entreprise une *perte*. (Elle n'obtient pas les produits financiers attendus d'une augmentation des taux.)
    → En *position courte* sur les *taux fixes à court terme* ⇨ une hausse des taux entraîne pour l'entreprise un *gain*. (Elle

n'alourdit pas ses charges financières du fait d'une augmentation des taux.)

→ En *position courte* sur les *taux variables à long terme* ⇨ une hausse des taux entraîne pour l'entreprise une *perte*. (Ses charges financières augmentent du fait d'un accroissement des taux.)

En considérant que le risque encouru par un détenteur de devises est le même que celui d'un placement à taux variable, nous aurons les situations suivantes :

Taux / Durée	Baisse des taux		Hausse des taux	
	Taux fixes	Taux variables	Taux fixes	Taux variables
Position courte	Perte	Gain	Gain	Perte
Position longue	Gain	Perte	Perte	Gain

Dès lors qu'il existe un déséquilibre de position, l'entreprise est exposée à un risque. Il faut que l'entreprise identifie ce risque pour agir. Elle peut aussi anticiper les variations de taux et se mettre, volontairement, dans l'une ou l'autre position.

→ une entreprise qui se met en *position courte* anticipe une *hausse des taux* (réalisation de gains futurs) ;

→ une entreprise qui se met en *position longue* anticipe une *baisse des taux* (réalisation de gains futurs).

La gestion de ces risques est assurée par les établissements financiers qui interviennent sur les marchés de produits dérivés d'une part pour leur propre compte, en vue d'améliorer leurs conditions de financement et de mieux maîtriser leurs risques, et d'autre part pour répondre à la demande de leur clientèle et gérer le risque des autres agents économiques. C'est pourquoi, pour réduire ce risque, les agents économiques disposent de produits dérivés offerts soit sur les *marchés de gré à gré* (généralement par l'intermédiaire des établissements de crédit) soit sur les *marchés dérivés* (MATIF et MONEP).

Zoom N° 8

)   **La gestion des risques de marché**

Pour gérer ces risques, les entreprises disposent d'instruments de gestion qui sont négociés soit sur les marchés de gré à gré (il s'agit de contrats offerts par les établissements de crédit) soit par les marchés organisés.)

Les produits financiers offerts sur les marchés de gré à gré sont :
1. le SWAP de taux ou de devises ;
2. le FRA à terme ou les FRA à option (CAP, floor collar).

2. Les instruments de gestion des risques de taux d'intérêt organisés

2.1. Les swaps[1]

C'est un *contrat de gré à gré* qui permet à chaque partie d'échanger une dette ayant certaines caractéristiques contre une autre dette ayant d'autres caractéristiques et, ainsi, d'inverser les risques auxquels elle est exposée. Chaque partie doit trouver des avantages réciproques dans cet échange.

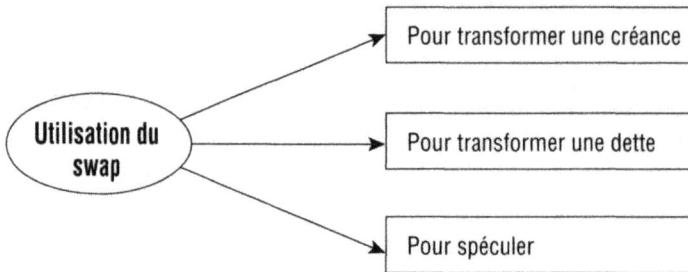

On distingue deux types de swaps :

- les swaps de taux d'intérêt ;
- les swaps de devises (voir paragraphe 3.1.3.2.).

---

1. To swap = échanger.

2.2. Les swaps de taux d'intérêt

C'est un *contrat de gré à gré* qui permet à chaque partie de transformer les caractéristiques d'une dette à taux fixe contre une dette à taux variable, pour un montant donné[1] et d'inverser les risques auxquels elle est exposée. (Le contraire est bien sûr possible : transformer une dette à taux variable contre un taux fixe.)

L'objectif est donc d'améliorer la situation des deux parties en partageant leurs avantages respectifs.

Les swaps de taux d'intérêt comportent les caractéristiques suivantes :

- à la signature du contrat, aucun mouvement de fonds n'est effectué entre les parties ;
- à la fin de chaque période (l'année en règle générale), seul le différentiel d'intérêt est versé ;
- les opérateurs (c'est-à-dire la contrepartie) sont en principe des banques ;
- la durée d'un swap est comprise entre un et dix ans ;
- c'est une opération à risque, puisque la contrepartie peut être défaillante ;
- la nature des taux variables retenus : TAM[2], EURIBOR 3 MOIS, T4M...

Exemple chiffré n° 37

Une entreprise a contracté un emprunt de 5 000 000 € sur cinq ans au taux fixe de 9 % remboursable *in fine*. Le trésorier anticipe **une baisse des taux**. Il conclue avec une banque le swap suivant afin de bénéficier d'un endettement à taux variable et de profiter de la baisse des taux.

Les caractéristiques du swap sont les suivantes :
- durée du contrat : cinq ans ;
- la banque verse un taux fixe de 7,5 % ;
- l'entreprise verse un taux variable : TAM[2] + 1,25 %.

1. Quel est le risque pour cette entreprise ?

---

1. Cas le plus fréquent.
2. TAM = Taux annuel monétaire.
2. Taux annuel monétaire (voir chapitre 1).

2. *Schématiser les situations dans lesquelles se trouvent l'entreprise avant et après la signature du swap.*

3. *Calculer les versements effectués à la fin des années suivantes si :*

   Fin N + 1 ⇨ TAM = 6 %

   Fin N + 2 ⇨ TAM = 7 %

   Fin N + 3 ⇨ TAM = 6,5 %

1. *Le risque pour l'entreprise*

C'est de ne pas pouvoir bénéficier d'une baisse de ses charges financières.

2. *Schéma des situations avant et après le swap.*

   • *Avant la signature du swap*

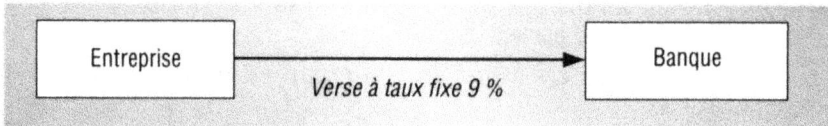

L'entreprise est exposée au **risque de taux**, elle ne peut bénéficier d'une baisse des taux et diminuer ses charges financières.

   • *Après la signature du swap*

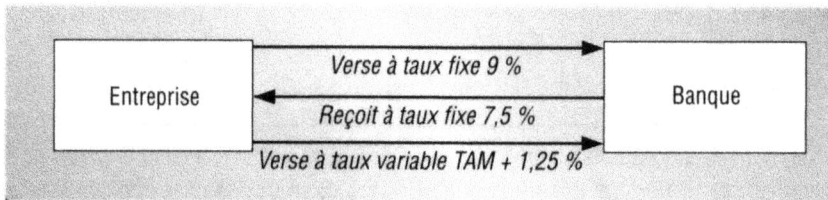

3. *Les versements effectués à la fin de chaque année seront de :*

Coût pour l'entreprise : calcul du nouveau taux d'endettement (vérification que l'entreprise est bien passée d'un taux fixe à une taux variable).

$$- 9\,\% + 7,5\,\% - (TAM + 1,25\,\%) = -\mathbf{TAM} - \mathbf{2,75\,\%}$$

Taux = TAM + 2,75 % ⇨ *nouveau taux d'endettement*

On est bien passé d'un taux fixe (9 %) à un taux variable. (TAM + 2,75 %)

	FIN ANNÉE 1	FIN ANNÉE 2	FIN ANNÉE 3
Hypothèse TAM	6 %	7 %	6,5 %
Taux fixe	9 %	9 %	9 %
Taux variable	TAM + 2,75% = 8,75%	TAM + 2,75% = 9,75%	TAM + 2,75% = 9,25%
Versements	(9% – 8,75%) × 5 000 000 = 12 500	(9% – 9,75%) × 5 000 000 = – 37 500	(9% – 9,25%) × 5 000 000 = – 12 500
	différence d'intérêts **reçue**	différence d'intérêts **versée**	différence d'intérêts **versée**

2.3. Les FRA[1] *(forward rate agreement)* ou garantie de taux

2.3.1. Définition

C'est un *contrat de gré à gré* qui permet de fixer *aujourd'hui le taux d'intérêt* d'une opération future. Cette opération permet à l'opérateur de se garantir contre une variation des taux d'intérêt.

On distingue deux types de FRA :

- les FRA à terme ferme[2] ;
- les options sur FRA.

2.3.2. Les FRA à terme ferme

C'est un *contrat de gré à gré* signé entre deux opérateurs ayant des anticipations opposées : un acheteur et un vendeur.

- l'acheteur d'un FRA souhaite se couvrir contre une *hausse des taux d'intérêt* (position d'emprunteur) ; il souhaite connaître le coût de son emprunt futur ;
- le vendeur d'un FRA souhaite se couvrir contre une *baisse des*

---

1. Sur le marché organisé, le FRA *(future rate agreement)* correspond à un contrat standardisé.
2. Il existe aussi des contrats *Forward-Forward* (terme contre terme) qui garantissent non seulement un taux d'intérêt futur, mais aussi la mise en place future de l'opération (emprunt ou placement).

taux d'intérêt (position de prêteur) ; il souhaite connaître le revenu de son placement futur.

Un FRA doit comprendre les caractéristiques suivantes :

→ le contrat doit stipuler : la date de départ, la durée, le montant du contrat garanti, le taux d'intérêt ;

→ la durée est généralement de trois à douze mois ;

→ le taux d'intérêt de référence est le taux du marché pour une période donnée (généralement EURIBOR) ;

→ le versement d'un différentiel d'intérêt éventuel a lieu à la date du début de l'opération (emprunt ou prêt).

Un FRA se déroule en trois temps :

→ signature du contrat FRA ;

→ date de départ de l'opération (emprunt ou prêt) et versement du différentiel d'intérêt éventuel ;

→ échéance de l'opération (emprunt ou prêt).

L'expression d'un FRA se fait de la manière suivante :

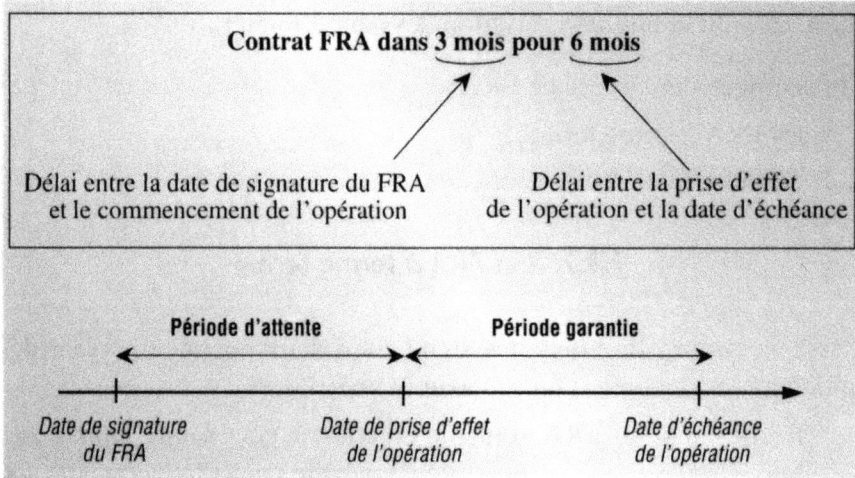

☞ *Remarque : le différentiel est versé à la date de commencement de garantie de l'opération. Il doit être actualisé puisque les intérêts sont postcomptés.*

Exemple chiffré n° 38

Une entreprise prévoit d'emprunter, le 1er avril N, une somme de 1 000 000 € dans six mois pour une durée de trois mois afin de régler une importante commande.

Elle conclut avec sa banque un FRA dans les conditions suivantes :

- montant : 1 000 000 € ;
- taux garanti : 7,35 % ;
- taux de référence : EURIBOR 3 mois.

Le 1er septembre N, l'EURIBOR 3 mois est de 7,52 %.

Les différentes étapes de l'opération seront les suivantes :

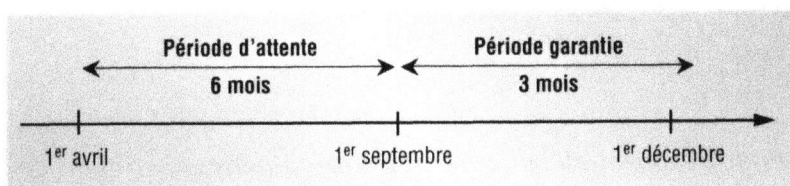

Dans ce cas, l'opérateur craint une *hausse des taux d'intérêt à court terme*. Il *achète* donc un FRA.

Si l'on analyse la situation au 1er septembre N.

Le 1er septembre N, l'entreprise négocie son emprunt au *taux du marché* (soit : 7,52 %).

Elle compare ce taux au taux garanti (soit : 7,35 %).

Il existe deux solutions :

→ taux garanti > taux du marché : ⇨ *l'entreprise verse à la banque le différentiel d'intérêt* (ses anticipations sont erronées puisque les taux d'intérêt sur le marché ont baissé) ;

→ taux garanti < taux du marché : ⇨ *la banque verse à l'entreprise le différentiel d'intérêt* (ses anticipations se sont révélées exactes puisque les taux d'intérêt sur le marché ont augmenté).

Dans notre exemple, le taux garanti (7,35 %) < taux du marché (7,52 %) : ⇨ *la banque verse à l'entreprise le différentiel d'intérêt.*

Le montant du différentiel d'intérêt versé au début de la période de garantie sera :

1. Calcul des intérêts postcomptés (c'est-à-dire à la date d'échéance de l'emprunt : 1er décembre N).

$$1\ 000\ 000 \times (7,52\ \% - 7,35\ \%) \times \boxed{\frac{3}{12}} = 425,00$$

période de garantie

Actualisation des intérêts postcomptés sur la base du **taux d'intérêt du marché** (c'est-à-dire à la date du début de l'emprunt : 1ᵉʳ septembre N).

$$X + \frac{X \times \widehat{7,52}\ \% \times 3}{12} = 425$$

il s'agit du taux du marché (Euribor 3 mois au 1ᵉʳ septembre N).

$$\boxed{X = 417,01}$$

L'entreprise aurait-elle pu avoir recours à d'autres opérations de couverture ?

1. L'entreprise aurait pu négocier des contrats à terme ferme sur le MATIF (marché organisé) ; en l'occurrence des contrats EURIBOR 3 mois. Cependant, un contrat porte sur 1 000 000 €, ce qui est très supérieur au montant de la couverture.
2. L'entreprise aurait pu aussi négocier des contrats à options sur le MATIF (marché organisé) ; en l'occurrence des options sur EURIBOR 3 mois. Cependant, une option porte sur 1 000 000 € ce qui est très supérieur au montant de la couverture.

Position d'un opérateur détenteur d'un FRA :

	Acheteur d'un FRA	Vendeur d'un FRA
Position	futur emprunteur	futur prêteur
Craintes	hausse des taux d'intérêt	baisse des taux d'intérêt
si hausse des taux	reçoit le différentiel (différence entre le taux garanti et le taux du marché)	verse le différentiel (différence entre le taux garanti et le taux du marché)
si baisse des taux	verse le différentiel (différence entre le taux garanti et le taux du marché)	reçoit le différentiel (différence entre le taux garanti et le taux du marché)

2.4. Les FRA contre terme

Le mécanisme du terme contre terme (forward-forward)

Il s'agit d'un contrat à terme permettant à une entreprise d'arrêter aujourd'hui **le montant et le taux d'un financement (ou d'un placement) futur**. Contrairement aux techniques de FRA, l'opération de couverture n'est pas séparée de l'opération d'emprunt (ou de prêt).

2.4.1. Mécanisme

Dans le cas **d'un financement à terme,** la banque impliquée par l'accord de « *forward – forward* » *va* emprunter immédiatement la somme nécessaire sur la période allant de la signature de l'accord jusqu'au terme du financement futur, et effectuer un placement provisoire de cette somme sur la période précédant le déblocage du financement.

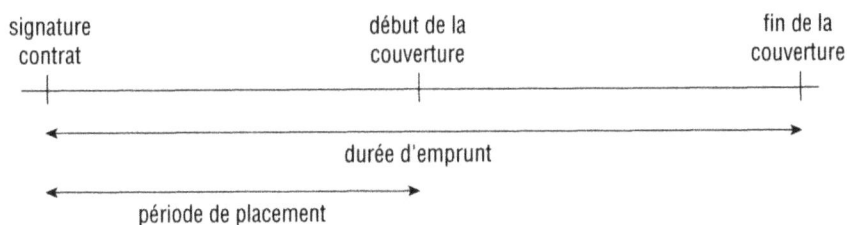

Dans le cas d'un placement à terme, la banque va emprunter sur la période précédant l'opération de placement de l'entreprise cliente, et prêter la somme concernée jusqu'au terme du placement futur (l'emprunt de la banque étant soldé par le placement effectué par le client).

C'est ainsi que, dans le cas d'un financement futur, et compte tenu de la capitalisation des intérêts, le taux du terme contre terme sera égal à :

$$\frac{(te \times de) - (tp \times dp)}{df \times \left(1 + \frac{tp \times dp}{360}\right)}$$

avec : te et de : taux et durée de l'emprunt,
tp et dp : taux et durée du placement,
df : durée du forward – forward.

2.4.2. Exemple d'application

Fin juin, anticipant une hausse des taux d'intérêt dans les mois à venir, une entreprise décide d'arrêter immédiatement les conditions d'un emprunt d'une **durée de six mois lancé dans trois mois**, d'un montant de 1 million d'euros.

Elle va donc contracter, le 1er juillet un *« trois mois contre six mois »* avec sa banque pour 1 M€. Celle-ci va lui permettre de garantir le taux de cet emprunt futur en empruntant immédiatement la somme nécessaire sur neuf mois, et en effectuant un prêt (placement provisoire) de trois mois.

Le taux de l'emprunt sur neuf mois pour la banque est de 6 % et le taux du placement sur trois mois est de 5,75 %.

– Avant prise en compte de sa marge (sur le crédit accordé), le taux t que la banque pourra offrir à l'entreprise sera tel que :

$$(1 + 5,75\,\%) \times \frac{92}{360})\,(1 + tx \times \frac{183}{360}) = (1 + 6\,\% \times \frac{275}{360})$$

D'où, t = **6,037 %**.

> **Par suite, taux du « forward – forward=**
> **6,037 % + marge bancaire (en %)**

2.4.3. Synthèse

Le terme contre terme permet de figer un taux emprunteur (ou prêteur) sur une période future. Il s'apparente au change à terme sur opérations d'import-export.

Compte tenu du facteur aggravant pour le taux du « forward – forward que constitue le différentiel d'intérêt (issu de la double intervention de la banque sur la période préliminaire), cette technique ne doit être utilisée que si l'entreprise est convaincue que la structure des taux d'intérêt va être modifiée d'une manière significative dans les semaines ou mois à venir.

2.5. Les options sur FRA ou options sur taux d'intérêt

Ce sont des *contrats de gré à gré* signés entre deux opérateurs ayant des anticipations opposées : un acheteur et un vendeur.

Ainsi, ces contrats donnent le droit à l'acheteur d'une option d'emprunter ou de prêter une certaine somme à un taux d'intérêt fixé à l'avance, pour une certaine durée et un certain montant. Ainsi, comme pour les options sur les marchés organisés, l'acheteur d'une option sur FRA a le droit d'abandonner son option si ses anticipations sont mauvaises.

Dans tous les cas de figure, il verse une prime au vendeur d'une option sur FRA.

Il existe, sur les marchés de gré à gré, trois types d'options :

- le cap ;
- le floor ;
- le collar.

2.5.1. Le cap

C'est un *contrat de gré à gré* permettant de se protéger contre une hausse des taux d'intérêt en cas d'emprunt.

Il permet de fixer un taux d'intérêt *plafond*, moyennant le versement d'une prime. Il permet donc à l'opérateur de bénéficier d'une baisse des taux d'intérêt.

Les caractéristiques d'un cap sont les suivantes :

- les *primes* sont versées au début de chaque période ;
- la durée courante est comprise entre trois et cinq ans ;
- le taux de référence est le taux TAM[1] ;
- à la fin de chaque période, on compare le taux de référence (TAM) et le taux garanti.

Il existe deux solutions à la fin de chaque période.

---

1. TAM : taux annuel monétaire.

→ Taux garanti > taux du marché : ⇨ *l'entreprise n'exerce pas son option* (ses anticipations sont erronées puisque les taux d'intérêt sur le marché ont baissé). Elle ne verse rien en fin de période, mais perd la prime versée en début de période.

→ Taux garanti < taux du marché : ⇨ *l'entreprise exerce son option* (ses anticipations sont exactes puisque les taux d'intérêt sur le marché ont augmenté). Elle reçoit en fin de période le *différentiel de taux* (différence entre le taux marché et le taux garanti), mais perd la prime versée en début de période.

Exemple chiffré n° 39

Une entreprise emprunte à taux variable TAM, pour une durée de cinq ans, 1 000 000 €. Elle décide une opération de couverture en achetant auprès de sa banque un cap dont les caractéristiques sont les suivantes :
- valeur capée : 1 000 000 € ;
- durée : cinq ans ;
- taux garanti : 8 % ;
- prime : 1,74 %.

1. *Quelles sont les craintes de l'opérateur ?*
2. *Dans l'hypothèse où le TAM a évolué de la manière suivante au cours des cinq prochaines années :*
   Fin N + 1 ⇨ TAM = 8,25 %
   Fin N + 2 ⇨ TAM = 8,35 %
   Fin N + 3 ⇨ TAM = 7,75 %
   Fin N + 4 ⇨ TAM = 7,24 %
   Fin N + 5 ⇨ TAM = 9,74 %
   Calculer le montant des versements effectués chaque année.
3. *Faire une représentation graphique du coût de l'opération.*

L'entreprise craint une hausse des taux d'intérêt qui ferait augmenter ses charges financières.

Le calcul des versements sera :

	Début année 1	Fin année 1	Fin année 2	Fin année 3	Fin année 4	Fin année 5
Hypothèse TAM		8,25 %	8,35 %	7,75 %	7,24 %	9,74 %
Taux garanti		8 %	8 %	8 %	8 %	8 %
Position de l'entreprise		Évolution favorable	Évolution favorable	Évolution défavorable	Évolution défavorable	Évolution favorable
Versements	Prime	Prime	Prime	Prime	Prime	
	– 17 400	– 17 400	– 17 400	– 17 400	– 17 400	
		Différence d'intérêts **reçue**	Différence d'intérêts **reçue**	**Pas de** différence d'intérêts	**Pas de** différence d'intérêts	Différence d'intérêts **reçue**
		2 500	3 500	0	0	17 400
Total	– 17 400	– 14 900	– 13 900	– 17 400	– 17 400	14 400

Conclusion

L'opération n'est pas bénéfique pour l'entreprise. Le résultat net est négatif (– 66 600 : correspond à la somme des totaux de chacune des années). Cela est dû au coût très élevé des primes.

L'entreprise n'exerce pas son option au cours des exercices 3 et 4 et profite d'une évolution favorable des taux d'intérêt.

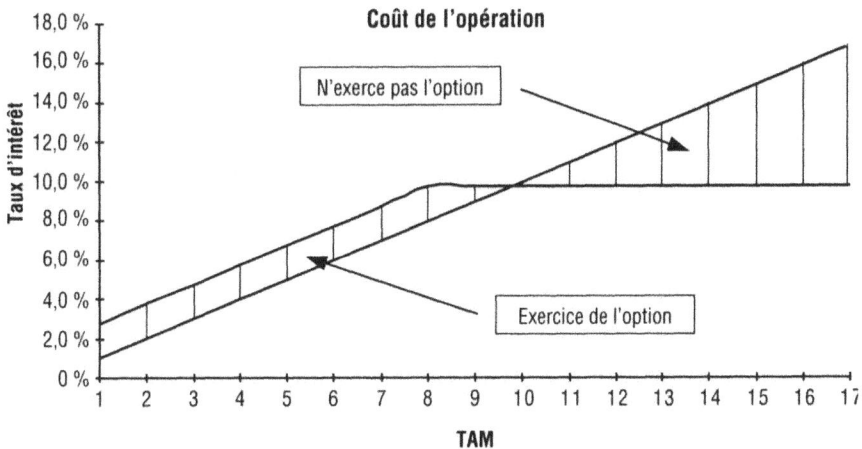

1. TAM > Taux Garanti (ici 8 %) ⇨ **Résultat** = Taux garanti – Prime (ici 1,74 %).

   L'option est exercée.

   Evolution défavorable pour l'emprunt.

2. TAM < Taux Garanti (ici 8 %) ⇨ **Résultat** = TAM – Prime (ici 1,74 %).

   L'option n'est pas exercée.

   Evolution favorable pour l'emprunt.

---

3. Équation du résultat : T4M – (T4M – Taux garanti) + Prime.

2.5.2. Le floor

C'est un *contrat de gré à gré* permettant de se protéger contre une baisse des taux d'intérêt en cas de placement.

Il permet de fixer un taux d'intérêt *plancher*, moyennant le versement d'une prime. Il permet donc à l'opérateur de bénéficier d'une hausse des taux d'intérêt.

Les caractéristiques d'un floor sont les suivantes :

- les *primes* sont versées au début de chaque période ;
- la durée courante est comprise entre trois et cinq ans ;
- le taux de référence est le taux TAM[1] ;
- à la fin de chaque période, on compare le taux de référence (TAM) et le taux garanti.

Il existe deux solutions à la fin de chaque période.

→ Taux garanti < taux du marché : ⇨ *l'entreprise n'exerce pas son option* (ses anticipations sont erronées puisque les taux d'intérêt sur le marché ont augmenté). Elle ne verse rien en fin de période, mais perd la prime versée en début de période.

→ Taux garanti > taux du marché : ⇨ *l'entreprise exerce son option* (ses anticipations sont exactes puisque les taux d'intérêt sur le marché ont baissé). Elle reçoit en fin de période le *différentiel de taux* (différence entre le taux garanti et le taux marché), mais perd la prime versée en début de période.

---

1. TAM : taux annuel monétaire.

Exemple chiffré n° 40

Une entreprise prête à taux variable TAM, pour une durée de trois ans, 2 000 000 €.
Elle décide une opération de couverture en achetant auprès de sa banque un floor dont
les caractéristiques sont les suivantes :
- valeur : 2 000 000 € ;
- durée : 3 ans ;
- taux garanti : 6 % ;
- prime : 2,34 %.

1. *Quelles sont les craintes de l'opérateur ?*
2. *Dans l'hypothèse où le TAM a évolué de la manière suivante au cours des trois prochaines années :*
   Fin N + 1 ⇨ TAM = 8,25 %
   Fin N + 2 ⇨ TAM = 8,35 %
   Fin N + 3 ⇨ TAM = 7,75 %
   Calculer le montant des versements effectués chaque année.
3. *Faire une représentation graphique du coût de l'opération.*

L'opérateur craint une baisse des taux d'intérêt qui lui ferait perdre des
produits financiers.

Le calcul des versements sera :

	Début année 1	Fin année 1	Fin année 2	Fin année 3
Hypothèse TAM		5,75 %	5,85 %	6,24 %
Taux garanti		6 %	6 %	6 %
Position de l'entreprise		Évolution favorable	Évolution favorable	Évolution défavorable
Versements	Prime	Prime	Prime	
	– 46 800	– 46 800	– 46 800	
		Différence d'intérêts **reçue**	Différence d'intérêts **reçue**	**pas de** différence d'intérêts
		5 000	3 000	0
Total	– 46 800	– 41 800	– 43 800	0

L'entreprise n'exerce pas son option au cours de l'exercice 3 et profite d'une évolution favorable des taux d'intérêts.

Le résultat de l'opération n'est pas bénéfique pour l'entreprise (– 132 400). Cela est dû au coût de la prime.

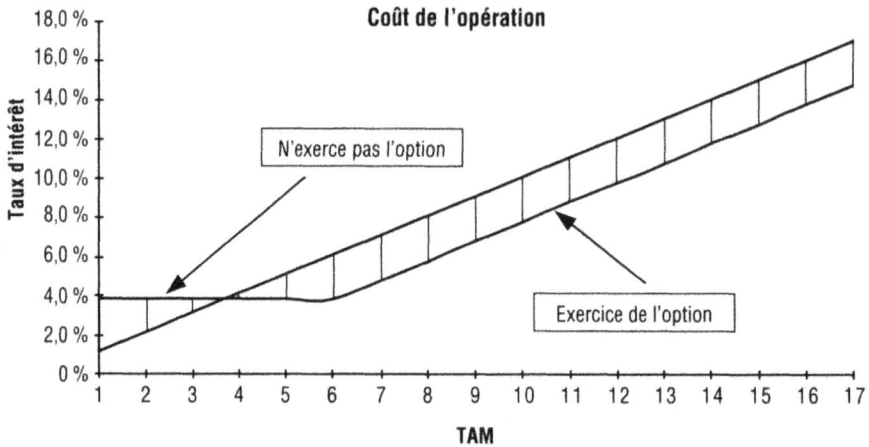

1. TAM > Taux Garanti (ici 6 %) = **Résultat** = TAM – Prime (ici 2,34 %).
   L'option n'est pas exercée.
   Evolution favorable pour le placement.

2. TAM < Taux Garanti (ici 6 %) = **Résultat** = Taux garanti – Prime (ici 2,34 %).
   L'option est exercée.
   Evolution défavorable pour le placement.

---

3. Equation du résultat : TAM – (Taux garanti – TAM) + Prime.

2.5.3. Le collar ou tunnel de taux d'intérêt

C'est un *contrat de gré à gré* qui combine les deux instruments précédents (cap - floor).

Il permet à l'opérateur de prêter ou d'emprunter dans une fourchette de taux.

L'objectif est d'annuler la prime décaissée, ou à défaut de la faire baisser.

Il existe deux situations :

→ *Achat d'un collar :* signifie que l'opérateur achète simultanément un cap et vend un floor (position d'emprunteur).
Cette opération permet à l'opérateur de garantir un taux maximal pour un emprunt, tout en profitant d'une baisse des taux d'intérêt jusqu'au niveau du taux du floor.

L'opérateur : verse la prime qui correspond à l'option du cap ;
reçoit la prime qui correspond à l'option du floor.

→ *Vente d'un collar :* signifie que l'opérateur achète simultanément un floor et vend un cap (position de prêteur).
Cette opération permet à l'opérateur de garantir un taux minimum pour un placement, tout en profitant d'une hausse des taux d'intérêt jusqu'au niveau du taux du floor.

L'opérateur : reçoit la prime qui correspond à l'option du cap ;
verse la prime qui correspond à l'option du floor.

Exemple chiffré n° 41

Une entreprise souhaite emprunter 8 000 000 € à taux variable TAM pour une durée de quatre ans.
Elle décide une opération de couverture en cherchant à minimiser le coût de son emprunt.
Elle négocie auprès de sa banque un collar dont les caractéristiques sont les suivantes :
• valeur : 8 000 000 € ;
• durée : quatre ans ;
• taux plafond garanti : 10,5 % ; prime : 0,7 % ;
• taux plancher garanti : 9 % ; prime : 0,5 %.

1. *Quelles sont les craintes de l'opérateur ?*
2. *Doit-il acheter ou vendre des collars ?*
3. *Dans l'hypothèse où le TAM a évolué de la manière suivante au cours des quatre prochaines années :*
   Fin N + 1 ⟹ TAM = 8,5 %
   Fin N + 2 ⟹ TAM = 10,2 %
   Fin N + 3 ⟹ TAM = 11,5 %
   Fin N + 4 ⟹ TAM = 11 %
   Calculer le montant des versements effectués chaque année.
4. *Faire une représentation graphique du coût de l'opération.*

L'entreprise craint une hausse des taux d'intérêt qui augmenterait ses charges financières.

Puisque l'entreprise est en position d'emprunteuse, elle **achète un collar**. C'est-à-dire qu'elle achète un cap et vend un floor.

Les versements que l'entreprise devra effectuer seront :

	Début année 1	Fin année 1	Fin année 2	Fin année 3	Fin année 4
Hypothèse T4M		8,50 %	10,20 %	11,50 %	11,00 %
Taux plafond garanti		10,50 %	10,50 %	10,50 %	10,50 %
Taux plancher garanti		9 %	9 %	9 %	9 %
Encaissement prime (vente d'un floor) (1)	40 000	40 000	40 000	40 000	0
Versements prime (achat d'un cap) (2)	– 56 000	– 56 000	– 56 000	– 56 000	0
		L'entreprise ne verse aucun différentiel pour le cap, mais doit verser un différentiel pour le floor	L'entreprise ne verse aucun différentiel ni pour le cap, ni pour le floor	L'entreprise reçoit un différentiel pour le cap, mais ne verse aucun différentiel pour le floor	L'entreprise reçoit un différentiel pour le cap, mais ne verse aucun différentiel pour le floor
		– 40 000	**0**	**80 000**	**40 000**
Total	**– 16 000**	**– 56 000**	**– 16 000**	**64 000**	**40 000**
(1) 8 000 000 x 0,5 % (2) 8 000 000 x 0,7 %		8 000 000 x (9% – 8,5 %)	0	8 000 000 x (11,5 % – 10,5 %)	8 000 000 x (11 % – 10,5 %)

Coût

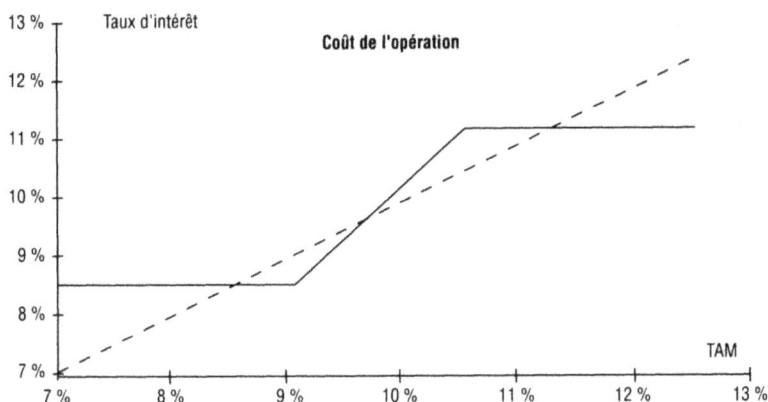

3. Les instruments de gestion
des risques de change sur les marchés

Le risque de change est le préjudice subi par une entreprise qui réalise une opération commerciale (achat ou vente) ou une opération financière (emprunt ou prêt) dans une monnaie différente de sa monnaie nationale.

Elle court ainsi le risque de voir le contrat se dénouer (encaissement d'une vente ou décaissement d'un achat, remboursement d'un emprunt ou d'un prêt) à des conditions de change différentes de celles du contrat initial, et dans un sens défavorable.

Le risque de change apparaît, alors, chaque fois qu'une opération, quelle qu'elle soit, est libellée dans une devise étrangère.

Les entreprises tournées vers les marchés étrangers, qu'elles soient importatrices ou exportatrices, sont donc confrontées aux risques liés à la volatilité des devises.

L'activité de commerce international d'une entreprise génère donc un risque de change qui a une double nature[1] :

_____

1. L'entreprise peut aussi être exposée à un autre facteur de risque de change que celui né de flux commerciaux ou de financement : il s'agit, par exemple, de dividendes reçus de filiales étrangères, de versements de fonds à des filiales étrangères...

→ commerciale : en tant qu'importateur ou exportateur de biens facturés en devises étrangères ;

→ financière : en tant qu'emprunteur ou prêteur de devises.

3.1. Définition

Le risque de change résulte du risque de fluctuation par rapport à une autre monnaie sur une position nette prise par l'entreprise.

La position de change est la différence positive ou négative entre les *avoirs* libellés en devises étrangères et les *dettes* libellées en devises étrangères.

Tout comme le risque de taux, le risque de change se détermine devise par devise.

La position de l'entreprise peut être de trois natures :

- fermée si la somme des créances est égale à la somme des dettes ;
- longue si les créances sont supérieures aux dettes ;
- courte si les créances sont inférieures aux dettes.

Nous aurons ainsi le tableau suivant :

Nature de la position de change	Evolution des cours de change	Impact sur le résultat de l'entreprise
Position courte	Hausse des cours	**Perte**
(dettes > créances)	Baisse des cours	**Gain**
Position longue	Hausse des cours	**Perte**
(dettes < créances)	Baisse des cours	**Gain**

Comme pour le risque de taux, le risque de change se gère en utilisant des instruments soit sur le marché de *gré à gré*, soit sur les marchés organisés[1].

Gérer le risque de change, c'est donc connaître l'exposition à ce risque. Cette mesure d'exposition passe par la détermination de la position de change effectuée devises par devises.

---

1. En raison des produits offerts sur le marché londonien, il n'existe plus de contrats standardisés sur les MATIF.

Cette position de change doit comprendre : *les créances nées* et *à naître* + *les engagements à livrer* (ou de vendre) et *à prêter* – *les dettes nées* et *à naître* + *les engagements à acheter* et *à emprunter*.

3.2. Fait générateur du risque de change

D'un point de vue comptable, le risque de change naît à la date à laquelle la facture est comptabilisée. En effet, à partir de cette date toute modification de la valeur de la devise jusqu'à la date de règlement pourra traduire une perte de change.

D'un point de vue financier, c'est à la date de *commande*[1], puisque c'est à cette date que l'entreprise a pris l'engagement de l'opération future.

3.3. Les moyens de couverture du risque de change

La couverture a pour objectif de limiter l'exposition de l'entreprise à un risque de variation des devises.

Toute entreprise peut donc couvrir une position de change *actuelle* ou *future* en s'efforçant de réduire ou d'annuler l'incidence que pourrait avoir une variation de la devise de référence.

Les moyens dont dispose une entreprise sont au nombre de deux :

- les moyens traditionnels ;
- les instruments de couverture sur le marchés de gré à gré ou organisés.

3.3.1. Les moyens traditionnels

Les techniques traditionnelles de couverture sont nombreuses, mais peuvent être regroupées en deux catégories :

- les techniques internes ;
- les techniques externes.

---

1. C'est même à partir de la date de remise de l'offre ferme et définitive (engagement de l'entreprise) que le risque de change commence.

3.3.1.1. Les techniques internes

Citons, sans limitation :

- les clauses d'indexation monétaire qui consistent à indexer le prix du produit sur le cours de change. Efficace, cette technique est toutefois difficilement acceptable de la part des clients ;
- la compensation entre les opérations d'importation et d'exportation. Elle suppose que les montants et les échéances soient suffisamment proches.

3.3.1.2. Les techniques externes

Citons, sans limitation :

- la modification d'une position de change *longue* (c'est-à-dire : prêteuse) dans la devise par une position inverse ⇨ un emprunt, c'est-à-dire *courte* (position d'emprunteuse) dans la même devise et à des conditions similaires ;
- la modification d'une position de change *courte* (c'est-à-dire : emprunteuse) dans la devise par une position inverse, c'est-à-dire *longue* (position de prêteuse) dans la même devise et à des conditions similaires ;
- la signature de contrat de couverture de change soit sur les marchés de gré à gré, soit sur les marchés organisés ;
- la signature de contrat de couverture de change auprès de la COFACE[1].

3.3.2. Les instruments de couverture de change

3.3.2.1. Les contrats de change à terme ferme

Les contrats de change à terme sont de simples contrats d'achat ou de vente à terme fixant des devises.

Il s'agit de fixer *aujourd'hui* le cours de la devise que l'on souhaite *acheter* ou *vendre* plus tard (à terme).

Le change à terme est l'instrument de couverture le plus fréquent utilisé par les entreprises. Ce sont des moyens très faciles dès lors que

---

1. COFACE : Compagnie française d'assurance pour le commerce extérieur. Il s'agit d'une société de droit privé qui gère pour son propre compte l'assurance à l'exportation, et pour le compte de l'Etat la couverture de risques économiques.

l'on connaît la date d'échéance de l'opération et le montant. Ces contrats se négocient directement entre l'entreprise et une banque.

Exemple chiffré n° 42

> Le 1er mars N, une entreprise exportatrice doit recevoir dans 6 mois 200 000 dollars. Craignant une baisse de la valeur du dollar, elle négocie un contrat de change à terme au cours du dollar à 0,85 €.
>
> Le cours du dollar sur le marché au comptant (cours spot) le 1er mars N est de : 0,855 € ;
>
> Le cours du dollar sur le marché au comptant (cours spot) le 1er septembre N est de : 0,8225 € ;
>
> 1. *Doit-elle acheter ou vendre des contrats ?*
> 2. *Que fait-elle le 1er septembre si le cours du dollar est de 0,8225 € ?*
> 3. *Que fait-elle le 1er septembre si le cours du dollar est de 0,896 € ?*

Puisqu'elle craint une *baisse* du dollar, elle doit donc **vendre à terme**[1]. Elle connaîtra de façon certaine le cours du dollar le 1er septembre, date de l'échéance du contrat.

Au 1er septembre elle exerce son contrat, c'est-à-dire qu'elle **vend** ses dollars à 0,85 €. Alors que sur le marché au comptant elle ne les aurait vendus que 0,8225 €. Elle réalise un gain de :

$$200\,000 \text{ USD} \times (0,85 - 0,8225) = 5\,500 \text{ €.}$$

Par contre si le 1er septembre le cours du dollar est de 0,896 €, elle est obligée d'exercer son contrat, c'est-à-dire qu'elle **vend** ses dollars à 0,85 €. Alors que sur le marché au comptant elle les aurait vendus 0,896 €. Elle réalise un manque à gagner de :

$$200\,000 \text{ USD} \times (0,85 - 0,896) = -9\,200 \text{ €.}$$

Cette couverture, qui permet à l'entreprise une assurance sans coût initial puisqu'au moment de la signature du contrat aucun paiement n'est effectué, présente l'inconvénient majeur, pour l'entreprise, d'obliger celle-ci à renoncer à toute opportunité de gain.

---

1. Inversement, un importateur qui craint une *hausse* du cours des devises **achète** des contrats à terme.

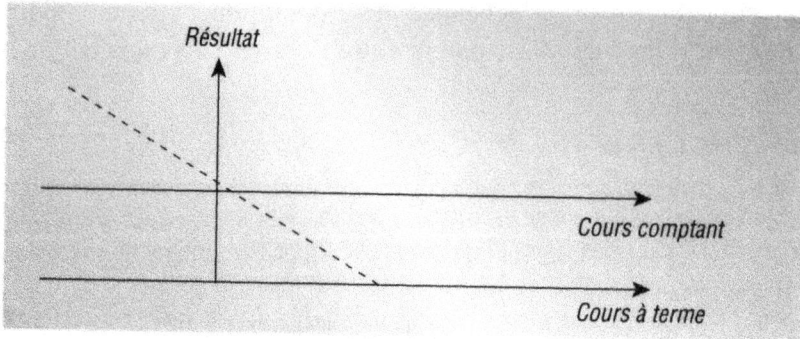

Si, au jour du règlement, le cours de la devise dépasse le cours négocié à la banque, l'entreprise réalise un manque à gagner.

C'est pourquoi certaines entreprises souhaitent recourir à d'autres instruments financiers pour pouvoir bénéficier de gains potentiels en cas de mauvaises anticipations.

3.3.2.2. Les swaps de devises

C'est un *contrat de gré à gré* qui permet à chaque partie d'échanger les services de deux dettes libellées dans deux devises différentes.

Cette opération se fait par l'intermédiaire d'un banquier qui se charge de trouver le contrepartie qui sera intéressée par le fait de recevoir la devise nationale de l'entreprise qui *swape*.

L'échange se fait pour le montant du capital et le montant des intérêts.

Ce swap de taux d'intérêt sur des dettes libellées en devises permet de profiter des avantages comparatifs.

Le swap de devises se déroule en trois phases :

① échange du nominal de chaque dette ;
② échange des intérêts ;
③ remboursement du nominal de chaque dette + des intérêts.

Exemple chiffré n° 43

L'entreprise Berger a contracté le 1er septembre N un emprunt de 100 000 $ pour financer un important projet d'investissement aux Etats-Unis.
Cet emprunt est remboursable *in fine* le 1er septembre N + 3 au taux de 5 %.
Elle désire se couvrir contre une fluctuation des cours du dollar et signe un swap de

devises avec la société Burton qui a contracté le 15 septembre N un emprunt de 110 000 € remboursables *in fine* le 15 septembre N + 3 au taux de 6,5 %.
Le cours du dollar est de 1 $ = 0,91 €.

1. *Principe*

① *échange du nominal de chaque dette*

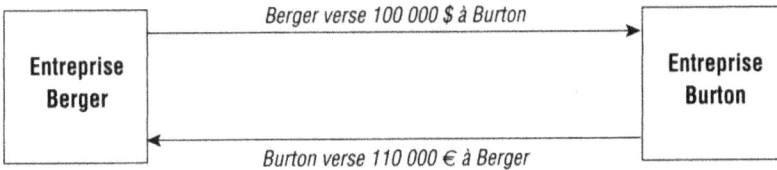

Berger verse 100 000 $ à Burton

| Entreprise Berger | → | Entreprise Burton |

Burton verse 110 000 € à Berger

② *échange des intérêts*

Les deux entreprises choisissent de verser, à chaque échéance, les intérêts respectifs de leur dette. Soit aux dates anniversaires de leur emprunt : 1er septembre de chaque année.

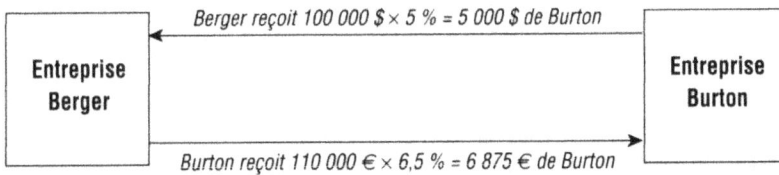

Berger reçoit 100 000 $ × 5 % = 5 000 $ de Burton

| Entreprise Berger | ← | Entreprise Burton |

Burton reçoit 110 000 € × 6,5 % = 6 875 € de Burton

Chaque entreprise peut donc payer à sa banque le montant des intérêts d'emprunt.

③ *remboursement du nominal de chaque dette + des intérêts*

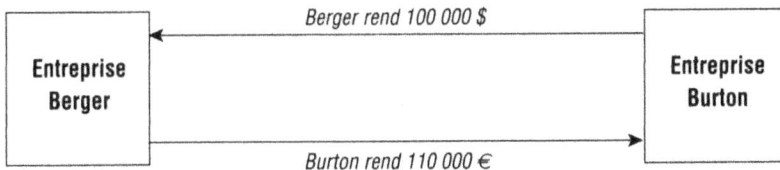

Berger rend 100 000 $

| Entreprise Berger | ← | Entreprise Burton |

Burton rend 110 000 €

Au plan du risque de change, le *swap* de devises s'apparente à une série de contrats de change à terme.

Dans ce cas, également, l'entreprise n'a aucun coût à supporter à la date de la négociation du contrat. Cependant, elle renonce à bénéficier de gains potentiels.

3.3.2.3. Les futures de change

Il s'agit de contrats standardisés qui portent sur une certaine quantité de devises dont le prix est convenu à l'avance.

Le fonctionnement de ces contrats est identique au contrat à terme.

3.3.2.4. Les options de change

Il s'agit de contrats *standardisés* ou *de gré à gré* qui portent sur une certaine quantité de devises et dont l'objet est d'assurer une entreprise contre le risque de change, tout en profitant, éventuellement, d'une évolution favorable du cours de la devise.

Comme dans tout contrat d'options, l'acheteur d'une option verse au vendeur de l'option une prime.

Ainsi les options de change offertes sur les marchés de gré à gré se négocient auprès d'un intermédiaire financier autre que le MONEP.

Il s'agit de contrats sur mesure offerts par les établissements financiers :

- soit sur des options devises/€[1] ;
- soit sur des options €/devises[2].

Il s'agit d'options à *l'européenne*, c'est-à-dire qu'elles ne peuvent s'exercer qu'à l'échéance.

Une option porte en général sur une parité de 100 000.

Le fonctionnement des contrats d'options a été défini dans le chapitre sur le MONEP.

Exemple chiffré n° 44

Une entreprise a acheté, le 1er octobre N, des marchandises aux USA pour 300 000 USD qu'elle doit régler dans trois mois. A cette date, le cours du dollar est de 0,90 €.
Pour se couvrir contre une éventuelle hausse du dollar, l'entreprise négocie sur le MATIF des contrats d'options USD/€, échéance décembre, prix d'exercice : 0,873 €, prime : 1,85 %.
Au 31 décembre N, le cours du dollar est de 0,893 €.

---

1. Achat de la devise et vente de l'€.
2. Achat de l'€ et vente de la devise.

Pour se protéger contre une hausse des cours, l'entreprise va **acheter des options d'achat.**

Le nombre d'options = $\frac{300\,000}{100\,000}$ = 3.

Au moment de la signature du contrat, une prime sera versée par l'entreprise = $1,85\,\% \times 3 \times 100\,000 \times \mathbf{0,90} = 4\,995$.

Il s'agit du cours au comptant le jour de la négociation du contrat.

Le 31 décembre N ? Calculer le résultat de l'opération.

Le cours du dollar a effectivement augmenté. (On compose le cours au 31/12 avec le cours correspondant au prix d'exercice.) L'entreprise exerce son option, c'est-à-dire qu'elle va acheter des dollars au prix convenu ; à savoir : 0,873 €.

Le trésorier de l'entreprise réalise un résultat :
$(3 \times 100\,000 \times \mathbf{0,873}) - 4\,995 = \mathbf{256\,905\ €}$

Qu'aurait-il fait si le cours du dollar au 31 décembre N s'était élevé à 0,825 € ? Présenter le graphique correspondant.

Si le dollar cote 0,825 € il abandonne l'option et perd la prime, car le cours a baissé (il devra débourser moins).

Toutefois, il profite de la baisse du dollar. Il peut acheter des dollars sur le marché des devises à 0,825 €.

Le trésorier de l'entreprise réalise un résultat :
$(3\,100\,000 \times \mathbf{0,825}) - 4\,995 = 242\,505\ €.$

Le coût pour 1 \$ = 0,825 + 1,85 % × 0,9 = 0,84165.

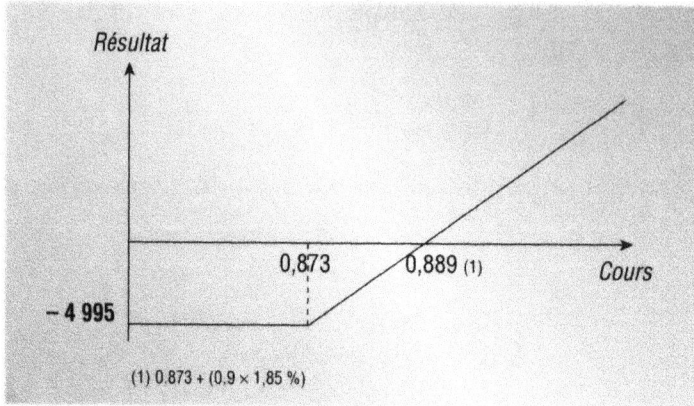

(1) 0.873 + (0.9 × 1,85 %)

3.3.1.5. La COFACE

Il s'agit de contrats proposés par cette compagnie d'assurances pour couvrir une fluctuation des cours des devises.

Le fonctionnement de la COFACE est le suivant :

Un opérateur qui souhaite se prémunir contre la fluctuation d'une devise négocie auprès de la COFACE des contrats[1] qui lui garantissent le cours de la devise moyennant le versement d'une prime.

A l'échéance :

- si l'opérateur réalise des pertes de change, la COFACE indemnise l'entreprise ;
- si l'opérateur réalise des gains de change, l'entreprise indemnise la COFACE.

Exemple chiffré n° 45

Une entreprise a vendu, le 1er août N, des marchandises aux USA pour 25 000 USD. L'entreprise américaine doit régler dans cinq mois. Au 1er août, le cours du dollar est de 0,90 €.
Pour se couvrir contre une éventuelle baisse du dollar, l'entreprise négocie auprès de la COFACE des contrats d'options USD/€, échéance décembre, prix d'exercice : 0,92 €, prime : 2,12 %.
Au 31 décembre N, le cours du dollar est de 0,915 €.

---

1. La COFACE propose aussi des contrats plus élaborés pour bénéficier des évolutions favorables de la devise.

À la signature du contrat, une prime est versée par l'entreprise =

$$2,12\ \% \times 25\ 000 \times (0,90) = 477\ \text{€}.$$

*Il s'agit du cours au comptant le
jour de la négociation du contrat.*

Le 31 décembre N ? Calculer le résultat de l'opération.

Le cours du dollar a effectivement baissé. L'entreprise va vendre ses dollars au prix convenu ; c'est-à-dire : 0,92 €.

Le trésorier de l'entreprise réalise un résultat :
$(25\ 000 \times \mathbf{0,915}) + 125 = 23\,000$ €.

Il reçoit de la COFACE la différence entre le cours de la devise à l'échéance (0,915 €) et le cours négocié (0,92) ; soit $25\,000\ (0,92 - 0,915) = 125$ €.

Qu'aurait-il fait si le cours du dollar au 31 décembre N s'était élevé à 1 € ?

Si le dollar cote 1,00 €, il doit verser à la COFACE le différentiel.

Le trésorier de l'entreprise réalise un résultat :
$(25\ 000 \times \mathbf{1,00}) - 2\,000 = 23\,000$ €.

Il verse à la COFACE la différence entre le cours de la devise à l'échéance (1,00 €) et le cours négocié (0,92) ; soit $25\,000\ (\mathbf{1,00} - \mathbf{0,92}) = 2\,000$ €.

Conclusion

Bien évidemment, ces instruments doivent être étudiés avec rigueur pour savoir celui qui correspond le mieux aux besoins de l'entreprise. On ne saurait privilégier uniquement le paramètre « coût » pour choisir l'instrument le mieux adapté ; il convient aussi d'étudier la souplesse, la fluidité, les accords futurs...

3.4. Moyens permettant aux gestionnaires de limiter l'exposition au risque de change

PRATIQUES DE GESTION	AVANTAGES	INCONVÉNIENTS
Facturation des échanges en euros	Le risque de change est totalement évacué.	Le risque est en fait transféré aux partenaires étrangers de l'entreprise.
Facturation des exportations dans une devise forte	Permet de spéculer sur une éventuelle hausse de la devise avant le règlement: accroissement de la rentabilité globale.	Le risque est reporté sur le client étranger. Le choix d'une devise forte est limité: prédominance actuelle du dollar US dans les échanges internationaux.
Paiement au comptant des exportations	Permet de réduire l'exposition au risque à la période comprise entre la date de commande et la date de livraison.	Disparition d'un argument de vente particulièrement utilisé en matière d'exportation.
Contrats d'exportation ou d'importation à clause d'indexation Termaillage « leads and legs »	Permet de limiter voire d'annuler l'exposition au risque de change. Technique fondée sur l'allongement ou le raccourcissement des délais de règlement, en fonction des anticipations d'évolution du cours de la devise: permet de spéculer sur une issue favorable.	Transfert du risque sur les partenaires étrangers de l'entreprise. Report du risque de change et de l'incertitude de délais de règlement sur le partenaire étranger.
Accords de troc (clearing)	Règlement en nature (échange réciproque de biens commercialisables) permet d'évacuer totalement le risque de change.	Champ d'application très limité.

La monnaie unique devrait permettre de réduire le risque de change des entreprises françaises, non seulement à l'intérieur de la zone euro, mais également vis-à-vis de partenaires mondiaux acceptant l'euro comme moyen de règlement des échanges.

3.4.1. Avances ou dépôts en devises

L'exportateur qui contracte auprès de sa banque une avance en devises réalise en une seule opération :

- une couverture de change ;
- un financement de son exportation.

En effet, l'exportateur français qui doit recevoir à terme une somme en monnaie étrangère :

1. emprunte cette somme, par le biais de sa banque, sur le marché de l'euro-devise ;
2. la convertit en euros sur le marché des changes au comptant ;
3. le règlement à terme de l'exportation permettant de rembourser l'avance en devises.

   L'avance en devises ne peut être obtenue qu'après justification du passage en douane des marchandises.

En matière d'importation, le **dépôt en devises** est en quelque sorte l'opération inverse. Le schéma en est le suivant

1. l'importateur achète les devises au comptant contre euros ;
2. il les place, par l'intermédiaire de sa banque, sur le marché de l'euro-devise ;
3. il les récupère à la date de règlement de l'importation.

Il existe sur les différents marchés, marchés de gré à gré et marchés organisés, un certain nombre de techniques permettant de couvrir le risque de change.

3.4.2. Les contrats à terme ferme de devises

3.4.2.1. Le change à terme

C'est dans le domaine des changes que les *forwards* (contrats de gré à gré à terme ferme) occupent la place la plus importante avec le marché interbancaire à terme. Cette technique de couverture, relativement ancienne, est surtout utilisée en matière de risque commercial.

■ **Modalités** : Un contrat de change à terme représente pour un banquier un engagement d'acheter des devises qu'un de ses clients doit recevoir ultérieurement en règlement d'une exportation, ou, à l'inverse, de les lui fournir à une certaine échéance pour lui permettre de régler une importation à un prix fixé dès l'origine.

Le cours à terme résulte pour l'essentiel de deux opérations de trésorerie emprunt dans une monnaie et placement dans une autre monnaie.

- Ce cours à terme reflète donc principalement le **différentiel d'intérêt** constaté entre les deux monnaies concernées : **ce différentiel est appelé taux de report ou taux de déport** (*selon le signe du différentiel*).
  Exemple : *Cours à terme du dollar américain (contre euro).*

> *Cours à terme de l'USD = cours au comptant de l'USD + report (ou déport)**

* dépend du différentiel d'intérêt, calculé prorata temporis, entre le taux du marché monétaire français et le taux de *l'eurodollar* pour l'échéance considérée.

- Si le différentiel d'intérêt (= **taux d'intérêt domestique – taux de l'eurodevise**) est positif, la devise cote un **report** ;
- si le différentiel est négatif, la devise cote un **déport.** Le report est un profit pour l'exportateur et une charge pour l'importateur (car cours à terme > cours au comptant), et inversement en ce qui concerne le déport.

■ **Schéma du processus**

1. Cas d'un exportateur français

Il doit recevoir dans deux mois (61 jours) le règlement en dollars (USD) de son client américain.

- Le banquier de l'exportateur emprunte, pour la période des deux mois, la somme correspondante sur le marché de l'eurodollar. Il convertit immédiatement (cours au comptant) ces dollars en euros, afin de les placer à deux mois sur le marché monétaire français. À l'échéance des deux mois, il achète les dollars perçus par l'exportateur aux conditions préétablies (cours à terme), et il rembourse l'emprunt initialement contracté sur le marché de l'eurodollar.

Calcul du cours à terme

- cours < spot » du dollar (cours au comptant)

	cours acheteur	cours vendeur
Cours	0,885	0,8925

	taux emprunteur*	taux prêteur*
taux à 2 mois sur le marché monétaire français	3,5625 %	3,6875 %
taux à 2 mois sur le marché de l'eurodollar	5,50 %	5,625 %

- *La banque va donc emprunter à deux mois sur le marché de l'eurodollar, au taux prêteur de 5,625 % ;*
- *Elle va convertir le jour même les dollars en euros au cours acheteur de 0,885 € ;*
- *Elle place cette somme à deux mois sur le marché monétaire français au taux emprunteur de 3,5625 %.*
- *La devise cote un **déport :** taux d'intérêt sur marché monétaire français < taux d'intérêt sur marché de l'eurodollar.*

• **taux emprunteur :** taux auquel la banque emprunte, c'est-à-dire taux auquel son client prête ;

• **taux prêteur :** taux auquel la banque prête, c'est-à-dire taux auquel son client emprunte. La banque agissant pour le compte de son client, elle applique le taux prêteur lorsqu'elle emprunte, et inversement

Calcul du déport (compte tenu que les intérêts sont reçus et versés en fin de période) :

$$\frac{0,885 \times (3,5625\ \% - 5,625\ \%) \times \frac{61}{360}}{1 + \left(5,625\ \% \times \frac{61}{360}\right)} \approx -0,0031$$

Par suite, le cours à terme du dollar US contre euro est de : 0,885 − 0,0031 = **0,8819** (hors commissions bancaires).

2. Cas d'un importateur français

Il s'agit d'un schéma symétriquement inverse à celui de la vente à terme de devises.

■ Le banquier de l'importateur emprunte sur le marché monétaire français la somme nécessaire pour la durée comprise entre aujourd'hui et la date de règlement de l'importation. Il convertit cette somme au cours de change du jour dans la devise concernée, pour la placer (jusqu'à la date de règlement de l'importation) sur le marché de l'eurodevise correspondante.

À l'échéance, il vend les devises à l'importateur aux conditions préétablies (cours à terme), et il rembourse l'emprunt en euros initialement contracté.

Ce qui nous donne donc, dans le cas d'un achat à terme de devises, et pour la période considérée :

- l'emprunt par la banque des euros au taux prêteur sur le marché monétaire ;
- la conversion dans la devise au cours vendeur du moment ;
- le placement de la somme au taux emprunteur sur le marché de l'eurodevise.

Le calcul du report ou du déport reposant toujours sur la même formule, à savoir

$$\frac{Cc \times (tf - td) \times \frac{n}{360}}{1 + \left(td \times \frac{n}{360}\right)}$$

avec : Cc = cours au comptant de la devise contre euros,

tf = taux d'intérêt sur le marché monétaire européen,

td = taux d'intérêt sur le marché de l'eurodevise,

n = nombre de jours jusqu'à l'échéance.

Instruments de couverture offerts pour la gestion des risques

Nature du risque	Instruments offerts
Risque de taux	• **Sur les marchés organisés :** – Contrats à terme ferme sur taux. – Contrats d'option • **Sur les marchés de gré à gré :** – Swap de taux. – FRA. – Options sur FRA (cap, floor, collar).
Risque de change	• **Sur les marchés de gré à gré :** – Change à terme. – Swap de devises. – Options de change. – COFACE (contrats à négocier). – Futur de change. – Avances ou dépôts de devises. – Warrants sur devises.
Risque de marché	• **Sur les marchés organisés ou sur les marchés de gré à gré :** – Contrats à terme sur actions, indices, panier d'actions (achat ou vente). – Options sur actions, indices, panier d'actions (achat ou vente. – Warrants sur actions, indices, panier d'actions (achat ou vente). – Certificats bull ou bear. – Certificats boost. – Bons de souscription d'actions.

Conclusion : *les stratégies possibles pour un agent économique*

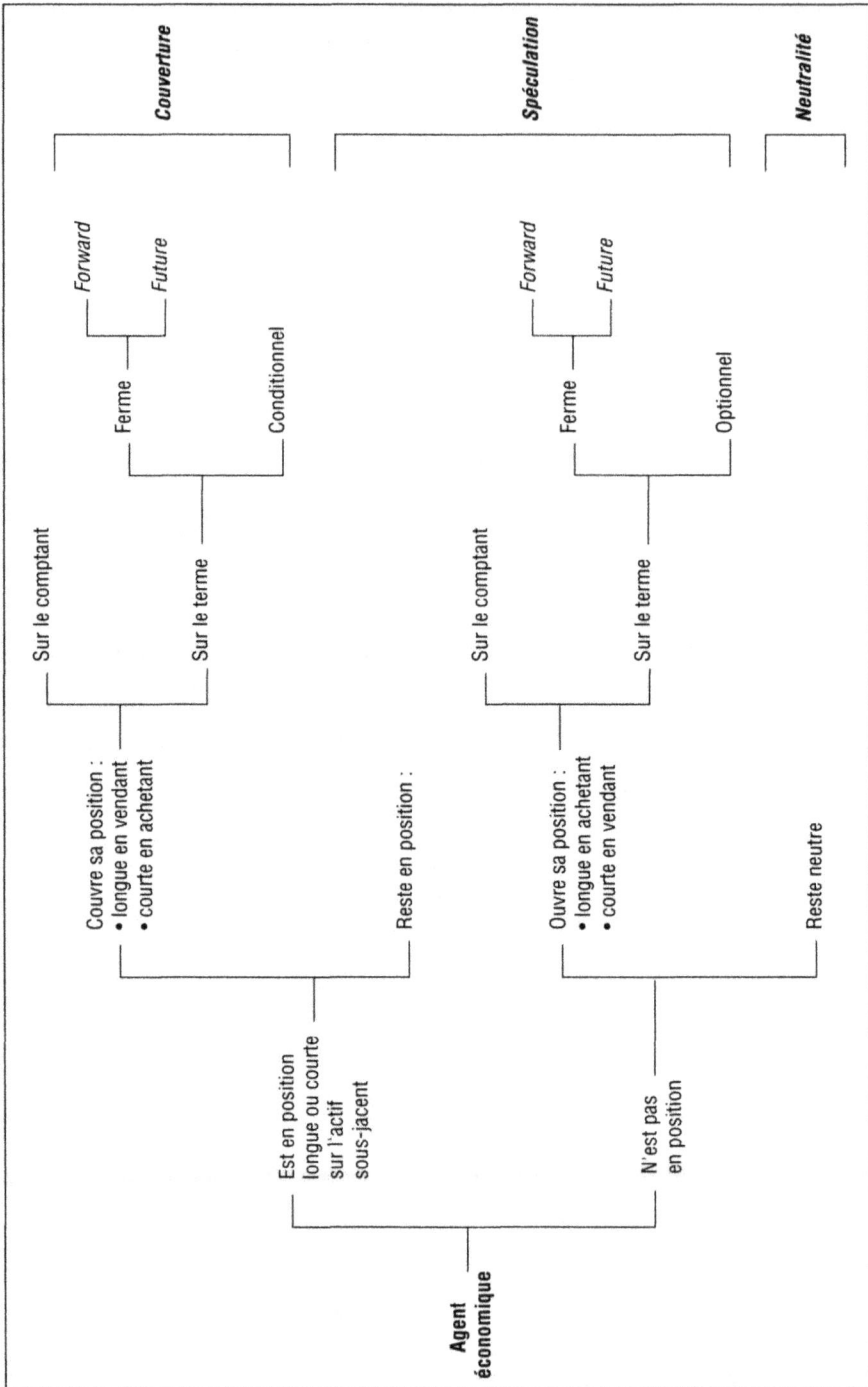

Agent économique

Est en position longue ou courte sur l'actif sous-jacent

- Sur le comptant — Couvre sa position :
  - longue en vendant
  - courte en achetant
- Sur le terme — Reste en position :
  - Ferme — Forward / Future
  - Conditionnel

Couverture

N'est pas en position

- Sur le comptant — Ouvre sa position :
  - longue en achetant
  - courte en vendant
- Sur le terme — Reste neutre :
  - Ferme — Forward / Future
  - Optionnel

Spéculation

Neutralité

ANNEXES

DOSSIERS D'AUTOÉVALUATION

Dossier I
Questionnaire d'autoévaluation

Questions

1. *Le marché interbancaire est-il ouvert à tous les agents économiques ?*

2. *Donner trois raisons de la modernisation du marché à règlement mensuel.*

3. *Qu'est-ce que l'EURIBOR ? Qu'est-ce que le SRD ?*

4. *Qu'appelle-t-on « certificats de dépôt négociables » ? Sont-ils cotés sur le marché boursier ? Sur quel(s) marché(s) les négocie-t-on ?*

5. *Est-il possible de vendre des titres que l'on ne possède pas sur le premier marché ? Pourquoi ?*

6. *M. Z. vend des titres MICHELIN qu'il ne possède pas sur le premier marché, les titres MICHELIN sont inscrits au SRD :*

   • spécule-t-il à la hausse ?

- spécule-t-il à la baisse ?
- est-ce un placement à moyen terme ?
- est-ce une opération de couverture ?

7. *Le cours de l'action MICHELIN monte, que doit faire M. Z. ?*

8. *Quel est le critère qui mesure le risque pour un emprunt obligataire ?*

9. *Un opérateur peut-il faire plusieurs opérations d'achat ou de vente avec le SRD sur les mêmes titres ?*

10. *Quelle différence faites-vous entre le marché secondaire et le second marché ?*

Réponses

1. Non, le marché interbancaire est réservé uniquement aux établissements de crédit définis par la loi bancaire du 1er mars 1984.

2. La convergence des autres marchés boursiers mondiaux (objectif de créer une bourse européenne).
La simplicité. Avec le passage au « tout comptant » et le maintien d'une possibilité de règlement différé, l'accès au marché est simplifié, plus transparent et plus fluide.
La fluidité : le passage au « tout comptant » permet d'unifier les modes de règlements/livraison pour tous les marchés réglementés. Il permet de disposer de ses titres ou de ses liquidités plus vite.

3. L'EURIBOR est le taux interbancaire offert entre banques de la zone euro. Il est calculé en effectuant une moyenne quotidienne des taux offerts par les principales banques de la zone euro.
Le SRD est le nouveau système de négociation et de règlement introduit à la Bourse de Paris. La négociation se fait sur tous les marchés au comptant, les titres ou les espèces sont inscrits sur le compte le jour de la négociation. L'opérateur s'adresse à une société spécialisée pour le passage d'ordres qui accepte ou refuse son inscription au règlement différé.

4. Un certificat de dépôt négociable peut être défini comme un dépôt à terme négociable. Ces titres sont émis par les établissements de crédit habilités à recevoir du public des fonds à vue ou au moins pour deux ans. Ils sont tenus de constituer un minimum de réserves sur leurs exigibilités à moins de deux ans. Ces titres *ne sont pas* cotés sur le marché boursier.

Ils représentent l'engagement de l'émetteur de rembourser au porteur, à une échéance donnée, un montant versé augmenté des intérêts dus. Leur négociation s'effectue sur un marché de gré à gré.

5. *Non*, sur le second marché, les opérations sont exécutées immédiatement (au comptant).

6. M. Z. *spécule à la baisse* : il anticipe une hausse des cours. En effet, il achète avant le dénouement les titres MICHELIN à un cours inférieur afin de réaliser un gain lors de la revente. C'est une opération de spéculation puisqu'il ne déboursera aucune somme, mais se contentera d'empocher la plus-value probable.

7. Si le cours de l'action monte, M. Z. a deux possibilités :
   a. il peut *acheter immédiatement* avant que sa perte ne soit trop importante s'il pense que le cours ne peut descendre ;
   b. il peut *se faire reporter* en espérant qu'au cours du ou des mois boursiers suivants, le cours va baisser. Cette opération entraîne des frais importants.

8. Le critère qui mesure **le risque** pour un emprunt obligataire est *la duration*. En effet, il s'agit de la durée restante, pour un souscripteur, pour récupérer son capital. Plus la durée est longue, plus l'évolution des taux d'intérêt sur le marché obligataire est incertaine, donc plus le risque est grand.

9. L'opérateur peut, pendant le même mois, réaliser plusieurs opérations d'achat ou de vente avec le SRD sur le même titre. Seul le solde de ces opérations sera réglé ou livré à la fin du mois.

10. Le marché secondaire est le marché où se négocient les valeurs boursières antérieurement émises, alors que le second marché est l'un des marchés boursiers sur lequel les titres des PME sont négociés.

Dossier 2
Certificat de dépôt

Un opérateur dispose d'un excédent de trésorerie de 500 000 €, le 15 octobre N.

1. Quelles sortes de placement lui conseillez-vous ?

Il achète deux certificats de dépôt *(intérêts postcomptés)* :
- le premier de 300 000 € échéant dans 60 jours au taux de 5 % ;
- le deuxième de 200 000 € échéant dans **n** jours au taux de 4,5 %.

Ces deux certificats doivent rapporter à l'échéance la somme de 503 625 €.

Le 14 novembre N, soit trente jours plus tard, il négocie les deux certificats et obtient la somme de 502 001,70 €

2. Quelle est la durée de vie du deuxième certificat ?

3. Quel a été le taux de négociation ?

4. Quel est le taux de rendement de ce placement ?

1. Différentes sortes de placement sont offerts aux agents économiques

Les titres courts :

- bons du Trésor[1] : l'État ;
- billets de trésorerie[2] : les entreprises ;
- certificats de dépôts[3] : les banques ;
- bons des institutions et sociétés financières (*BISF*)[3] Les Compagnies d'affacturage ; Crédit Foncier, CEPME…

---

1. Durée de treize, vingt-six, ou cinquante-deux semaines.
2. Durée ≤ un an.
3. Durée ≤ deux ans.
3. Durée ≤ deux ans.

Les titres longs (depuis 1992) :

- bons à moyens termes négociables (BMTN)[1] :
- bons du Trésor[2].

2. Durée de vie du 2e certificat.

Il faut *calculer la somme acquise* du 1er certificat :

Le 1er CD : $300\,000 + 300\,000 \times 5\% \times \dfrac{60}{360} = 302\,500$

Le 2e CD : $200\,000 + 200\,000 \times 4,5\% \times \dfrac{n}{360} = [503\,625 - 302\,500]$

$200\,000 \ 4,5\% \ \dfrac{n}{360} = 1\,125$

$25\,n = 1\,125$

$\boxed{\textbf{n = 45 jours}}$

3. Taux de négociation du certificat.

Il faut *calculer la somme à négocier* des deux certificats au 16 novembre N :

Le 1er CD :

$300\,000 + 300\,000 \ t\% \ \dfrac{30}{360} + 200\,000 + 200\,000 \times t\% \times \dfrac{(48-30)}{360}$

$= 502\,001,70$

$300\,000 \times t\% \times \dfrac{30}{360} + 200\,000 \times t\% \times \dfrac{15}{360} = 2\,001,70$

$33\,333,1/3 \ t\% = 2\,001,70$

$\boxed{\textbf{t \% = 6 \%}}$

4. Calcul du taux de rendement.

$(2\,001,70) = 500\,000 \times t\% \times \dfrac{30}{360}$

$\boxed{\textbf{t \% = 4,80 \%}}$

---

1. Durée supérieure à un an sans limite maximum.

2. Durée de deux ou cinq ans.

Dossier 3
Rentabilité d'une action

Un opérateur souhaite investir dans l'acquisition d'actions cotées sur le second marché. La rentabilité de cette action a évolué de la façon suivante :

Période	1	2	3	4	5	6	7	8	9	10
Rentabilité	15.60%	− 8.50%	11.30%	9.90%	10.05%	12.10%	13.75%	11.60%	− 10.85%	15.05%

Le β de cette action est estimé à 1,55 et l'indice SB 120, critère de rentabilité du second marché, est passé de 5 705 points à 6 452 points au cours de la même période.

1. *Calculer la rentabilité moyenne passée de cette action.*

2. *Calculer la rentabilité moyenne future de cette action.*

3. *Calculer la variance et l'écart type de cette action. Donner une signification quant au risque.*

4. *Conclure quant à l'opportunité d'acheter cette action pour l'opérateur.*

1. La rentabilité passée d'une action est égale à la moyenne des rentabilités, soit :

$$\frac{\sum R_i}{n} = \frac{80}{10} = 8\,\%.$$

2. La rentabilité future d'une action est égale à : β × Rentabilité du marché.

$$Rm = \frac{6\,452 - 5\,705}{5\,705} = 13,10\,\%.$$

Le β mesure la relation entre l'action et le marché, si le β est positif, l'action monte et inversement.

On aura donc : $0.13\,10 \times 1,55 = \mathbf{20{,}29\,\%}$.

3. Risque mesuré par la variance et son écart type :

Variance : $\dfrac{1}{N} \sum R_a^2 - \overline{R_a^2}$

R	15.60 %	– 8.50 %	11.30 %	9.90 %	10.05 %	12.10 %	13.75 %	11.60 %	– 10.85 %	15.05 %
R²	2.43 %	0.72 %	1.28 %	0.98 %	1.01 %	1.46 %	1.89 %	1.35 %	1.18 %	2.27 %

Moyenne R = $\dfrac{80}{10}$ = 8 %.

Somme R² = 14.57 %.

Variance = $\dfrac{1}{10}$ 14,57 % – 8 %² = 0,82 %.

Ecart-type : = $\sqrt{0,82\%}$ = **9,04 %**.

Conclusion : compte tenu du risque relativement faible et de la bonne rentabilité future, l'opérateur a intérêt à choisir cette action. Il faut toutefois observer des critères autres, tels que l'évolution du secteur, les contrats futurs de l'entreprise...

Dossier 4
Marché obligataire

La CGMP effectue des placements financiers. Actuellement, elle dispose d'un capital d'environ : 60 000 €.

Le 1ᵉʳ avril N, elle a participé à la souscription d'un emprunt obligataire émis par la société Zigma dans les conditions suivantes (*voir annexe, page 221* :

1. A quel organisme la CGMP va-t-elle s'adresser pour acheter des obligations Zigma ?

2. Sur quel type de marché les obligations seront-elles négociables à partir du 23 octobre N ?

3. Définir et préciser l'intérêt de la notation des valeurs mobilières émises sur les marchés financiers (5 lignes au moins).

4. Après avoir retrouvé le prix d'émission, justifier la différence entre le prix d'émission et le prix de souscription.

5. Retrouver le taux actuariel brut annoncé.

Lors de cette opération, l'ADEF (*Agence d'évaluation économique et financière*) avait attribué la note de AA1 aux obligations émises par la S.A. ZIGMA.

1. La CGMP s'adresse à un établissement financier accrédité par la COB et le conseil des marché financiers pour acheter des obligations, mais avant le 23 octobre N.

2. A partir du 23 octobre N, les obligations Zigma seront négociables sur *le marché secondaire des obligations*. C'est à partir de cette date que les obligations seront cotées (elles subissent alors les variations des taux d'intérêt du marché obligataire).

3. Définition et intérêt de la notation de valeurs mobilières :

La notation est l'estimation, par une agence privée spécialisée, du risque de non-remboursement d'un titre de dette émis sur un marché financier. Cette note est attribuée après analyse de la situation financière de l'émetteur (performances en termes de rentabilité, importance et structure de l'endettement actuel), de sa stratégie et de ses perspectives de croissance.

Une note favorable permet à l'émetteur de placer facilement ses titres sur un marché financier et à un taux d'intérêt réduit (prime de risque limitée).

Le système de notation fournit aux souscripteurs une information synthétique sur la qualité des différent émetteurs de titres.

Pour l'entreprise ZIGMA, la note AA1 définit l'entreprise comme ayant une haute qualité de remboursement.

4. On sait que le prix de souscription comprend : le prix d'émission + la fraction courue du coupon jusqu'à la date de jouissance.

Valeur du coupon couru : $2\,000 \times 6{,}25\,\% \times \frac{(365 - 165)}{365} = 68{,}50\,€$.

Nombre de jours : (15/3/N ⇨ 30/9/N) ; soit 200 jours.

La différence correspond à la fraction courue du coupon entre la date de jouissance et la date de règlement.

Le coupon est calculé à partir du 15/3/N et réglé pour la 1ʳᵉ fois le 15/3/N + 1, alors que le règlement de la souscription intervient le 30/9/N, soit 165 jours avant.

Prix de souscription = 103,21.

Coupon couru en % de la valeur nominale = $\dfrac{68,50}{2\,000}$ = 0,03425 ⇨ 3,425 %.

Prix d'émission = 103,21 % – 3,425 % = 99,785.

Prix d'émission = 2 00099,785 % = **1 995,70 €**.

5. C'est le taux *t* qui égalise, à la date de souscription, les versements des obligataires et les coupons + valeur de remboursement acquis tout au long de la durée de l'emprunt :

$$2\,000 \times 103,21\,\% = [125 + 125 \times \frac{1-(1+t)^{-8}}{t} + (2\,050 \times (1+t)^{-8}] (1+t)^{-\frac{165}{365}}$$

$$\boxed{t = 7,281\,\%}$$

Dossier 5
Marché obligataire (suite dossier 4)

Le 6 novembre N + 4 (l'année N + 4 est une année bissextile, février = 29 jours), les dirigeants de la CGMP souhaitent être informés du sort des obligations ZIGMA.

Vous vous procurez un journal financier, et plus précisément *LES ÉCHOS*, dans lequel vous lisez :

Séance du lundi 6 novembre N + 4

Obligations (extrait)

Code Sicovam	Cours veille	Désignation des valeurs		Cours du jour	Taux actua-riel brut	Vie moyenne en année	Sensi-bilité	Amor-tisse-ment	Coupon couru	Valeur nomi-nale	Date du prochain coupon
11363	108,80	Zigma 6.25 %	CB	110,00	6,184	2,98	2,837	fin	4,024	2 000	15 mars N + 5
19537	107,98	OAT 5,50 %	CA	109,00	3,69	5,6	4,741	fin	2,155	500	24 Avr N + 6
19519	113,35	EDF 6,25 %	CA	114,50	4,44	10,1	7,259	fin	5,651	1 000	20 Oct N + 6
11857	118,75	SNCF 10,40 %	CB	119,23	3,94	3,2	2,657	fin	7,95	1 000	10 Déc N + 5

- à la date du 6 novembre N + 4, le cours de l'action ZIGMA est de 700 € ;
- la cote des bons de souscription est de 25 €.

Les dirigeants s'interrogent et vous demandent, en tant que spécialiste, de les éclairer sur cet extrait de journal.

1. *Retrouver : le taux actuariel brut annoncé ; à quoi correspond ce taux ? Le taux d'intérêt sur le marché obligataire a-t-il augmenté ou baissé ? Quelle en est la conséquence ?*

2. *Quelle est la valeur théorique du bon de souscription non actualisée au 6 novembre N + 4 ?*

3. *À quel prix l'obligation Zigma peut-elle être vendue le 6 novembre N + 4 ?*

4. *Quel doit être le cours de l'action Zigma pour que l'entreprise CGMP exerce ses bons de souscription à cette date ?*

5. *Quels sont les motivations et les objectifs recherchés par les dirigeants de la société CGMP ?*

6. *Exposer quelle peut être l'attitude d'un investisseur qui désire devenir actionnaire de la société Zigma à la date du 6 novembre N + 4 ?*

1. Taux pour lequel il y a équivalence entre la valeur cotée et l'ensemble des annuités encore à recevoir par le souscripteur.

Au 6 novembre N + 4, il reste pour le détenteur d'une obligation à recevoir :

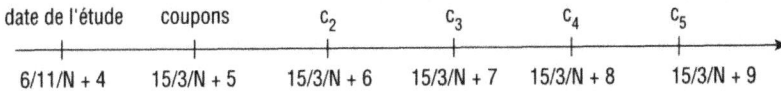

Nombre de jours : $(6/11/N + 4 \Rightarrow 15/3/N + 5)$; soit 130 jours.

$$2\,000 \times 110\% = [125 + 125 \times \frac{1 - (1+t)^{-4}}{t} + 2\,050 \times (1+t)^{-4}]\,(1+t)^{-\frac{130}{365}}$$

$$\boxed{t = 6,184\%}$$

Ce taux correspond au **taux du marché obligataire.** Les taux d'intérêt sur le marché obligataire ont **baissé**, puisqu'à l'émission le taux était de 6,958 % (taux actuariel brut à l'émission) et qu'au 6/11/N + 4, le taux d'intérêt est de 6,184 % (taux actuariel brut ou taux du marché).

La conséquence est une **valorisation** (augmentation) du cours de l'obligation, puisque le cours de l'obligation et les taux d'intérêt varient en sens contraire. L'obligation achetée 1 995,70 € à l'émission cote 2 200 €. Les taux d'intérêt ont, quant à eux, baissé : 6,958 % $\Rightarrow$ 6,184 %.

2. Valeur théorique du bon de souscription à la date du 6/11/N + 4.

   Valeur théorique du bon : $\frac{(700 - 610)}{4} = 22,50$ €.

3. Prix de vente d'une obligation à la date du 6/11/N + 4.

   $2\,000 \times [110\% + 4,024\%] = 2\,280,48$ €.

4. Cours de l'action Zigma pour l'exercice des bons.

   A chaque obligation est attaché 1 bon de souscription. Etant donné que les titulaires de bons peuvent émettre pour **4** bons **1** action au prix de 620 €, il faut que l'action cote plus de 620 € pour exercer ces bons.
   Puisque le cours de l'action cote 700 €, il est intéressant d'exercer ces bons.

5. Motivation et objectifs.

   Dans un premier temps s'assurer d'un rendement minimum correspondant au taux d'intérêt nominal : 6,25 %.

Dans un deuxième temps : devenir actionnaire à un prix intéressant en fonction de l'évolution du cours de l'action.

Sachant qu'il y a 4 bons pour une action, il y a un effet de levier important en fonction du rapport :

$$\frac{\text{Cours de l'action}}{\text{Cours du bon}} \quad \oplus 8$$
$$\frac{}{\quad 4 \quad}$$

6. Attitudes pour devenir actionnaire :
- acheter directement une action en bourse, au cours fixé par le marché (à la date du *6/11/N + 4,* ce cours était de *700 €) ;*
- acheter 4 bons de souscription en bourse, au cours fixé par le marché (à la date du *6/11/N + 4,* ce cours était de 25 €), et verser le prix de souscription de *610 €* à la société ZIGMA.

Remarque : dans les deux cas, l'investisseur anticipe une évolution à la hausse du cours de l'action, mais on peut noter que :
- dans le premier cas, l'investisseur devient immédiatement actionnaire de la société et perçoit donc le dividende mis en distribution chaque année, tandis que le détenteur de bons de souscription n'a pas la qualité d'actionnaire ;
- dans le deuxième cas, le prix de souscription étant intangible, l'investisseur bénéficiera de l'évolution à la hausse du cours en ayant décaissé au départ un montant nettement inférieur.

Annexe aux dossiers 4 et 5

Société Zigma
Société anonyme française au capital de 883 800 €.
Siège Social : 19, rue des Capucines à Paris 1ᵉʳ

EMPRUNT SEPTEMBRE N – MARS N + 9

Fiche d'information relative à l'émission
d'un emprunt obligataire à bons de souscription
d'actions de 20 millions d'euros
représentés par 10 000 obligations foncières de 2 000 € de nominal

Autorisation :

Dans sa séance du 10 janvier N, le conseil d'administration de la société Zigma autorise M. le directeur financier à réaliser une émission obligataire sur le marché français.

Produit net de l'émission :

Le produit net de l'émission est évalué à 19,88 millions d'euros environ, après prélèvement sur le montant brut de 0,27 million d'euros représentant les rémunérations globales dues aux intermédiaires financiers, ainsi que 0,39 million d'euros environ représentant les frais légaux et administratifs.
Prix de souscription : 103,21 du nominal, soit 2 064,20 € par obligation, comprenant le prix d'émission et la fraction courue du coupon depuis la date de jouissance.

Date de jouissance : 15 mars N.

Date de règlement : 30 septembre N.

Durée totale : 8 ans et 165 jours.

Intérêt : 6,25 % par titre payable le 15 mars de chaque année et pour la première fois, le 15 mars N + 1.

Taux de rendement actuariel :

Les conditions d'émission font ressortir un taux de rendement actuariel de **6,958 %** au 30 septembre N.

Le taux de rendement actuariel est le taux de rendement annuel avant imposition calculé au jour du règlement sur la durée totale de l'emprunt, en actualisant tous les produits versés sous la forme d'intérêt et de remboursement.

Amortissement normal :

> Les obligations seront toutes amorties le 15 mars N + 9 par remboursement au prix de 102,50 du pair pour chaque obligation.

Caractéristiques et conditions d'exercice des bons de souscription d'actions :

- nombre de bons : 1 bon par obligation ;
- cotation : les bons feront l'objet d'une cotation à la cote officielle (PARISBOURSE^{SBF}SA) ;
- conditions d'exercice : les titulaires de bons pourront souscrire des actions ZIGMA de nominal 100 € à émettre à raison d'une action au prix de 610 € pour 4 bons à tout moment entre le 1er novembre N + 1 et le 31 octobre N + 5.

Cotation :

L'admission à la cote officielle des obligations visées ci-dessus sera demandée auprès de EURONEXT PARIS SA. Les titres seront négociables en Bourse et inscrits en compte à partir du 23 octobre N.

Dossier 6
Matif : questionnaire d'autoévaluation

Questions

1. *Sur le Matif, une société achète des contrats, quelles sont ses anticipations ?*

2. *Combien de compartiments comprend le Matif ? Le ou lesquel(s) ?*

3. *Peut-on vendre des titres que l'on ne possède pas sur le Matif ? Pourquoi ?*

4. *Le cours du notionnel est de 122,25. A quoi correspond cette cote ?*
   Quelques jours plus tard, le notionnel cote 124,52. Comment interpréter cette information pour le détenteur d'un portefeuille d'obligations ?

5. *Le 2 décembre N, le cours du Euribor 3 mois cote 95,10. A quel taux correspond ce cours ?*
   Quelques jours plus tard, le cours du Euribor 3 mois cote 92,90. Que doit faire un opérateur qui spécule à la baisse ?

6. *Un opérateur a acheté un FRA (future rate agreement) auprès de sa banque, les taux d'intérêt baissent. Peut-il en bénéficier ? Pourquoi ?*

Réponses

1. Sur le MATIF, une société qui achète des contrats anticipe une **hausse des cours,** c'est à dire **une baisse des taux d'intérêt.**

2. Il existe deux compartiments sur le MATIF : le marché ferme où se négocient des contrats fermes, le marché conditionnel (ou marché à options) où se négocient des contrats d'options.

3. Oui, on peut vendre des titres que l'on ne possède pas sur le MATIF. Cela s'appelle une opération à nu.

4. Il s'agit de 122,25 % du nominal du contrat notionnel (soit 122,25 % × 500 000 = 611 250 F). Le cours du notionnel a augmenté, ce qui sous-entend que les taux d'intérêt ont **baissé** (le taux d'intérêt correspondant à un cours de 122,25 = 6,854 % et le taux d'intérêt correspondant à un cours de 124,52 = 6,577 %), donc que le cours des obligations a **augmenté**. Pour le détenteur d'un portefeuille, ces obligations sont valorisées, donc il ne fait rien.

5. La cotation de l'EURIBOR est la suivante : *100 − t* ⇨ 100 − 95,10 = **4,90 %**.
Si l'EURIBOR cote 92,9 (soit 100 − 92,9 = **7,10** %), cela signifie que les taux d'intérêt ont augmenté. Un spéculateur à la baisse anticipe une **baisse des cours**, c'est-à-dire une **hausse des taux d'intérêt** à court terme. Il doit donc **vendre des contrats**.

6. Non, il ne peut pas bénéficier d'une baisse des taux. Il devra verser le différentiel à la banque.

Dossier 7
Marchés dérivés et gestion des risques : gestion de titres

Un opérateur qui ne possède pas de titres AXA vous remet le graphique suivant concernant une intervention sur le MONEP :

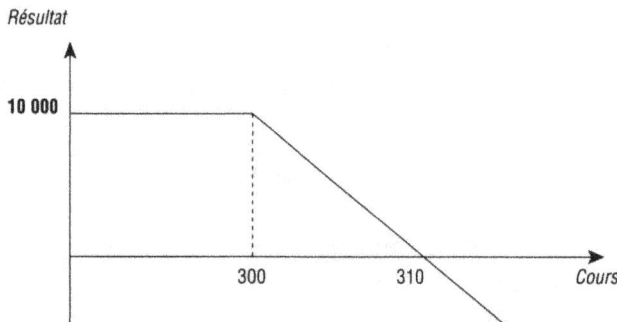

Remarque : 1 contrat d'options sur actions porte sur **10** titres.

1. ***De quel type d'options s'agit-il ?***

2. ***A quelle stratégie correspond ce graphique ?***

3. ***Retrouver les équations des droites, le montant total et unitaire de la prime, le nombre d'options ?***

4. ***Calculer le résultat de l'opération si le titre Axa cote 350 € le jour du dénouement de l'opération.***

1. De quel type d'option s'agit-il ?

   Il s'agit d'un **vendeur d'options d'achat.**

2. À quelle stratégie correspond ce graphique ?

   L'opérateur anticipe une légère **baisse** des cours du titre AXA (légèrement au-dessous du prix d'exercice : 300 €). Il espère que l'acheteur de l'option d'achat n'exercera pas son option. Il espère acheter des titres moins chers et réaliser une plus-value en conservant la prime. Il spécule à la baisse.

3. Retrouver les équations des droites, le montant total et unitaire de la prime, le nombre d'options ?

   Il y a deux droites :

   X < 300 ⇨ *Y = 10 000* (montant de la prime) ⇨ Prime = (310 – 300) × 10 × nombre d'options.

   X > 300 ⇨ *Y = [300 – (X – 10)] × 10 × 100* (nombre d'options).

   Montant total de la prime = 10 000 €.

   Montant unitaire de la prime = 310 – 300 = 10 €.

   Sachant que 1 option porte sur 10 titres ⇨ $\frac{10\,000}{10}$ = 1 000 titres.

4. Calculer le résultat de l'opération si le titre Axa cote 350 € le jour du dénouement de l'opération.

   Malheureusement, ses anticipations étaient fausses. L'acheteur de l'option d'achat exerce ses options. Il doit donc vendre des titres

300 € qu'il ne possède pas. Il achète donc ses titres 350 € puis il les revend 300 €.

Résultat : $[(300 - 350) \times 10 \times 100] + 10\,000 = -\,\mathbf{40\,000}$ ⇨ **perte**

Dossier 8
Marchés dérivés et gestion des risques : gestion de taux

Le trésorier de la société Option souhaite couvrir une dette de 200 000 USD pour financer l'acquisition d'une machine-outil aux Etats-Unis. Cette dette est remboursable en totalité le 30 juin N. L'entreprise Option peut obtenir de sa banque un emprunt au taux de 5 %. Craignant une fluctuation du dollar, elle souhaite réaliser un swap de devises.

Elle conclut ce contrat avec la société américaine Johnson d'Atlanta (USA) qui souhaite emprunter 1 000 000 € pour régler une importante facture en France. La société américaine Johnson d'Atlanta (USA) peut emprunter au taux de 6 % pour une durée de six mois.

A la date de la signature du contrat, sur le marché au comptant, le cours du dollar est égal à : 1 USD = 1 €.

1. Quelles sont les craintes du trésorier ?

2. Rappelez et décrivez le principe de l'opération décrite ci-dessus.

Le trésorier peut aussi intervenir sur le marché des options sur devises. Il hésite entre deux stratégies :

- acheter des options d'achat à échéance juin au prix d'exercice de 0,90 € pour une prime de 0,015 € par dollar ;
- vendre des options de vente à échéance juin au prix d'exercice de 0,865 € pour une prime de 0,035 € par dollar.

1. Déterminer le résultat de ces deux stratégies si le 30 juin le dollar cote : 0,85 €.

2. Peut-on dire que ces stratégies sont des opérations de couverture ?

3. Expliquer comment il aurait pu intervenir autrement ?

1. Craintes du trésorier.

Il craint une **hausse** du dollar entre la constatation de sa dette et le règlement effectif.

2. Principe de l'opération de swap.

Cela consiste à échanger des capitaux libellés dans deux devises différentes.

Le swap de devises comporte 3 étapes :

a. Echange des capitaux :

L'entreprise Johnson verse à l'entreprise Option 200 000 USD, montant qu'elle emprunte sur le marché américain à 6 %.

L'entreprise Johnson reçoit de l'entreprise Option 1 000 000 d'euros, montant qu'elle emprunte sur le marché français à 5 %.

Remarque : ces sommes peuvent être placées sur le marché financier.

b. Echange des intérêts aux dates choisies :

L'entreprise Option verse à l'entreprise Johnson les intérêts, soit :

$200\,000 \text{ USD} \times 6\% \times \dfrac{6}{12} = 6\,000\,\$$ (somme qui sera versée à la banque américaine).

L'entreprise Johnson verse à l'entreprise Option les intérêts, soit :

$1\,000\,000 \text{ €} \times 5\% \times \dfrac{6}{12} = 25\,000 \text{ €}$ (somme qui sera versée à la banque française).

c. Echange des capitaux en sens inverse

L'entreprise Option rend à l'entreprise Johnson les 200 000 USD, elle rembourse le capital à sa banque.

L'entreprise Johnson rend à l'entreprise Option les 1 000 000 €, elle rembourse le capital à sa banque et elle peut régler ainsi sa dette.

3. Résultats des deux stratégies.

Stratégie 1 : *achat d'option d'achat*

Cela consiste à **acheter** des dollars à un prix convenu à l'avance pour se protéger contre une hausse des cours des devises. Il **verse** une prime de $0,015 \times 200\,000$ USD $= 3\,000$ €.

Au 30/6, le dollar est à 0,85 €, alors qu'il a convenu d'un cours d'achat de 0,90 €, **il n'exerce pas l'option** et **perd la prime** : $- 3\,000$ €.

Stratégie 2 : *vente d'option de vente*

Cela consiste à **acheter** des dollars à un prix convenu à l'avance pour se protéger contre une hausse des cours des devises. Il **reçoit** une prime de $0,035 \times 200\,000$ USD $= 7\,000$ €.

Au 30/6, le dollar est à 0,85 €, alors qu'il a convenu d'un cours de 0,865 €, mais il n'est pas maître de la décision. C'est l'acheteur de l'option de vente qui a le choix d'exercer ou non l'option. L'acheteur de l'option **exerce l'option** car il va **vendre** des dollars à 0,865 €.

Notre trésorier **garde la prime**. $0,035 \times 200\,000$ USD $= 7\,000$ €, mais devra acheter les dollars plus chers. Il réalise alors une moins-value de $(0,865 - 0,85) \times 200\,000$ USD $= 3\,000$ €. Comme il a conservé la prime, le gain final est de $7\,000 - 3\,000 = \mathbf{4\,000\,€}$.

4. Opération de couverture ?

Stratégie 1 : *achat d'option d'achat* ⇨ en cas de hausse des cours, la première stratégie permet de couvrir la dette de 200 000 USD. En effet, la prime versée reste inchangée, mais les gains sont illimités et compensent la perte sur le marché au comptant.

Stratégie 2 : *vente d'option de vente* ⇨ en cas de hausse des cours, la deuxième stratégie ne permet pas de couvrir la dette de 200 000 USD. En effet, la prime reste inchangée, mais les pertes sont illimitées.

5. Autres interventions.

Plusieurs interventions sont possibles :
   a. ne rien faire ;
   b. intervenir sur le marché «*futur*» ⇨ opération à terme ferme. Cela consiste à fixer un cours du dollar au 30 juin ;
   c. intervenir auprès de la COFACE.

Dossier 9
Marchés dérivés et gestion des risques : position et gestion de taux

Une entreprise dispose en portefeuille des billets de trésorerie de l'entreprise ALPHA à échéance au 31 mars N + 1 d'une valeur de 5 000 000 € à taux variable, ainsi que des obligations EDF d'une valeur de 2 500 000 € à taux fixe de 6 % à échéance au 30 juin N + 7.

Par ailleurs, elle s'est endettée à taux fixe de 5,5 % pour un montant de 7 000 000 € par émission d'un emprunt obligataire et par un découvert bancaire d'un montant de 500 000 € au taux fixe de 8,5 %.

1. A quel type de risques est exposée l'entreprise ?

2. Montrer l'incidence d'une variation de taux sur la structure du bilan.

3. Quelles sont les positions de taux de l'entreprise Alpha ?

4. Comment l'entreprise Alpha peut-elle couvrir, sur le marché de gré à gré, ce risque en changeant la structure de son endettement ?

1. Type de risques.

Il est confronté au risque de taux.

Analyse des positions de taux : construction de la matrice.

Taux Durée	Taux fixes		Taux variables	
	Actif	Passif	Actif	Passif
Long terme	2 500 000	7 000 000		
Court terme		500 000	5 000 000	

2. Structure du bilan.

Globalement (tous termes confondus), on obtient les positions suivantes au bilan :

Taux fixe	
2 500 000	7 500 000

Position courte
(elle est en situation d'emprunt)

Taux variable court terme	
5 000 000	0

Position longue
(elle est en situation d'emprunt)

3. Il est nécessaire d'affiner la position sur les taux fixes (court terme – long terme).

Taux fixe à long terme	
2 500 000	7 000 000

Position courte
(elle est en situation d'emprunt)

Taux fixe à court terme	
0	500 000

Position courte
(elle est en situation d'emprunt)

Conclusion :

L'entreprise se trouve en *position courte* sur les *taux fixes à long terme* de 4 500 000 €.

L'entreprise se trouve en *position courte* sur les *taux fixes à court terme* de 500 000 €.

L'entreprise se trouve en *position longue* sur les *taux variables à court terme* de 5 000 000 €.

On peut donc apprécier le risque selon la position de l'entreprise.

- *En cas de baisse des taux :*
→ en *position courte* sur les *taux fixes à long terme* ⇨ une baisse des taux entraîne pour l'entreprise une *perte* (elle n'obtient pas une baisse de ses charges financières attendus d'une baisse des taux).
→ en *position courte* sur les *taux fixes à court terme* ⇨ une baisse des taux entraîne pour l'entreprise une *perte* (elle n'obtient pas

une baisse de ses charges financières attendus d'une baisse des taux).

→ en *position longue* sur les *taux variables à court terme* ⇨ une baisse des taux entraîne pour l'entreprise une *perte* (ses produits financiers baissent du fait d'une baisse des taux).

Il faut donc se protéger contre une baisse des taux.

4. Opérations de couverture.

Pour se protéger contre une baisse des taux sur les marchés de gré à gré, on peut :
a. négocier un swap de taux (échange d'un taux fixe à un taux variable) ;
b. négocier un floor (fixation d'un taux plancher) en cas de baisse des taux.

Dossier 10
Marchés dérivés et gestion des risques : gestion d'un portefeuille de titres

Une entreprise souhaite constituer un portefeuille de 5 000 actions MICHELIN cotées sur le 1er marché. L'investisseur s'interroge sur le risque encouru sachant qu'il disposera effectivement du capital fin juin N.

Le 21 janvier N, il achète la *TRIBUNE DESFOSSÉES* qui lui fournit les informations suivantes :

Valeurs	Prix de l'exercice	Options d'achat			Options de vente		
		Mars	Juin	Sept.	Mars	Juin	Sept.
MICHELIN **Cours 650**	600	–	80	–	–	10	–
	625	30	50	90	7	16	45
	650	10	32	54	18	35	80
	675	2	26	–	30	48	102
	700	–	9	–	50	67	–

Il relève aussi que :

- le CAC 40 cote : 3 380 points ;
- le cours du contrat à terme CAC 40, échéance juin est de 3 421,05 points ;

Remarque : la valeur d'un contrat CAC 40 est égale : *10 €* × nombre de points d'indice.

La valeur d'un contrat sur actions porte sur *10* titres.

- les contrats sur options CAC 40, échéance mars sont les suivants :

Prix d'exercice	CALL	PUT
3 823,53	2,5	60

Lors de la réalisation de son portefeuille fin juin :

- les actions MICHELIN cote : 623 € ;
- l'indice CAC 40 est de 3 732,13 points ;
- la prime cote : 15.

1. *A quel type de risque est exposé l'investisseur ? Comment peut-il se protéger ?*

2. *Quelle opération l'investisseur doit-il réaliser sur le marché à terme s'il négocie des contrats CAC 40 ? (Type de contrat, nombre de contrats.)*

3. *Finalement, il choisit d'intervenir sur le Monep et négocie des contrats à options. Quels types de contrats peut-il négocier ?*
   Combien de contrats d'options CAC 40 doit-il conclure ? Quel est le montant de la prime ?
   Combien de contrats d'options sur actions Michelin doit-il conclure si le prix d'exercice est de 675 € ? Quel est le montant de la prime ?
   Comment évoluent les primes ?

4. *Finalement il choisit les options sur indices boursiers. Fin juin, les options sur indice CAC 40 sont exercées, quelle hypothèse doit-on faire quant à l'évolution du cours ? Que fait l'opérateur ?*

5. *Calculer le résultat sur cette opération (options sur indice CAC 40) ? Faire une représentation graphique et préciser les équations.*

1. Type de risques – comment se protège-t-il ?

Il est exposé au risque d'augmentation des cours des actions ou du cours du CAC 40 (appelé aussi *risque de marché*).

Il a le choix entre 3 possibilités :

- une opération de *couverture* sur le marché des contrats à terme ferme sur actions ou indice boursier (MONEP) ;
- une opération de *diversification* du portefeuille afin d'éliminer le risque spécifique ;
- une opération de *spéculation* sur le marché des options sur actions ou indice boursier (opération nue).

2. Quelle opération l'investisseur doit-il réaliser sur le marché à terme s'il négocie des contrats CAC 40 ? (Type de contrat, nombre de contrats.)

Il doit se couvrir contre une hausse des cours, il doit **acheter** des contrats à terme CAC 40. Il fixe donc aujourd'hui le cours d'achat de l'indice boursier.

Nombre de contrats : $\dfrac{5\,000 \times 650}{50 \times 3\,421{,}05} = 19$.

3. Finalement, il choisit d'intervenir sur le Monep et négocie des contrats à options. Quels types de contrats peut-il négocier ?

Combien de contrats d'options CAC 40 doit-il conclure ? Quel est le montant de la prime ?

Combien de contrats d'options sur actions MICHELIN doit-il conclure si le prix d'exercice est de 675 € ? Quel est le montant de la prime ?

Comment évoluent les primes ?

a. S'il intervient sur le MONEP, il doit **acheter des options d'achat** (droit d'acheter) :

- soit sur indice boursier CAC 40 au prix d'exercice 3 823,53 et une prime de 2,5 ;
- soit sur action MICHELIN au prix d'exercice de 675 et une prime de 26.

b. Nombre de contrats sur indice boursier :

$\dfrac{5\,000 \times 650}{50 \times 3\,823{,}53} = 17$ options ; prime $= 2{,}5 \times 17 \times 50 = 2\,125$ €.

c. Nombre de contrats sur action MICHELIN :

$$\frac{5\,000}{10} = 500 \text{ options}; \text{ prime} = 26 \times 500 \times 10 = 130\,000 \text{ €}.$$

d. Les primes évoluent selon le type d'options :

Pour une option d'achat : quand le prix d'exercice *augmente*, la valeur de l'option *baisse*.

Pour une option de vente : quand le prix d'exercice *augmente*, la valeur de l'option *augmente*.

4. Fin juin, les options sur indice CAC 40 sont exercées, quelle hypothèse doit-on faire quant à l'évolution du cours ? Que fait l'opérateur ?

L'indice CAC 40 a baissé. Le prix de l'action a donc aussi baissé :
Il ne va donc pas exercer l'option. Il va acheter les titres moins chers (623 €) sur le marché à règlement mensuel.
Il peut aussi vendre l'option.

5. Calculer le résultat sur cette opération (options sur indice CAC 40) ? Faire une représentation graphique et préciser les équations.

a. *N'exerce pas l'option et perd la prime : – 2 125 €* ;
b. *Vente de l'option :* $[2,5 - 15] \times 17 \times 50 = -10\,625 \text{ €}$.

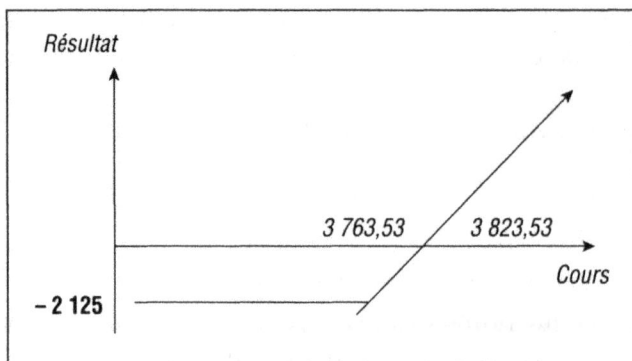

234

Dossier 11
Risques de change : options sur devises et warrants

La société SOVREMA importe une grande partie de ses matières premières des États-Unis.

Elle vient de recevoir la dernière facture relative à une commande en date du 30 décembre N.

Fournisseur .... JOHN & JIM
Montant .... 210 000 USD
Règlement .... à 60 jours

Le cours du dollar sur le marché au comptant est actuellement de 0,875 €.

Pour se couvrir, la société a négocié un contrat d'options de devises.

Le trésorier ne veut pas faire de transactions à terme, il se décide donc à intervenir sur les marchés dérivés en achetant des contrats d'options de devises USD/Euros (un contrat = 100 000 USD).

Les primes des contrats d'options USD/Euros (échéance 31/03/N + 1) sont données dans le tableau suivant :

Cours du 30 décembre N – Options de devises USD/Euros

Prix d'exercice	CALL en %	PUT en %
0,8700	2,28	1,13
0,8750	2,05	1,42
0,8800	1,93	1,99
0,8850	1,44	2,41
0,8900	1,21	2,85

1.1. Sur quel(s) marché(s) le trésorier de l'entreprise peut-il intervenir et quel(s) type(s) de contrats peut-il négocier ?

1.2. Pourquoi le trésorier ne souhaite-t-il pas un contrat de change à terme ?

1.3. Quel type d'option de change négocie-t-il ?

1.4. Le trésorier hésite pour choisir le prix d'exercice entre les 2 extrêmes (0,87 et 0,89). Montrer à partir de quel cours du dollar le contrat A (prix d'exercice : 0,87) sera plus intéressant que le contrat B (prix d'exercice : 0,89).

1.5. Il choisit finalement le contrat A. Le 30 mars N + 1, il envoie le chèque à son fournisseur. Le dollar a augmenté : il est à 0,975 €. Quel est son résultat ? Quel aurait été ce revenu s'il avait choisi le contrat B ? Le trésorier a-t-il eu raison de se couvrir ?

Plutôt que d'acheter des options, sa banque lui propose des warrants USD/Euros de type américain échéant le 30 mars N + 1 aux conditions suivantes :

Cours du 30 décembre N – Warrants USD/Euros

Prix d'exercice	CALL	PUT
0,86	0,09 €/W	0,01 €/W
0,88	0,06 €/W	0,05 €/W
0,90	0,02 €/W	0,08 €/W

Le cours de l'euro sur le marché au comptant est actuellement de 1,135 USD.

La quotité des warrants est de 100 et les cours sont exprimés en euros. La parité est de 100 dollars pour un warrant (1/100).

Le trésorier décide de passer un contrat au cours de 0,88 €.

1.6. Combien de warrants peut-il négocier ?

1.7. Quelles sont les craintes du trésorier ? Doit-il acheter ou vendre des warrants ? Quelle somme doit-il verser à la signature du contrat ?

1.8. Le 30 mars N, il négocie auprès de sa banque aux conditions suivantes :

Cours du 30 mars N + 1 – Warrants USD/Euros

Prix d'exercice	CALL	PUT
0,88	1,073 €/W	0,088 €/W

Quel est le résultat potentiel, à cette date, du warrant ?

Le cours de l'euro sur le marché au comptant est actuellement de 1,023 USD.

Solution

1. Marché

Le trésorier ne peut intervenir que sur les *marchés de gré à gré* en passant des contrats :
– à terme ferme ;
– options ;
– des warrants sur devises ;
– auprès de la COFACE.

2. Il ne souhaite pas figer son revenu futur sans bénéficier d'une évolution favorable des cours.

3. Types d'options

La société étant importatrice, elle va donner dans 60 jours, le 30 mars N + 1, la somme de 210 000 $; elle devra alors les acheter à sa banque.
Si elle choisit de se couvrir, elle va soit *acheter des dollars à terme*, soit *acheter des options d'achat* (CALL) de dollars à terme.
Le trésorier va acheter des options d'achat (call), échéance 30 mars N + 1 ; il va payer des primes en fonction des cours du marché.

4. Négociation d'options

Il hésite entre deux solutions

– **contrat A** : achat d'options d'achat (call), prix d'exercice 0,87 €. Chaque option représente une valeur nominale de 100 000 USD et la prime est calculée en pourcentage de ce nominal ; il faut la convertir en euros. Le tableau des cours de primes montre dans la colonne CALL : 2,28 % × 100 000 $ = 2 280 $ × 0,875 € (cours comptant) = 1 995 € pour 100 000 USD, d'où une prime de 0,02 € pour 1 dollar.

– **contrat B** : achat d'options CALL, prix d'exercice 0,89 €.
Le tableau des cours de primes montre dans la colonne CALL : 1,21 %. ⇨ 100 000 $ × 1,21 % = 1 210 $ × 0,875 = 1 058,75 € pour 100 000 $, soit une prime de 0,01 € pour 1 $.
Sur le même graphique, il faut comparer ces 2 options :

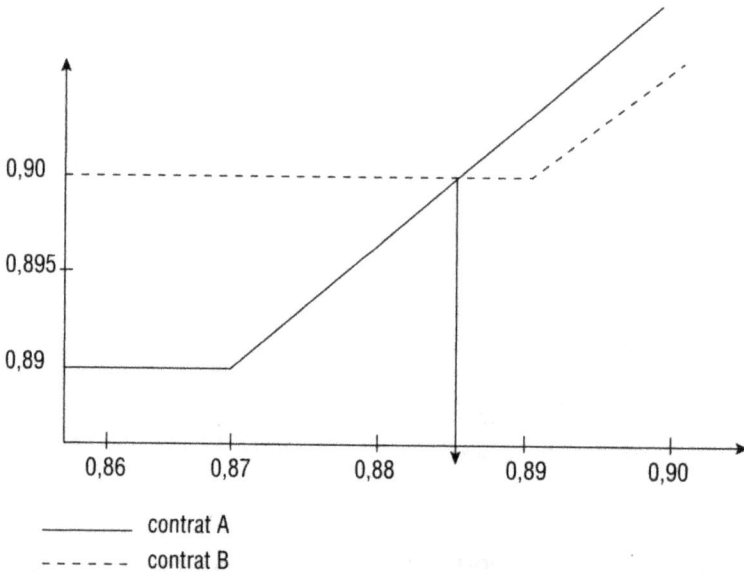

——— contrat A
- - - - - contrat B

On s'aperçoit que le **contrat B** est beaucoup plus cher mais donne de meilleurs résultats tant que le dollar ne dépasse pas 0,885 €.
Ce résultat peut s'obtenir en faisant l'opération suivante : Prix d'exercice le plus fort + différence des primes [0,89 + (0,02 – 0,01)] = 0,90 €.
Avec le contrat B, la société s'assure un dollar au prix minimum de 0,90 € ⇨ (0,89 € + 0,01 €).
Avec le contrat A, la société s'assure un dollar au prix minimum de 0,89 € ⇨ (0,87 € + 0,02 €).
Mais on voit sur le graphique que, lorsque le dollar vaut au comptant plus de 0,89 €, le contrat A donne un prix de revient supérieur au dollar, et un revenu plus élevé pour la société.

5. Revenu de la société au 30 mars N + 1.

La société a choisi le contrat A. Elle estime donc que le dollar va augmenter. La société va recevoir un chèque de 150 000 $ le 30 mars N + 1.

Elle achète le 30 décembre N, 2 contrats d'options d'achat USD/euros au prix d'exercice de 0,87, échéance 30/03/N + 1.

Elle règle ce jour les primes : 2 x 1 995 € = 3 990 €.

La banque lève l'option le 30/03/N + 1 et demande à la société :

- 200 000 $ (2 contrats de 100 000 $),
- en contrepartie de 174 000 € (200 000 x 0,87).

La société va acheter à sa banque les 10 000 $ restant, au cours comptant de 0,975 € le dollar, soit 9 750 €.

Au total, la société aura décaissé : 174 000 + 9 750 + 3 990 = **187 740 €**.

Sans la couverture, elle décaissait : **204 750 €** (210 000 $ × 0,975).

Si la société avait choisi le contrat B :

La société va envoyer un chèque de 210 000 $ le 30 mars N + 1.

Elle achète le 30 décembre N, 2 contrats d'options d'achat USD/euros au prix d'exercice de 0,89 €, échéance 30/03/N + 1.

Elle règle ce jour les primes : 2 × 1 058,75 € = 2 117,50.

La banque lève l'option le 30/03/N + 1 et demande à la société :

- 200 000 $ (2 contrats de 100 000 $),
- en contrepartie de 178 000 € (200 000 × 0,89).

La société va acheter à sa banque les 10 000 $ restant, au cours comptant de 0,975 € le dollar, soit 9 750 €.

Au total, la société aura décaissé : 178 000 + 9 750 + 2 117,50 = **189 867,50 €**.

Sans la couverture, elle décaissait : **204 750 €** (210 000 $ × 0,975).

Dans les deux cas, la couverture a été efficace.

Warrant

1. Nombre de warrant

- parité : 100 dollars pour 1 warrant
- quotité : 100 warrants

La négociation minimale porte donc sur 10 000 USD (100 × 100).

Pour couvrir 210 000 USD, le trésorier doit négocier 21 warrants $\left(\dfrac{210\,000}{10\,000} \right)$.

2. Crainte du trésorier

Il craint une **hausse du dollar**, ce qui augmenterait sa dette, il faut qu'il achète des CALL WARRANTS.

3. Versement

Il doit verser la prime, soit 0,06 €/W. Soit $0,06 \times 21 \times 100 = 126$ €.

L'euro est coté $\dfrac{1}{1,135} = 0,881$ €/USD, le trésorier achète des call warrant au prix d'exercice de 0,88 €, il va acheter des warrants 88 € pour 100 € pour la banque. Au 30/12, l'opération n'a pas d'intérêt puisque la valeur des warrants est inférieure.

4. Gain potentiel

Au 30/03/N + 1, le dollar a fortement augmenté, il cote 0,9775 € ($\dfrac{1}{1,023}$).

Il vend donc ses warrants à sa banque qui lui achète au cours fixé, soit $[1,073 - 0,06] \times 21 \times 10\,000 = 212\,730$ €.

www.ingramcontent.com/pod-product-compliance
Lightning Source LLC
Chambersburg PA
CBHW080527220326
41599CB00032B/6223